人間発達と公共性の経済学

池上 惇・二宮厚美 編

池上 惇／柳ヶ瀬孝三／青木圭介
森岡孝二／重森 曉／成瀬龍夫
植田和弘／藤岡 惇／二宮厚美

桜井書店

はじめに：人間発達の経済学の生誕と現在
―― 歩んできた道と先覚者たちを回想しながら ――

　日本社会で，「人間発達の経済学」が模索され始めたのは，1960年代であった。高度成長と，ベトナム戦争の開始が象徴する時代である。

　この時代は，日本社会を根底から揺るがす「農村から都市への人口の急激な流れ」が始まり，高校進学や大学進学者が急増した「都市化・高学歴化」時代でもあった。そして，団塊の世代の学生時代でもあり，万国博覧会の報道と音楽が流れる時代への「入り口」でもあった。

　日米の科学技術交流のなかで，企業の技術改良や革新が進む。右肩上がりの成長ムードがつづき，春闘と労使交渉で名目賃金が上昇した。

　それまでは，収入や報酬を稼ぐために，国家や組織内の不自由な秩序を受け入れ，人間的な自由を犠牲にしてきた人びとは，このような秩序や，この秩序の背後にある「金銭的な価値優先の思考方法」に激しく反発した。そして，従来は「建前」でもあった新憲法の枠組みを積極的に活用して，自由を拡大しようと考えたのである。人間的な自由を求める時代の波は，憲法の枠組みと矛盾し始めた日米安全保障条約にも及び，地方分権制度の実質化への動きや，各地の保育所づくりへの大波，さらには，障害児の就学の権利の保障や，女性の権利の実質化へと進んだ。

　1960年代，ベトナム戦争におけるアメリカ合衆国の苦戦やドル危機の表面化は，戦後秩序の背骨であった巨人の権威を失墜させた。そして，合衆国に対峙していたソ連をはじめとする社会主義体制も，スターリン批判に象徴される官僚主義的秩序の不自由さが明らかになっていた。これらを背景に，学園紛争へとつながる学生運動と，それに揺さぶられる大学のなかにいて，しかも，不自由の残る大学から出て社会に目を向けた人びとの間から，人間発達の経済学は誕生したのである。

新しい貧困問題の認識

　当時，経済学の若手研究者たちが直面した問題は，新しい貧困と呼ばれる社会現象であった。それは，単に賃金が低くて食生活にも事欠く，という意味での「所得貧困」ではない。多くは，夫の労働条件が厳しすぎて生活時間と人間性を失い，エコノミック・アニマルとなって，報酬を家庭にもたらしはするが，家族関係が分断されて母子の結合だけが過剰に強力となる。ここでも甘えともたれあいの人間疎外が進む，という問題に象徴されていた。

　この状況のうえに，家計補助労働として妻がパートにでるとか，子育ての中断の後に職場に復帰するなどの問題が発生し，「鍵っ子」という言葉も表れ始めた。そして，妻が働く動機の多くは，教育費と住宅費の支払いのためであった。この基礎上に，高い教育費と高い地価が支えられた。しかも，教育の内容は大部分が受験戦争のなかにある。住宅のための高額のローンの支払いや家賃支払いは生活を日常的に圧迫する。いまや暮らしのステイタスとなったモータリゼーションや，それとセットになった郊外化の波に人びとは巻き込まれていった。この動きは，都市のエネルギー需要を急増させ，後には原子力発電につながる多くの火力発電所を生み，道路建設と自動車の市場を開発しながら都市と農村のコミュニティを破壊し，文化的伝統を損ない，自然を破壊して環境問題を激化させていた。

新しい京都学派の出発

　20歳代から30歳代の経済学を専攻する京都の若手研究者たちにとっては，このような時代であればこそ，人間の自由を取り戻し，エコノミック・アニマルから解放され，そのなかで，人間発達を保障し，「生命と生活」をサポートしうる社会経済の秩序とはどのようなものか，どのような人間が成長すればこのような社会を実現しうるのか，が最大の関心事であった。

　当時の経済学界の中心的な関心は，一方では，経済変動論や成長理論であり，他方では，計画経済論であった。いずれの理論も，「生命と生活」を研究するよりは，かなり抽象度の高い，外国の経済理論を研究し，その成果を日本の経済分析に応用する傾向が強かった。このような研究者の動向に対し

て，若い連中は不満であった。それは，現実の日本社会には，人間の自由や発達，「生命と生活」にかかわる問題が渦巻いているのに，どうして経済学は，これらの解明と解決策を模索しないのだろうか，という自分たちの生活実感に即した判断があったからである。そのうえに，多くの同級生たちが大学院進学の希望をもちながら経済的な理由で進学をあきらめる者が相次いでいて，無念の思いが強かったこともこの気持ちをさらに増幅させていた。働きながら学習して研究ができないものなのか。そういうかたちで研究者の層を厚くしなければ，日本の学術水準も落ちてゆくのではないか。働きつつ学ぶシステムは日本には乏しいのか。

　当時の日本の大学院制度は，まだまだ未整備で，奨学金の額の水準も低く，若手研究者の助手給与なども，月額2万円に達しない時代であり，結婚して家を探しても6畳一間というのは珍しくなかった。アルバイトをしながら必死に生活費と研究費を稼ぎ出し，保育所も少ない時代で，4時過ぎにはひそかにゼミナールを抜けだして子どもをむかえにゆく者もいた。共働きが普通で，妻の収入のほうが多いという家庭も珍しくなかった。

　大学院を浪人して受験する人びとの状況はもっと悲惨であり，朝早くおきて魚市場でアルバイトをし，短時間で高報酬を得て勉強する時代であった。女性差別も厳しくて大学院進学や就職の機会への挑戦は困難を極めた。それでも，大学院生には学外で社会と交流する自由はあり，自分の専攻を自分で選び取って，自分の生きがいと結合しつつ若手が連合して研究をすることに，とくに反対はなかった。研究の自由という錦の御旗があれば若干の自立への志向は許容された。もちろん，当時の教授陣は戦前生まれで明治の硬骨の士が多かったから眉をひそめる向きもあったが，大学紛争期に象徴されるように，一種の自由な雰囲気は依然として支配的であり，黙認されることも少なくなかった。

　このような生活の目線が基礎にあって，しかも，従来の経済学が解明しようともしない，新たな問題に取り組んでみたい，このような気持ちは一種のロマン主義であるが，当時の状況では，確かに現実的な基礎を獲得する可能性があったのである。

その時代に，研究者にとって最も厳しかったのは，住宅問題と保育問題，就職問題であった。地価が高く，住宅費が生活を圧迫する一方で，子どもが生まれても保育所が乏しかった。せっかくの自由な研究環境があっても，女性の働く環境は最低であった。そのうえに失業の不安とたたかいながら，若い夫婦は，自力で生命と生活を守らねばならなかったのである。

　このような研究環境にある者が，まず注目するのは，A・センのいう能力貧困が渦巻く地域や仕事の実態調査であり，人間の生命や生活に注目して，そのサポートを目指す経済理論である。そして，働きつつ学ぶ人びとをサポートし，専門研究者と若手の学習機会を結合して仕事を起こしながら研究者を持続的に育てることであった。このような関心に応えて起業の方法や心構えを教えてくれたのは，当時，日本経済の発展のもとで，合併や集中，企業の倒産による失業のなかで，自分たちで仕事を起こそうとして地域社会で販売活動などを行っていた人たちであった。いまでは，相当な会社の役職に就いておられる方々もいるが，起業とか，就労とかのキーワードを企業の文化やノウハウと結合して学習しえたのは，貴重な経験であった。倒産した企業の経営者が去っても，多くの経営資源が残されており，それらを協働によって再組織化していたのである。これは，現代の経営学の最先端理論と一致する結論であった。また，労働時間の短縮や，教育・公衆衛生・福祉などにかかわる研究も進められ，専門職公務員の果たす役割も注目に値した。日本で最も普及していた経済学文献のうちで，このような仕事おこしや制度的な課題に応えようとしていたのは，河上肇『貧乏物語』におけるJ・ラスキンの研究を受け継いだイギリスの研究者たちと，カール・マルクス『資本論』における「労働日」に関する研究のうち，彼が紹介した当時のイギリスの工場査察官の調査結果であった。

　イギリスのこれらの研究は，人間発達の経済学の原点の一つと観てよい。そこでは，人間が，自分たちで仕事を起こすことによって人生を切り拓くことの意味や，人間の普通の生活から出発して，労働条件を改善し，人間らしく暮らす視点から仕事と地域の生活を見直し，教育制度や公衆衛生制度を整備する，という方向性が示されていたのである。

これらの研究は，現場に密着した実証的な調査や研究と，抽象度の高い高度な理論的研究を結合しようとしていた。

現場主義と思想史研究の結合

ここで，日本の経済学において，現場主義を支持し，高度な理論研究と結合して発展させてきた先覚者について回顧してみよう。

京都大学経済学部の創設にかかわり，関一を大阪市の助役に迎えるのに仲介の労をとった戸田海市は，大阪市の港湾，河川流域の居住者の調査を手がけ，都市政策の原点ともいうべき研究実績を残していたし，汐見三郎は，戦前の地方財政や中小企業調査の先駆者であった。これらの人びとは，すでに大学を去っていたが，戦後の京都大学経済学部には豊崎稔と島恭彦という二大巨頭が企業調査や地域調査の先駆者として貴重な実績を残されていた。とくに，豊崎稔は大阪財界との交流もあって徹底した現場主義者であり，戦前からの近代経済学の開拓者であった。つねに，若手研究者に対して「日本の経済学は『経済学・学』にすぎない。現場の調査から実証と理論化を図る方法を研究者が進めることこそ，日本経済学再生の道である」と説かれていた。島恭彦は地方財政論を地域調査によって再生しようとした財政思想史研究の先覚者で，当時は地方財政という用語すら学生になじみがなく，この名称の講義には数名しか集まらなかったが，若手には強い印象を残していた。

人間発達の経済学を志した若手の研究者たちは，これらの先覚者に対して「勝手に」後継者を自認していたが，先覚者たちはむしろ，現場主義は当時のアカデミズムからは嫌われていて若手がそれに埋没すると，かえって研究者としての将来が危ういのではないかと危惧しておられた。それだけに，助言としては，経済思想史や財政思想史を勉強して，高度な理論的成果に学びながらアカデミズムに通用する論文を書きつつ，現場主義に向かうべきだ，と考えておられたようである。これには，さすがの若手も譲歩して，A・スミス，K・マルクス，J・M・ケインズなど，古典と呼ばれる文献の購読には精をだすことになった。古典のもつ創造的なアイディアと現場からくる生活と生命の迫力を結合してゆく方法は，このようにして生まれたのである。

その意味では，人間発達の経済学は現代的な京都学派の一つであったのかもしれない。

人権・情報・文化，そして倫理の位置づけ

このようにして世にでた「人間発達の経済学」は，当初は，経済学者から強烈な批判を浴びて苦戦の連続であった。日本社会では，資本，労働，土地などを扱っているうちは，経済学として認めてもらえる。しかし，人間の発達，教育や労働時間のルール，生存競争，自立支援，仕事おこし，消費生活と納税，家族，地域，などのテーマは，取り上げただけで，批難に値すると考えられていた。経済学は，純粋な経済的動機による契約関係や，物質的な利害にかかわる階級的な関係を扱う学問であって，多様で複雑な人間行動の動機や，倫理やルール，階級に還元できないコミュニティや地域を研究対象とすべきではない，と主張された。人間発達の経済学は，社会学や教育学の中途半端な追随者であり，経済学の基本的なカテゴリーから逸脱した異端児である，とも言われていた。

四面楚歌の状況のなかで，不思議と経済学者以外のところでは，この理論は好評であった。とりわけ，福祉社会論や障害者問題研究，教育学，労働者協同組合論などの世界では，自立支援や就労支援の重要性は広く認識されていて，人間発達に正面から取り組む経済学は歓迎された。多くの法学者からも，人権と経済の関係を明快に説明する学説として歓迎された。また，情報化社会の進展を背景に，経済学研究者のなかから情報を経済学の研究対象とする人びとが現れ，その先覚者から多くを学ぶことができた。その筆頭は経済学部の同僚であった浅沼万里である。かれは若くして他界したが，ウイリアムソンなど取引費用に関する著作を翻訳しながら，情報の完全性を前提とした従来の経済学に疑問を呈し，制度や持続的な契約の重要性を指摘した。情報の学習をつづけるなかで，生命体における情報の伝達と社会における情報の伝達にも目が届くようになり，生体情報，生命倫理学の研究者であり京大教育学部・農学部出身の農学博士，池上順子から人間の目，手足などから情報がどのように脳に伝わり，新たな判断が行われるかを学んだ。さらに，

1980年代には，A・センの新厚生経済学が登場して，人間発達の経済学が海外でも成立していることが示され，1990年代に入ると，人間発達の経済学はラスキンやモリスの固有価値論の研究や，合衆国からW・G・ボウモルらの研究成果を吸収して，文化経済学の積極的な展開と体系化に着手する。ここでは，ロールズの正義論など倫理と公正にかかわる新たな論点を学習した。文化経済学から財政学や日本財政論を見なおすことも可能になったのである。

経済学者のなかからも，杉原四郎先生，木村正身先生，都留重人先生から，「これは，ラスキン，モリスの経済学の流れを継承したものだ」という評価がいただけるようになり，また，倫理や公正と社会科学の関係については，能勢哲也先生から財政学における重要な視点として評価をいただいた。

とりわけ，日本における文化資本概念の開発者である福原義春先生から，文化と経済の関係を理論化した貢献としての評価を受けたことは忘れがたい。無償財の理論を開発された堀田力先生からは，愛を含む非営利的な動機を経済学のなかに位置づけた労作としての評価をいただいた。

学術交流のなかでは，イギリス留学以来，ロンドン大学の森嶋通夫先生から辛口ながら一定の評価をいただいたものの，筆者の『文化と固有価値の経済学』（2003年刊）は，夫人によると，読んでいただく体力はすでになく，他界された。つねにご激励をいただいた星島一夫先生にも，この本は病床には届けられたが，すでに読んではいただけなかった。目を走らせ笑ってうなずかれた由である。もうすこし早く完成しておれば，と悔やまれるが心からご冥福をお祈り申し上げたい。

自立した研究者のネットワーク

本書は，日本における「人間発達の経済学」の確立を志してきた人たちのうち，何人かにご苦労をいただいて現在の到達点を纏め上げたものである。私たちが協力してつくりあげてきた研究ネットは，文字通りの「勝手に人間発達の経済学を名乗っている人たちとのネットワーク」であって，ひところの流行語で言えば「勝手連」である。研究経歴も違えば，文系あり，理系あり，経済学部もあれば，文学部，言語学部あり，思想，方法，経済学に対す

る考え方まで，すべて不統一である。その意味では，自分が人間発達の経済学の主張者である，とそれぞれの人間が勝手に主張してきただけであろう。たまたま今回の企画で，桜井書店の桜井さんの印象に残っていた人たちが本人の承諾を得て，この書物に登場しているにすぎない。その意味では，ここにおける執筆者たちや賛同者たちは，日本の学界においてよく見受けるように，「学派」を形成するものではまったくない。通読していただけると明らかなように，各人の主張は，それぞれに個性的で，差異が共存して，共同の財産になっていることが理解していただけるであろう。

　自称「人間発達学者」のなかにも，私たちよりこの書のタイトルにより相応しい研究者も多数おられるから，なんとなく面映い気持ちではあるが，これも時代の要請でもあろうということでお許しをいただきたいと思う。私たちの20歳代のころより，不確実性の高い，若手の出版物に深いご理解をたまわった桜井書店の桜井香代表に長年の感謝を込めて執筆者一同より心からの御礼を申し上げたい。

　　　　2005年6月12日
　　　　　　　　　　　　　　京都大学図書館にて

　　　　　　　　　　　　　　　　　　　　　　池　上　惇

目　次

はじめに：人間発達の経済学の生誕と現在　　　　池　上　惇　3
　——歩んできた道と先覚者たちを回想しながら——

序　章　人間発達と固有価値の経済学　　　　　　池　上　惇　19

　　はじめに——金銭的蓄積の価値と人間発達の価値 ……………………19
　　Ⅰ　人間発達の経済学と固有価値論 …………………………………22
　　　1　人間発達の経済学と価値論——ストックとしての人間　22
　　　2　固有価値論と創造・複製・市場　23
　　Ⅱ　発達保障労働とインフラストラクチャー概念の提起…………26
　　　1　経済学と発達保障労働　26
　　　2　共同体論——共同業務の解体と再生　27
　　　3　発達を保障するハードとソフト——インフラストラクチャー概念の
　　　　発展　28
　　Ⅲ　A・センの潜在能力アプローチ …………………………………29
　　Ⅳ　現代の疎外と回復から創造へ ……………………………………31
　　　1　自然と人間の潜在能力を開発し蓄積させる労働疎外の現実　31
　　　2　仕事おこしへの胎動と「開かれた知的所有」の発展　33
　　Ⅴ　展　望——現代産業論への応用と新しい労働観 ………………34

第 1 章　人間発達を支援する社会システムの経済思想
　　　　　　　　　　　　　　　　　　　　　　　　柳ヶ瀬孝三　45

　　はじめに——クリエイティブな生活思想の広がり…………………45
　　　1　創造的消費者の登場が意味するもの　45
　　　2　享受能力を高める新しい消費者主権　49
　　　3　学習社会が生みだすコモン・ストック　52
　　　4　学習人モデルからのアプローチ　54
　　Ⅰ　憲法的ルールを享受する能力 ……………………………………56
　　　1　創造的活動のための生活基盤としての憲法的ルール　56

2　自由に欲求が表示できる能力——ソーシアル・ミニマムの支援機能　57
　　3　価値ある人生を選択できる能力——個性と人権のルールを豊かにする評価プロセス　59
　　4　人間発達の概念と人間発達を支援するインフラストラクチャー　60
　Ⅱ　潜在能力の開発過程とそれを発揮する条件 ……………………………63
　　1　現代の教育問題の経済的基礎——潜在能力の形成とその発揮の機会との乖離　63
　　2　機械と人間との競争——労働能力の一面的発達のジレンマ　64
　　3　大企業と消費者との競争——「消費」能力から享受能力へ　68
　　4　享受能力が支える創造的産業の発展可能性　71
　Ⅲ　享受能力を育てる「人間発達を保障する労働」の役割 …………73
　　　——創造と享受のコミュニケーション空間の再生条件——
　　1　憲法的ルールによってつくりだされる潜在能力発揮の場　74
　　2　知識や文化の創造における固有価値の重要な役割　78
　　3　創造と享受の相互作用の場をつくりだす公務労働　81
　おわりに——ストック時代の日本経済の課題 ……………………………84

第2章　現代の労働と福祉文化の発達　　　青木圭介　91

　はじめに ……………………………………………………………………91
　Ⅰ　ジャパン・モデルと新自由主義モデル ………………………………92
　Ⅱ　ホワイトカラーの組織など「新しい」労働運動 ……………………93
　Ⅲ　成人への移行期に関する総合社会政策 ………………………………96
　Ⅳ　ニューエコノミー消費の代償としての過度労働 ……………………98
　Ⅴ　消費と投資を制御するための新しい展開 ……………………………100
　Ⅵ　エスピン-アンデルセンの「社会的投資戦略論」 ……………………104
　むすびにかえて ……………………………………………………………108

第3章　CSR時代の株主運動と企業改革　　　森岡孝二　113

　はじめに ……………………………………………………………………113
　Ⅰ　企業の社会的責任と社会的責任投資 …………………………………113
　Ⅱ　アメリカにおける株主運動の誕生とその背景 ………………………117
　　1　株主行動の始まり——1930年代　117

2　社会問題での株主運動の登場——1960年代　118
　　3　今日的な株主運動の起点としてのキャンペーンGM　119
　Ⅲ　アメリカにおける株主運動の発展と株主提案 …………………120
　　1　企業責任宗派連合センター（ICCR）　120
　　2　投資家責任調査センター（IRRC）　122
　Ⅳ　日本におけるSRIとCSRの胎動 ……………………………………124
　Ⅴ　株主オンブズマンの株主提案活動 …………………………………126
　Ⅵ　二つのユニークな代表訴訟——政治献金と障害者雇用…………129
　おわりに——日本における株主運動の可能性 ………………………133

第4章　人間発達と公務労働　　　　　　　　　　重森　曉　137

　はじめに …………………………………………………………………137
　Ⅰ　人間発達保障労働としての公務労働 ………………………………139
　　1　社会的共同業務と公務労働　139
　　2　公務労働の二重性について　141
　　3　福祉国家と新しいタイプの公務労働　144
　Ⅱ　福祉国家の限界と公務労働 …………………………………………146
　　1　新自由主義の台頭と公務労働　146
　　2　グローバリゼーション・脱工業化と公務労働　147
　　3　中央集権的福祉国家の限界と公務労働　149
　　4　行政の民営化・営利化・市場化と公務労働　151
　Ⅲ　新しい市民的公共性と公務労働 ……………………………………154
　　1　新しい市民的公共性とは　154
　　2　公務労働の課題　156

第5章　現代の国民生活とナショナル・ミニマムの意義
　　　　　　　　　　　　　　　　　　　　成瀬龍夫・二宮厚美　161

　はじめに——ナショナル・ミニマムの出発点としての憲法 ………161
　Ⅰ　ナショナル・ミニマム概念の三側面 ………………………………163
　　1　最低限保障としてのナショナル・ミニマム　163
　　2　ナショナル・ミニマムの三つの柱建て　165
　　3　ナショナル・ミニマムで問われる平等性　170

Ⅱ　グローバル化のなかの福祉国家とナショナル・ミニマム………172
　　　　1　押し寄せるグローバリゼーションの波　172
　　　　2　新自由主義的攻勢によるナショナル・ミニマム概念の揺らぎ　174
　　　　3　ナショナル・ミニマムの三側面をめぐる理論的争点　176
　　おわりに――人間発達とナショナル・ミニマム………………………180

第6章　持続可能な発展と環境制御システム　　　　　植田　和弘　185
　　はじめに……………………………………………………………………185
　　Ⅰ　環境問題の新しい質とその構造的把握 ……………………………186
　　Ⅱ　持続可能な発展 ………………………………………………………190
　　Ⅲ　環境認識と環境評価……………………………………………………192
　　Ⅳ　環境的持続可能性と意思決定問題 …………………………………194
　　Ⅴ　環境制御システムのデザイン――おわりにかえて ………………197

第7章　ディープ・ピース　　　　　　　　　　　　　藤岡　惇　201
　　　　――平和の担い手を育む社会経済システムの探求――
　　Ⅰ　「ディープ・ピース」とは何か………………………………………201
　　　　1　「核の時代」の平和　201
　　　　2　暴力とは何か　202
　　　　3　「人間の安全保障」の提唱　203
　　　　4　人間発達の経済的基盤を問うことの大切さ　204
　　Ⅱ　「人間」とは何か，なぜ尊いのか ……………………………………206
　　　　1　「いのち」とは何か，なぜ尊いのか　206
　　　　2　迷信や非合理主義の落とし穴　207
　　Ⅲ　暴力と戦争の経済的根源 ……………………………………………209
　　　　1　マクロの視点でみると――社会からの国家と市場経済の分離　209
　　　　2　ミクロの視点でみると――「経済人」モデルの非現実性　211
　　　　3　「経済人」が人間ピラミッドをつくると，どうなるか　212
　　Ⅳ　平和の担い手となるために個人でできること………………………213
　　　　1　平和の担い手を育てるために　213
　　　　2　二つの「自己実現」を区別する　213
　　　　3　自然のなかで自己と向きあう――「深我」の獲得　215
　　　　4　「システム思考」のできる人となる　217

        5 自他分離の克服めざす「場」の質を高める　218
        6 財の本来の固有価値を見抜く力を育てる　219
        7 マネーと市場を善用する力を育てる　219
        8 ディープ・ピースの世界へ　220
    V ディープ・ピースを支える社会経済システム……………………220
        1 平和を生みだす市場経済——アダム・スミスとケインズに学ぶ　221
        2 平和なエコ・エコノミーへの改革案　222
        3 おわりに　224

終　章　現代国家の公共性と人間発達　　　　　　　二宮厚美　229

  はじめに………………………………………………………………………229
    Ⅰ 二重の意味での公共性概念………………………………………230
        1 公共性とは何を意味するのか　230
        2 公的行政の存在根拠としての公共性概念　232
        3 二重の意味での公共性の相互関係　234
        4 公共性概念のキーワードとしてのコミュニケーション　236
    Ⅱ 市場に呪縛された伝統的公共経済学……………………………238
        1 伝統的な公共経済学の公共財概念　238
        2 公共財理論から公共選択論への転換　240
    Ⅲ 物質代謝における人間の発達と公共性…………………………243
        1 人間の暮らしを担う物質代謝と精神代謝　243
        2 物質代謝の世界と財貨——人間関係　244
        3 A・センの潜在能力アプローチ　246
        4 潜在能力アプローチの限界とコミュニケーション　249
    Ⅳ コミュニケーションと現代の公共空間…………………………252
        1 コミュニケーションとコミュニケーション的理性　252
        2 潜在能力概念とコミュニケーションの結合　254
        3 発達保障視点からみたコミュニケーション　255
        4 コミュニケーション労働の公的保障　257
    おわりに——残された課題…………………………………………259

あとがき　二宮厚美　263

執筆者から読者へ　267

人間発達と公共性の経済学

序章　人間発達と固有価値の経済学

池　上　　　惇

はじめに――金銭的蓄積の価値と人間発達の価値

「人は，パンのみにて生くるにあらず。」[1]

　この言葉は，一人ひとりの人生が，ただ生存のためにのみ働き，貨幣を手に入れ，衣食住などの物質的な生活手段を購入し，それらの消費に終始するものではないことを暗示している。そして人間は現に，物質的な満足だけではなくて，人を愛し，助けあうことを学び，独自の精神生活を営んでいる。

　すでに17世紀の後半に，J・ロックが指摘したように，人間は労働によって，物質的な財産だけでなく，知的な財産を自然や社会から獲得し，より豊かな人生を選択しうる可能性を切り拓いてきた[2]。

　また，J・M・ケインズは，1930年代に，自由放任の制度をもつ成熟した経済社会は，「ミダスの運命」に陥ると指摘している。同じ技術をもつ二つの国があった場合，貨幣をより多く貯蓄している国は，豊富に貨幣財産をもつがゆえに雇用水準が低く，生活が悲惨な状況となる。すなわち，人は，金や貨幣の力でのみ生きているわけではないのである。ケインズの『一般理論』には，ミダス王が神に願って，手に触れるものすべてを金に換える超能力者となったがゆえに，愛娘を一個の金塊にしてしまった，という物語に寄せて，「ミダスの運命」への注意が喚起されている[3]。

　本書で展開される「人間発達の経済学」も，人間は貨幣財産の蓄積や金銭勘定，物質的な財の価値だけで生きているのではないし，経済社会もそれだけで維持されているわけではない，という事実から出発している。そして，金銭的蓄積を推し進める動きが一定の成熟段階にいたると，それ自体を守ろうとする保守的な体質や習慣が生まれると考える。それは，貨幣財産をはじ

めとする社会の資源を，いま緊急に必要とされる「人間の生命や生活の充実」のためには配分できなくなることを意味している。こうした傾向は，成熟社会や発展途上国において，人びとの生活を悲惨なものとし，人間の尊厳を脅かす，と指摘する[4]。

　しかし，このような動きは，人間が人間らしく生きる希望をもつかぎり長つづきしないし，そうしようとしても，それは不可能なことである。世界は人間の生存権や人生の自由な選択権を社会的に確立し，それを正義の原則として発展させてきた，という歴史の事実によって支えられている[5]。さらに，人類の歴史は，金銭に不足するものが，その知恵と創意工夫，高い熱意と倫理性，誠意によって，健康や生きがい，幸せを実現し，自分の意思で自由に人生をつくりだす，という人間発達の経験を着実に蓄積してきたといえる。

　同時に，他方では，企業や勤労者相互のあいだに，金銭欲や物欲のかたちをとった金銭的価値をめぐってきびしい生存競争がたたかわれている。しかも，その生存競争においては，人類の叡智である科学や技術，芸術文化の成果が，金銭的価値を増殖させる手段としてのみ開発され活用されている。さらに，その成果が，商業主義の支配する市場経済のもとで，無数の新商品やサービスとなって人びとの欲望をかきたてている。これらの人間の欲望も，金銭的価値を増殖させる手段としてのみ位置づけられる傾向にあり，このような傾向のなかでは，人間は無力で，みすぼらしい存在，金銭を獲得するためにひたすら専心するほかない小さな存在に見えてくる。

　実は，これらは事実の一面にすぎないのであるが，こうした現実を前にして，人間愛や相互支援や人間の発達について語るのは非現実的だ，という声も根づよくあり，むしろ多数を占めているかに見える。こうした声に挑戦し，生存競争の現実を見据えつつ新たな世界を拓こうとするのが，本書のテーマが提起した課題である。その意味では，人間発達の経済学は，1990年代以降顕著になってきた，生存の権利，公正な競争，企業倫理や環境倫理，政治倫理などを再評価し，それを経済学や経営学のなかに位置づけようとする動きと共通の基盤に立つものといえよう[6]。

　人間発達——これは魅力ある概念である。もしも人間が，個人として，ま

た集合として，さらには社会的ネットワークの担い手として持続的に成長し，一人ひとりの個性が開花して，密接なコミュニケーションを基礎に互いの個性を活かしあえるならば，これほど素晴らしいことはない。しかし現実には，職場，家庭，消費生活の場，教育，医療，福祉の現場にいたるまで，金銭的価値の浸透は目に余るものがあり，金銭的価値を増加させるための商品やサービスにおける非個性化，画一化，その結果としての孤立化と生存競争のきびしさだけが実感される。にもかかわらず，こうした生存競争の現実を直視しながら，しかも人間発達について語りうるのはなぜなのか。

　人間発達の経済学は，1960年代における日本の経済学の発展，とりわけ基礎経済科学研究所の共同研究のなかで誕生し，生存競争の研究を通じて発展してきた。そして，多くのきびしい批判，逆に高い評価などを得ながら，理論的な問題点についての論争を経て，現在まで独自の発展を遂げてきた。

　1980年代後半にいたると，インド生まれの経済学者 A・センが，「商品開発の経済学から人間発達の経済学へ」という経済学のパラダイム転換を提起した。この提起は，現代の市場経済が，一面では効率の高い技術発展や分業による生産力の進歩をもたらしながらも，他面では教育や医療などの人権を保障する制度のサポートなしには自由を拡充しえないことを示唆した。義務教育制度の充実などを軽視した市場メカニズムの独走は，識字力やコミュニケーションの力量を人びとから奪い，市場の発展そのものをも妨害する，と主張する。

　現代の職場の実証的な研究から出発した「日本型の人間発達の経済学」は，第二次世界大戦後の急激な経済発展が，機械と人間とのきびしい競争，人間相互の生存競争の激化をもたらしたことに注目した。このような現象の原点には，19世紀のイギリス産業革命期における「工場法なき生存競争」の事実があり，労働時間の短縮制度，工場法の教育条項，公衆衛生制度などによって，「自分の時間の所有者」「学習による知的な力量の開発」を実現し，進歩した科学や技術の活用を担う主体を形成する必要があると主張された。

　センの主張と日本型の人間発達の経済学には，市場経済の欠点を人権保障の制度的整備や発展によって補充し，人間を発達させる制度のために施設を

つくり専門家を雇用し，社会の資源を優先的に配分すべきであると主張する点で明確な共通点がある。

　センの経済学は，世界各国の研究者をはじめ，日本の学術界でも多くの理解者と支持者を生みだしている。とりわけセンがノーベル経済学賞を受賞した前後から，「人間発達の経済学」という学術用語が日本の経済学界にも定着し，一層の普及を見ている。センもまた，ベンガルの飢餓という現実，人間の潜在能力が剥奪されるというきびしい現実を直視しながら研究を進めてきたという点で，日本における人間発達の経済学と共通の基盤に立っているといえよう[7]。

　こうして，この「人間発達の経済学の二つの流れ」をどのように交流させ，より質の高い新たな経済学の構築をはかるかが問われることになった。本稿は，この新たな課題を「人間発達と固有価値の経済学」として体系化する試みを展開し，日本の経済学による国際的な貢献の証しとしたい。

I　人間発達の経済学と固有価値論

1　人間発達の経済学と価値論——ストックとしての人間

　経済学は，アダム・スミスが市場における「見えざる手」の存在を指摘し，すべての財が商品として流通する商業社会を想定して以来，商品価値の評価や，その交換の比率の研究を共通の基礎としてきた。そこでは，商品の「二重の性格」が主張され，一方には，たとえばパンには「有用性」という使用価値，「人間の欲求を充足するもの」という性質があり，他方には，貨幣や他の商品との交換比率で示される交換価値がある，と主張された。また，貨幣支出の増加分で購入しうる効用の増加分こそが，人間の欲求を充足するものと見なされ，各々の財ごとにこの効用を比較し，優先順位をつけることが，人間の経済行動の基本であるとも主張されている。

　人間発達の経済学は，このような商品の「二重性」を一応は認めるが，同時に，市場での交換行為の背後にある人間の主体を重視する。そこでは，人間が「伝統や習慣」のなかで形成するストックとしての機能に注目し，完全

競争市場での交換や取引は，かかる「ストックとしての人間」の多様な契約関係のなかの一部にすぎない，と主張する[8]。

通常，市場における交換や取引は，合理的な人間の行動を反映して，取引における財の効用の最大化や，企業利潤の最大化などが前提される。ここでは，取引にあたって，犠牲の増加分と効用や利潤の増加分を均衡させようとする合理的な人間像が前提されている。

これに対して，人間発達の経済学は，このような市場をも想定しつつ，同時に，人間が社会における伝統や習慣のなかで行う創造的な活動や創意工夫，発明や発見，文化芸術などの諸活動に注目し，そのような活動の多くは非営利的なものであり，創造的な財の生産者と消費者の契約関係も非営利的な関係であることが多い，と考える。そして，従来の経済学が想定してきた市場やそこでの契約関係は，かかる非営利的な契約関係と共存しているし，非営利事業で創造された成果や財が複製され量産されて，営利活動を原則とする市場においてその販路を拡大すると考える。

たとえば，市場にだされるパンを例に考えてみよう。市場にだされるパンのもとには「かけがえのない」「オンリー・ワン」の創造的な成果としてのパンがある。その成果を，ある程度量産が可能で，基本的な製造方法が確立される形に変容させ，製造のノウハウを文字情報にして複写し，それにもとづいてある水準の量と質をもつ製品として生産するならば，市場に提供することができる。これは，パン職人の創意工夫，創造活動から生みだされた極上のものが量産可能なかたちにつくり変えられることによって，その複製品が市場にだされることであるが，人間発達の経済学はこの点に注目する。

その意味で，人間発達の経済学は，人間の創造活動や非営利活動を視野に入れて，非営利の組織や個人と，営利的な事業を行う組織や個人の双方を総合的に取り扱う経済学だといえる。これに対して，従来の経済学は，創造の領域を度外視した「複製品の経済学」であったといえるかもしれない。

2　固有価値論と創造・複製・市場

人間発達の経済学は，「金銭的蓄積の価値」と「人間発達の価値」との矛

盾や対立を問題とし，その矛盾や対立は，創造活動を担う非営利組織や市場と，営利を原則とする組織や市場との並存の形をとって人びとの前に姿を現すと考える。そして，前者が優勢となって後者を制御しうるか，あるいは，後者が優勢となって前者が金銭的価値の蓄積の手段となるかどうかが問われるのだ，と考える。

　ここには，従来の経済学が問題にした「商品の二重性」（使用価値と交換価値）とは区別される，新たな「二重性」が登場する。それは，財の創造的な価値とその複製財の貨幣価値との二重性である。そして，ストックとしての人間像が前者を担い，合理的人間としてのあるいはフローとしての人間像が後者を担う。

　ここで，ストックとしての人間像の例をあげておこう。

　2004年のNHK朝の連続ドラマ「天花」には，素晴らしい野菜をつくる住職が登場する。その野菜を保育園児たちに食べさせるときに，次のような問答が交わされる。

「住職のつくる野菜はどこか違います。なぜだろう。」

「このように美味しい野菜が食べられる子どもたちは幸せです。」

「住職がつくりあげた土がよいこと，そして住職の野菜への愛情がたっぷりと詰まっているからでしょう。」

　実はこの住職の「ストック」としての存在こそ，ここでいう「人間発達の経済学の人間像」を象徴している。

　住職は，野菜をつくることを天職としていて，一種の「目に見える文化ストック」（文化資本と呼んでもよい）として，優れた土壌を担う小規模な土地をもつ。この土地は物的な財産として，生産手段として機能する。他方，彼は，生産手段と文化ストックを活用して労働する熟練した職人であり，「目に見えない文化ストック」（伝統と習慣を担う熟練，技巧，判断力など）をもっている。また，彼は，野菜をたゆまず研究する科学者であり，作品としての野菜を創造する芸術家でもある。

　従来の経済学は，生産手段と労働力を中心に考えてきたが，人間発達の経済学は生産手段が文化ストックを担うと考える。さらに，労働力もまた目に

見えない文化ストックを担うと考える。素晴らしい味だと人びとの話題にのぼる野菜は，これらのストック（資本）からの生産物である。これを消費する人びとは，「かけがえのない味や栄養価や品質のよさ」を評価する人びとであり，非営利的な契約関係のなかでこの「文化的な財」としての野菜を評価し消費する。野菜は住職の創造性を担い，また野菜をめぐって意味のあるコミュニケーションをも担う。もしもこの創造性が著作権制度をともなうとすれば，著作権をも担うであろう[9]。

　彼は，土の固有の性質を熟知しそれを改良したことによって，かけがえのない自然と人間との共存を実現している。「自然の固有性を活かした文化資源としての土」は自然の固有価値と定義できる。

　そして彼は，人間としてはすべての人びとと共通のものをもっているのだが，同時に，彼の選んだ人生はその地域に固有の伝統や習慣のなかで営まれており，彼はその自然と人間がつくりだす文化環境から学習して，野菜の美味しさに結晶する固有の創造性を担っているのである。これは人間の固有価値といえよう。

　さらに，自然の固有価値と人間の固有価値との出会いから，かけがえのない美味しい野菜という「財の固有価値」が生まれる。この固有価値は，創造性という概念を発展させて，自然と人間との関係のなかにそれを位置づけたものであった[10]。固有価値を担う野菜は，その栄養価や食感などの「使用価値」あるいは「財の効用」を担い手として，契約関係のもとで，協同の組織や市場で販売される。そして，野菜のかけがえのない味を味わうことのできる「享受能力」をもった消費者によって購入され消費されることで，その固有価値は「有効価値」として評価される。

　こうなると，同じ市場といっても，固有価値を享受する人びとの市場と，量産品の市場という「二重の市場」が登場することになる。量産品として扱われた場合には，住職の野菜といえども評価されないかもしれない。そこで，この野菜が正当に評価されるためには，社会や自治体が予算のなかから資金を割いて学習の場をつくり，野菜の価値を知る人材を雇用して，人びとに享受能力の発達を保障しなければならない。

実は，土地や住職が担う文化ストックを持続させるには，ここでも継承者の育成が必要なのである。人間の創造能力を発達させるためには，人材を育成する学校や社会的な環境が必要なのである。次にこの点を検討しよう。

II 発達保障労働とインフラストラクチャー概念の提起

1 経済学と発達保障労働

固有価値論は，ストックとしての人間の創造能力と享受能力の発達やその継承を問題とせざるをえない。この特徴は，人間発達の経済学に「発達保障労働」や「発達保障を支援するインフラストラクチャー」などの概念を展開させるきっかけとなった。

日本における人間発達の経済学の基本的な特徴のひとつは，「発達を保障する労働」という概念を用いて，従来の経済学が取り上げなかった工場法など人権を守るルールや法の実行を担う公務や多様な発達保障労働が，住民とともに地域づくり，まちづくりへと向かう方向性を認識していたことにある。従来の経済学の主たる流れには，公務や地域，都市などを取り扱う理論的な枠組みが希薄であった。

公務や発達保障労働というものを具体的に検討してみると，資本主義国家のもとでの公務は，一方では，憲法的ルールや工場法（労働基準法）などの権利を保障する労働という側面をつねにもたざるをえない。そして，この労働は，資本主義社会のもとでは，むしろ専門性を強め，地域自治制度や住民参加制度の発展とともに，「住民の発達保障労働」として発展してきているのではないか。その背景には，1960年代後半から革新自治体と呼ばれる地方自治の新たな潮流が生まれ，福祉，環境，教育，文化，産業，交通，都市計画・地域計画など，あらゆる領域にその大波が押し寄せてきた，という事実がある。

そして他方では，公務は，状況によっては権力犯罪を担わされることもある。権力が憲法的ルールに違反して非合法な手段で反対派を抑圧するなど，また汚職や政治資金規正法に違反して公職を汚すなどの事件は，世界的に見

てもあとを絶たない。また，一部の議員や官僚が集票のために選挙区へ公共事業予算をつけるなどの行為も日常化しやすい。同時に，かつて19世紀後半に活躍したイギリスの工場査察官をはじめ，これまで多くの公務員が，自分のもつ医療や福祉，環境や文化に関する技術や技能などの特性を活かして，市民の健康や安全，生活の質の向上，生きがいなどを支えてきたことも事実である。一方では公共部門に浸透する私的利益を担い，他方では憲法に保障された人権と人間発達を担う。前者を抑制しつつ後者を強める公務労働は，勤労者のなかに蓄積された潜在能力の発揮のきっかけや，その継続的な発展の現実性をつくりだす。

2 共同体論――共同業務の解体と再生

人間発達の経済学は，このような「公務の二重性」に注目し，このような二重性がなぜ生じるのかを問い，二重性の一方の側が他方を制御しうる可能性や現実性を研究してきた。

その際に最も注目したものが，地域社会に生きる人びとの多様な力量を担ってきたコミュニティや，共同体の役割である。日本の経済学は，経済史学の大塚久雄に代表されるように，共同体の研究をK・マルクスやM・ウェーバーの古典的な研究を基礎に発展させてきた[11]。また，財政学の島恭彦や池上惇は，M・ウェーバーの官僚制論や都市官僚制の研究を行って，経済学と官僚制の関係を解明しようとしてきた[12]。

これらの理論に共通しているものは，コミュニティや共同体には，資本主義の生成や発展以前から地域社会の共同の業務を担う人びとがいて，彼らが相互扶助や相互援助のかたちをとりながら人びとのいのちと暮らしを地域の伝統や習慣のなかで支えてきたという点に注目したことである。これは，現代的にいうと，地域の教育力や地域の健康を守る力，地域の伝統文化を継承し発展させる力などの源泉といえよう。

資本主義経済は，商品経済，貨幣の力，分業や機械によって，これらの共同業務を解体する。それは二つの方向から進行した。一方では，商品生産が商業化の波をもたらして，地域社会のために働くゆとりを住民から奪い取り，

人びとに現金のために働く場を求めさせ，現金で購入しうるサービスや楽しみの多くがサービス業を地域にもたらすことになる。そうしたなかで，かつての共同の業務，たとえば文化であればむらのまつりが商業演劇の巡回芝居に席を譲ったように，また寺子屋が受験塾に席を譲ったように，解体していった。

そして，他方では，医療や教育や福祉や文化は，高い専門性を要する仕事となり，高等教育を受けた専門職の公務員が，事務，税務，教育，医療，文化芸術などの行政を担うようになる。そして，地域自治の行政は，全国的な中央政府の行政と密接な関係をもつようになる。公務に分業の原理や，コンピュータをはじめとした機器が導入されてその専門性が高まれば高まるほど，公務の分化や各個別領域の独立性が強まる。公務は納税者の目からは遠くなり，専門的な技術を持ち込む個別企業や団体と公務との関係が密接となる。ここから，利権への誘惑や天下り，権力犯罪の基盤さえもが形成される。

公務は，一方では官僚制の担い手であるが，他方では新たな技術の採用のもとで地域の共同業務の再生をも担う。コミュニティの現代的再生が，多くの公務にとって共通の課題となる。かかる公務が，住民参加制度やいのちと暮らしを担う労働を通じて潜在能力をもつ住民とのネットワークを担うとき，住民のなかの潜在能力が顕在化する現実性は大きく高まる。

3　発達を保障するハードとソフト——インフラストラクチャー概念の発展

このようなネットワークが情報通信の発達を介して，たとえば地域の文化施設や劇場など創造の場の拠点づくりの成果を普及し，それらの情報を手がかりに創造の場を訪問し学習する人びとが増加したならば，地域や公務はどうなるのか。

地方分権や公共サービスの市場化の流れのなかで，住民と公務労働者が協力して新たなまちづくりを担うとすれば，そこでは本来の発達保障労働による官僚制の制御が現実化するのではないか。そして，それを支えるインフラストラクチャーの概念，すなわち憲法的なルール，情報の蓄積やネットワーク，貨幣や金融の基盤，電力や交通などの経済インフラ，学校，福祉施設な

どの社会インフラ，そして自然環境を担う自然資本や文化環境を担う文化ストック（文化資本）などの検討が必要になる[13]。

自然環境や文化施設などの文化環境については「文化環境権」という新たな概念が法理論によって提起されてきた。人間は，自然や文化に触れることで創造やその享受の機会を広げ，自然や文化から学習することによって，地域や都市の持続的な発展を構想することができる。ここからは，暗黙知や形式知などを過去の社会から継承するとともに，その創造的な発展が日程にのぼる。創造都市や地域創造の概念が登場しはじめる[14]。

Ⅲ　A・センの潜在能力アプローチ

A・センは，従来経済学によって商品経済や，未開発地域，あるいは未知の分野における研究活動などについて使用されてきた，development（開発または発達）といわれる経済学上の重要な概念を，「商品開発」を中心としたdevelopmentから，「人間発達」を中心としたdevelopmentへと根本的に転換することを提案した。

たとえばセンは，人間の幸福な状態や福祉の水準を評価する場合，「人が達成に成功するさまざまな『機能』（すなわち，人がなしうること，あるいはなりうるもの）と，人がこれらの機能を達成する『潜在能力』に関心を集中する」[15]。そして，このことは，彼や彼女がどれだけの所得を得て，それを用いて財（商品やサービス）を購入し，占有し，楽しんでいるかだけが豊かさの指標ではないことを意味している。すなわち，豊かさの指標には，GNP総額や1人当たりの国民所得ではなく，平均余命，乳児の死亡率，識字率，高等教育進学率など，人間の生命や生活の機能に直接かかわる指標が選ばれる。これらは，潜在能力をもつ人間が，生と死の狭間で何を身につけ，どのような生き方をしているかを問うものである。また，そこからは，個々の市民が，どのような固有で個性的な人生の価値（たとえば健康の価値や自己実現の価値など）を達成しているか，が問われることになる[16]。K・グリフィンによれば，これらの指標の基礎には，センの潜在能力の概念として以

下の内容が含まれている。すなわち，「人々の能力を高めて，長寿を全うすること，健康を楽しむこと，世界の知識と情報のストックにアクセスすること，彼らのコミュニティにおける文化的生活に参加すること，食料・衣服・住宅を手に入れるのに十分な所得があること，彼らの人生とコミュニティに直接影響を与える決定に参加することなど」[17]である。

ここでは，各自の所有する貨幣や財をどのように活かして自分自身を成長させ，他人と相互に支えあい，そのなかで自らの自由な生き方を選択し，かけがえのない固有で個性的な人生を自由に生きているのかを示すことが，真の豊かさの指標であるということになろう。

環境問題についても，従来は環境の破壊に対して，人びとが貴重な自然資本をより多く保存して，これを次世代にいかに継承するのかが問題解決の核心であると考えられてきた。しかし，人間発達という視点から環境問題を考えるとき，自然の固有性を理解し，固有の潜在能力をもつ人間が，「自然環境をどのように活かして，人間の自由な生き方を選択できるのか」が真の豊かさの指標となるであろうし，そこにこそ環境問題解決の核心があるということなる。ここには，豊かな自然を活かし，保存し，人間との共存を実現しえなかった「人間の力量の低下」を反省し，自然環境と共存しうる高い力量をもつ「潜在能力のある人間」をつくりだすことこそ環境問題の真の解決につながることが示されている。環境問題の解決のためには，人間が自然環境との共存の力量を持続的に発展させることが必要なのである。

貧困問題についてはどうか。

センは，「貧困とは単に所得が低いというよりは，むしろ基本的な潜在能力の剥奪として見られるべきである」と指摘している[18]。こうした理解は，人びとの潜在能力が，なぜ，誰によって剥奪されたのかを知ることをも意味するであろうし，またこれは，生活水準も含めて，われわれの人生における重要な選択を行う自由について関心をもつべき理由がある，ということを意味している。

では，現代において人間発達の障害と貧困を克服する方向とはどのようなものなのか，あるいは真の豊かさとはどのようなものなのか。

センには，「潜在能力」という基本的な概念とともに，「潜在能力の発揮」あるいは，「発揮する好機」という概念がある。前者は，貧困から脱して人生の選択の幅を広げるもので，体を動かすこと，移動すること，栄養を摂ること，衣料を活用すること，コミュニティの生活に参加すること，などを意味し[19]，後者は，公共政策や，社会の合意と参加によって潜在能力を活かす機会をつくりだし，個々人の自由な人生をサポートすることを意味する[20]。このような視点からは，個別の商品にも，それぞれの財に固有の個性が反映され，その個性を活かしうる消費者が存在してこそ消費の豊かさにつながる，ということになる。すなわち，貨幣を支払って財を購入すればそれで欲求は充足され，効用が実現したとみなす経済学の前提は真っ向から否定される。固有の人格をもつ個性的な彼や彼女に対して，そのとき，その空間に提供しうる財を市場で選択しうるように供給してこそ，豊かな社会といえるのである。これは公共サービスについてもいえるであろう。

Ⅳ　現代の疎外と回復から創造へ

1　自然と人間の潜在能力を開発し蓄積させる労働疎外の現実

　日本における人間発達の経済学が胎動を始めた1960年代後半の日本社会は，繁栄の一方で，きびしい「生存競争の組織化」が進行していた。この生存競争の組織化という概念は，物的な生産や生活の手段から，あるいは自然環境や文化環境からの人間の疎外や分離が進み，従来の小財産から自由になる過程を基礎としている。

　戦後の急激な資本蓄積の過程で，労働には重厚長大型の技術革新がともなった。そこでは機械と人間とのきびしい競争が繰り広げられ，人件費や労務費の削減をはじめ「生き残りをかけた」生存競争がもたらされた。

　日本の勤労者には学習し教育を受ける伝統と習慣があり，研究開発や機械の導入などに対する高い潜在能力があった。高い水準の技術を次々と開発し，それを身につけていく気力や体力をもっていた。職場には職人労働という性格が色濃く表れており，労働能力や生活にかかわる資格への挑戦意欲も高く，

非常に質の高い技術，文化芸術などもすぐに吸収し，つねに新しいものを学習する気風，学歴は高くなくとも，たえず学ぼうとする気力と気迫に溢れていた。これはどのような職場でもみられた普遍的なものであった。しかし，いまその力量の発揮が阻害されている。彼や彼女の潜在能力が発揮する場が制限されているだけでなく，長時間労働や労働密度の高さ，家族のまとまりの崩壊などによって，生活の基盤までもが失われつつある。

いわゆる高度成長期においては，生存競争の過程はかなり複雑であった。すなわち，一方では新たな仕事への対応能力をもつ人びとが必要となり，初任給があがり，労働力を確保し賃金を企業社会に有効に活かすために持ち家政策が実行されはじめ，新たな小財産所有者への流れが都市を中心に勤労者層をも巻き込んだ。高学歴化が進み，分散的な現物的小財産と広範囲の知識の獲得とが結合されて知的財産の形成が進んだ。

現物的小財産を基礎に，貯蓄・金融の機構が発展し，国家的な支援や保護を受けた金融機関が急成長した。現物的な資産に対して金融資産が急増し，全国から資金を集めて東京の金融・証券市場や国際市場で運用する。巨大な金融機関が先頭に立って，住宅建設やオフィス需要を当て込んだ土地投機や地価の値上がりに期待した株式投機を進める。こうした土地への投資や投機は，自然環境や生態系の破壊，文化財や文化遺産の損壊の危機をともないながら進行した[21]。

のちに「バブルの崩壊」をもたらす基礎を形成したこの流れは，同時に，勤労者にも金融や証券，土地の管理の重要性を教え，自分たちの資金を活かしたまちづくりや土地利用への関心を高めていく。勤労者には，自分が属する企業の仕事だけでなく，自分の財産形成のためにも働き，消費者として自分の小財産を競うための新たな競争がはじまった。この競争は，ファッションや衣服，家具，電気製品，マイ・カーにまで及ぶのである。生存競争の組織化は，機械と人間との競争を基礎に，小住宅や乗用車などの現物的な小財産を蓄積し，獲得する競争に発展した。人生を安心して暮らすためのマネープランが販売され，その意味では，組織的に人びとの生命と生活を管理し，操作し，金銭的な関心に仕事や生活の大半のエネルギーを消費させる構造が

つくりだされたといえる。生涯にわたる財産形成のための金銭を蓄積する手段としての労働や生活，これは高度成長がつくりだした典型的な生活様式であった。

一方における職場での急激な技術変化と，それへの対応のなかから生まれた「仕事への高い潜在能力」，他方では生活の場での現物的な小財産形成と，それらを活かすための対応のなかから生まれた「生活への高い潜在能力」，しかし，現行の社会制度や企業の慣行，行政の仕組みのなかでは「発揮できない潜在能力」が開発され蓄積されたといえるであろう。

2 仕事おこしへの胎動と「開かれた知的所有」の発展

これらの潜在能力に発揮の機会を与えた直接のきっかけは，生命や生活の安全に対する危機感であった。とりわけ1980年代以降は，情報技術の活用も可能となり，「ネットワーキング」という用語が定着し，バブルの崩壊と構造的な不況がつづくなかで，勤労者のあいだに蓄積された潜在能力を新しい制度，新しい技術，新しい施設を通じてネットワーク化する動きが表面化してくる。

すでに1970年代には，働く女性を支える保育所づくりが，情報技術登場以前から持続的に発展していた。さらに，1980年代には，障害者の共同作業所づくり，食の安全を支える生活協同組合運動が台頭し，情報化と大量の失業が発生するもとで，失業者や高齢者の福祉や雇用を保障するワーカーズ・コープなど「仕事をおこし，地域をつくり，人を育て，文化を高める」動きがはじまる。さらに，1990年代には，NPOなど市民活動を中心に，企業，行政，大学などをコラボレイトした文化や創造におよぶ大波が日本社会の各所に噴出してくる[22]。

これらの動きは，ネットワーキングによって現物的小財産と潜在能力をもつ人びとを結びつけ，仕事や生活に必要な知識を共有しつつ新たな仕事をおこすなかで，各人の知的な所有を高め，潜在能力を顕在化する。これは「仕事をおこすこと」＝「雇用問題」を正面から取り上げている点で，勤労者の現物的小財産と知的財産との所有をネットワークで結合するものであるが，

そこでは共同組織や協同組合組織によって潜在能力の発揮の場が提供されてきた。これは，日本の労働組合が，どちらかといえば賃金と待遇，企業内での終身的な権利保障を重視してきた傾向とは区別されよう。

　人間発達の経済学は，こうした現代の「仕事おこし論」や「市民活動論」に有力な根拠を提供した。そして，共同組織の経営や協同組合経営のなかで，消費者のニーズ優先，人権や人間を尊重する視点，発達の視点からの職業教育が行われはじめると，職場においても，人間の個性や尊厳を尊重する雰囲気をどうつくるかが決定的な問題として提起されはじめる。企業の社会的な責任や倫理が重視され，情報の公開制度，環境政策，従業員への人間的な待遇の確保，消費者志向の経営，株主の利益の尊重などが常識化する。投資家も，企業の統治能力（ガバナンス）や企業倫理を優先した評価基準を採用しはじめる。

　さらに注目されるのは，この動きは，地域や都市などの「場」におけるあらたな「地域づくり」「まちづくり」への積極的な方向性をもっていることである。

V　展　望——現代産業論への応用と新しい労働観

　固有価値論に基礎をおく人間発達の経済学は，従来の産業論の枠組みを根本的に転換する試みを展開した。これは，19世紀イギリスの固有価値論者，W・モリスの産業論の現代的な継承でもある。

　モリスは，固有価値論を「生活の芸術化による社会進化」の理論として発展させた。そして，その理論の中核に，二つの生活革命を提唱した。

　すなわち，一方では，調度品，室内装飾，建築，まちなみなど，生活のなかに芸術性の高い創造的なデザインを導入して質の高い文化を享受する力量を発達させることである。このことは，創造と享受の能力を発達させる出発点であった。

　そして，他方では，調度品や生活用品，建築物，都市建設などに従事する労働のなかに「労働の芸術化による人間化」を位置づけた。どのような農業

や工業の産物であれ，デザインのなかに芸術性が入り込めば，その労働は単なるものづくりではなくて，芸術的な作品を生みだすかのような職人的，芸術的な労働となる。かかる労働は，労働する人びとの人生のなかに，芸術文化や科学技術を活かす力量を成長させ，労働の人間化による人格的な成長が達成される[23]。

モリスの問題提起は，芸術文化とは最も縁の遠い機械との競争や疎外された画一的な製品に囲まれた生活のただなかにあり，きびしい生存競争に直面する人びとに対して，彼ら自身の生活や労働を反省し，根底から見直し，自分の住居や労働がいかに惨めで，貧しく見えようとも，室内を美しい壁紙に張り替え，労働に創意工夫を行い，余暇を生かしつつ人間らしい判断の基盤を健康な体や市民交流のなかで取り戻し，自分のかけがいのない人生の目標を自由に設定するよう提案する。資本主義がつくりだした憲法的なルールや，工場法や教育制度，社会保障制度（モリスの時代には不十分であり福祉経済論や完全雇用の学説が推進した）の枠組みのなかで，基本的な人権や創造と享受の権利が実質化するならば，ここに新たな「産業とまちづくりの空間」が生まれる。

このような消費や生産活動の理解は，それまでの農業，工業などの分業論を中心とした産業発展論の常識を覆すものであった。そこでは，いす，テーブルなどの調度品のデザインによる生活の芸術化，カーテン，壁紙などのインテリア・デザイン，建築デザイン，都市や農村のまちやむらのデザインなどによって，人間の生活空間を芸術化し，これらの基礎にある財の生産のなかに芸術労働を持ち込んで，労働そのものが人生の歓びであるような人格を生みだすと考えられている。

しかしながら，モリスが描いて見せた世界は，彼の生きた時代にも，現代においても，しばしば非現実的なロマン主義であるとの批判を受けた。その根拠の一つは，大量生産・大量消費とそれを生みだす社会は，高度な科学技術や芸術文化と，大衆化されマス化した生活様式が必然的であり，創造者と享受者のコミュニケーションは，意味のある，相互性と多様性のある展開を遂げるには，あまりにもその社会的・技術的な基礎を欠いており，利便性と

芸術性が同時に追求される社会のシステムなどありえないと考えられてきたからである。創造の成果がすぐに日常に入り込むのは，ごく限られた工芸品の世界くらいではないのか，ハイカルチャーとポピュラーカルチャーは，完全に分離され，科学・技術・文化は，それを独占する階級から階級に世代を越えて受け渡されているにすぎないのではないか。

　ところが，20世紀後半からは，これらの懐疑的な意見を覆す多くの社会的な進歩が生まれた。その第一は，N・ウィナーが提起した学習に関する理論の画期的な進歩である。

　人間は原始社会以来，自然を改造し，それによって人間自身を改造して，自然と人間のもつ潜在能力を開発してきた。この過程は，概括的にいえば，「自然と人間の物質代謝過程と，人間と人間とのコミュニケーション過程」の両方を含んでいる。

　ウィナーが脳神経の専門家とともに開発したサイバネティクスや学習の理論は，人間のコミュニケーションの過程に，過去の経験や行動の総括である記憶の蓄積と，新たな経験や行動の結果を神経組織によって脳に伝達し，蓄積された記憶と照合して新たな判断をくだし，新たな行動を起こすことを示した。そして，彼が提起した理論は，コンピュータと電気通信ネットワークを結合した情報技術の画期的な進歩をもたらした。その結果，人間の科学技術などの創造活動と知的所有権を前提とする市場，創造の成果を複製し量産する技術によってつくりだされる市場，という「二重の市場」がすべての生産物について成立する。他方，芸術的な創造の成果についても，著作権の市場が成立し，同時に，創造の成果を情報サービス事業によって普及し，人びとが学習しつつ創造の現場を訪問して創造活動に参加することが可能となった。

　このような状況のもとでは，産業という概念が拡張され，農業，工業，サービス業という分類とは区別された「創造，伝達，学習，訪問，享受」などにかかわる産業が，固有価値を生みだす各地域に集積され，質の高い財を求める「きびしい」消費者の存在のもとで創造と享受のコミュニケーションが成り立つことになろう。これは一種の創造クラスターをつくりだす「まちづくり」の動きである。

このような新たな状況のもとで，モリスの「生活の芸術化による社会進化」過程を再評価するならば，そこには疎外された労働から一定の現金給与など収入を受け取りながら，自分の労働を人間化し，芸術化するための創意工夫を行いつつ，しかも余暇時間を生かして学習し，学校に通う，新たな市民像を想定することができる。この市民は，主権者であり，納税者であり，ルールをつくり，決定に参加する。ここでの現金などの報酬は，生活し，納税するための手段であり，人生における自由な選択のための手段にすぎない。労働とまちづくりの歓びこそ労働の最大の報酬となる。

　資本主義社会は分業と私的な所有を基礎に，一人ひとりの営業の権利や職業選択の自由を確立し，個人や会社の組織を通じて金銭的な価値を蓄積しつつ巨大な経済資本を形成してきた。このなかで，とりわけ会社組織は分業や協業，機械の導入などをとおして，科学・技術・芸術の成果を生産に応用し，利潤の最大化のために活用した。この結果，生産活動などを担う人びとは，科学技術を理解する能力やデザインの能力，他人とのコミュニケーションの能力などを要求され，このような能力を開発するための学校制度，職業訓練制度などを発展させてきた。これらの能力は，自然の改造や人間のマネジメントに大きな影響を与えた。そこでは，自然や人間の潜在的な可能性を驚くべき規模で発見し，発見の成果を科学や技術などを用いて大規模に開発する可能性に道を開いた。いわゆるハイテク，バイテクの成果は，人間の自然の開発や人間同士の協力による社会の開発の可能性をかつてなく高めたのである。長寿化や余暇産業の発展は，人間福祉の向上をもたらしたかに見えた。

　だが，このような可能性が現実として人びと前にその姿を現したときには，「貨幣価値の増加」「利潤の最大化」という制約が大きな役割を果たした。すなわち，一方では，バブル経済に象徴される投機とその破綻，グローバリゼーションとともに進行する国際的規模の企業再編成，情報技術と省力化による雇用不安が構造化する。自然資源の乱開発・環境破壊・文化財の破壊や芸術文化の衰退などが生じ，他方では，分業化の要請に応じた人間能力の一面的な発達，職業や作業，生活の場の固定化，機械の活用に適応した職業や作業，生活の場の流動化，実用性や利益可能性にのみ関心が集中し，安全や倫理な

どが無視されて，人権を保障すべき法やルールが空洞化し，過労死や大規模な事故，災害，健康障害などが頻発するにいたる。

　高齢社会は，年金保険，健康保険，介護保険制度などを発展させて，障害者や高齢者の生活に配慮したように見えて，実際には福祉領域への社会的な資源の配分は縮小され，人権や人間発達に配慮するゆとりを失った，画一的で創意性を喪失せざるをえない福祉サービスが生まれてくる。流通，交通，レジャー産業の発展は，旅行や観光を生活の一部として定着させた反面，土曜出勤や24時間営業が常態化した。これはまさに，人間の潜在能力を自分自身の意思のもとに制御する機会が失われた結果であろう。この状況のもとで，機械と人間との生存競争はいっそう激化し，パート，派遣労働などが増加し，不安定就業やニートと呼ばれる不正規労働者が急増する。

　情報化社会は，一方でこれらの傾向を極端にまで強めるが，他方ではリストラや生存競争によって分散された資源を，各地域においてネットワーク化する。創造クラスターによる新たなつながりが生まれ，商品開発が個々人や地域に残した潜在能力を人間開発によってネットワーク化する。さらに，生産手段や労働力に対して，生活の芸術化が生みだす文化資本の潜在力をも付加して，新たな都市や地域社会の再構成へと進む。

　これらの背景には，多様で微妙な意味づけの差異を含みながらも，J・ロック，A・スミス，J・ラスキン，A・センらが理論化してきた経済学の基本的な考え方がある。これらの過程を，情報化社会の新たな条件を考慮しつつ研究し，現代的な姿を解明することこそ，人間発達の経済学の基本的な課題であった。

　人間の尊厳を回復しようとする人びとの要求は社会運動の波を引き起こす。この波もまた，資本主義社会が生みだした科学技術の成果を活用する。現代にあっては，全国的，国際的なネットワークをもちはじめた交通や通信，印刷や出版物，新聞などと，インターネットの発展がある。市民は自分たちの情報を発信し，全世界にそれを広め，多くの人びとの共感を得ながら，人間の潜在能力の全面的な発達のための要求やまとまりや社会運動の国際的な動きを発展させていく[24]。

そしてこの際にも，人間の固有性が注目される。地域の自然や，人間の創意性のなかにある固有の価値は，新たなコミュニケーションの環境のもとで再生のきっかけをつかみはじめる。自然や文化財，芸術文化の価値に注目が集まる。余暇の拡充や公共空間による文化的な雰囲気の形成がはじまる。これらの要求に，自治体や行政委員会，議会が科学的な調査を基礎に応えはじめ，全国的，国際的な通信・交通手段の発展と情報交流や調査を背景として，労働時間の短縮，衛生的な環境，義務教育や生涯学習などの新たな制度が確立される。社会の創造的成果が一人ひとりの人生のなかから大量に生みだされたとき，中高年世代から次世代に向けての成果の伝達と，大規模な学習システムの発展がはじまる。働きつつ学ぶ社会人大学・大学院を担う高度な実務と理論を身につけた研究者が現れ，全国をネットワークで覆う学習組織と，返済条件の緩和された無利子の奨学金制度がこの制度を支える。その確立の度合いに応じて，人間発達をサポートする法やルールが形成され，潜在能力に発揮と創造の機会がつくりだされ，一人ひとりの個性的な発達を支える公共政策が発展するであろう。

注
1) キリストの言葉。マタイ伝四章「人の生くるはパンのみに由るにあらず，神の口より出ずる凡ての言による」。
2) 「大地や人間より劣る被造物のすべては，人類の共有物であるが，しかし，すべての人が自分自身の身体に対しては所有権を持っている。……彼の労働と手の働きはまさしく彼のものと言ってよい。そこで，自然が与え，そのままにしておいた状態から彼が取り出したものは何であっても，彼はそこで，労働をそれに加え，彼自身のものを付け加えて，それへの所有権が発生するのである。」(J. Locke, *Two Treatise of Government*, London, 1698. ジョン・ロック著，伊藤宏之訳『全訳 統治論』柏書房，1997年，176ページ)「われわれが食べるパンのなかで考慮されなければならないのは，単に耕作農民の労働や，とり入れ，脱穀の苦労やパン焼人の汗だけではない。牛を馴らした人，鉄や石を掘って細工した人，犁や水車場やかまどや，その他この穀物が蒔かれてからパンにつくられるまでに用いられた膨大な数の道具のための木材を切り倒し組み立てた人，こういう人々の労働がすべて労働として計算され，労働の成果として受け取られねばならない。」(同上訳書，186-187ページ)「自然のいろいろなものは共有物として与えられているけれども，人間は（彼自身の主人であり，自分の身体とその行為または労働の所有物なのだから），自らのうちに所有権の大きな基礎を持っているのだということ，そして，発明や技術によっ

て生活がますます便利になってゆくにつれて，彼の生活を支え，快適ならしめるために用いられたものの大部分を構成したものは，完全に彼自身のものであり，他のひととの共有物でなかった，ということである。」(同上訳書, 187ページ)

3) J. M. Keynes, *The General Theory of Employment, Interest and Money*, London, 1936, *The Collected Writings of John Maynard Keynes*, Vol. Ⅶ, p. 220. 塩野谷裕一訳『ケインズ全集』第7巻，東洋経済新報社，1983年，217ページ。

4) 森岡孝二「今日の日本社会と企業システム」池上惇・森岡孝二編『日本の経済システム』青木書店，1999年。

5) A. Sen, *Commodities and Capabilities*, North-Holland, 1985. アマルティア・セン著，鈴村興太郎訳『福祉の経済学——財と潜在能力』岩波書店，1988年。J. Rawls, *A Theory of Justice*, The Belknap Press of Harvard University Press, 1971. ジョン・ロールズ著，矢島鈞次監修訳『正議論』紀伊国屋書店，1979年。

6) 池上惇『文化と固有価値の経済学』岩波書店，2003年。

7) A. センは，1999年に公表したA. Sen, *Development as Freedom*, Oxford U.P., 1999.（石塚雅彦訳『自由と経済開発』日本経済新聞社，2000年）において，つぎのように述べている。

「個人は，さまざまな制度から成り立つ世界で暮らし，活動している。われわれの機会と展望は，どのような制度が存在し，どのように機能するかに決定的に左右される。諸制度はわれわれの自由に貢献するだけでなくて，制度の役割がどれだけ自由に貢献したかに光をあてて，その意味を評価することもできる。人間の自由のひろがりとして，人間の発達を評価することは，制度的なアセスメントによって体系的に切り拓かれる展望を人々に提供してくれる。」(*Ibid.*, p. 142, 同上訳書, 160-161ページ)

ここでは，教育や医療の制度が，商品や市場の開発に先駆けて発展する場合や，日本のように教育制度が市場制度に先駆けて整備された場合に，成果の質や自由な人生への影響，さらには市場経済への強い影響が注目されている。そして，かかる制度を欠いた開発が「貧困とは，単に所得が低いというよりは，むしろ，基本的な潜在能力の剥奪として見られるべきである」という主張に結実している (*Ibid.*, p. 87, 同上訳書, 99ページ)。

他方で，日本の「人間発達の経済学」が最も注目したのは，イギリス産業革命期における労働日の短縮や工場法の教育条項，衛生条項など，市場経済の欠点を補う法や制度の重要性，これらの制度を担う人間（公務・公共性を担う人びと）の存在意義への注目であった。制度の合理的な規制を欠いた市場経済，賃金契約，機械制大工業や工場制度の凄まじいまでの人間性の破壊と，それを生みだした科学・技術・芸術などの資本主義的活用方法の認識であった。さらに，人間発達の経済学は，機械等の資本主義的活用を克服して人間性を回復させるための手がかりを，「資本主義的な活用がもたらした科学技術やデザインの生産への応用の結果である先端技術など」の成果を活用する主体の形成に求めた。新たな制度をきっかけに人間の主体性を取り戻した人びとによる情報技術などの積極的活用によるネットワークの形成や，現代経済が開発した先端技術を活用することによって，自然を再生し，破壊

されたコミュニティの人間的習慣や文化的伝統を再生することにも注目した。人間発達の経済学にとっては，貧困化をもたらした高度な科学技術を人間的な主体形成の支援システムに変換する過程こそ最重要な関心事であり，「基礎研的人間発達論」の特徴といえるかもしれない。池上惇「人間発達の経済学と固有価値の視点」，『経済科学通信』第105号（2004年8月），19ページ以下を参照。

8) 日本における人間発達の経済学は，生存競争のなかで，主体を形成する人格としての人間が学習能力をもって成長する，という点に注目した。研究が開始された1960年代後半には，K・マルクスが『資本論』のなかで引用していたイギリス工場査察官の指摘によったものであったが，1980年代に入ると，情報の経済学の研究が進み，ノーバート・ウイーナーの『人間機械論』にある学習の定義やサイバネティクス理論における情報の伝達と蓄積，照合に関する理論によって基礎づけられた。このきっかけは，池上惇『情報化社会の政治経済学』（昭和堂，1985年初版）である。経済学体系での位置づけは，池上惇『経済学――理論・歴史・政策』（青木書店，1991年）であった。学習に注目する人間ストック論は，知的所有を基礎とした人格的な自立論に発展する。その成果は，池上惇『文化と固有価値の経済学』（岩波書店，2003年）である。この段階では，ストック論は，経済倫理学の研究の流れのなかに画期的な業績が現れはじめ，制度学派のソースタイン・ヴェブレンに依拠した塩野谷裕一教授の研究が公表された。本稿における「ストックとしての人間」という表現は，塩野谷教授の研究から学び，それを学術的成果として受容している。塩野谷祐一『経済と倫理――福祉国家の哲学』（東京大学出版会，2002年），同『価値理念の構造』（東洋経済新報社，1984年）。なお，池上惇『文化と固有価値の経済学』（前掲）は，塩野谷教授の著作から，ヴェブレンのストックとしての人間像に関する指摘，「活動の展開の中で，自己の実現と表現を求める一貫した構造を持った性向と習慣の塊」という表現を引用している（同書，179ページ）。

9) 私は，1990年代の初頭から，W・G・ボウモルなど文化経済学文献の研究や翻訳をはじめている。その過程で，個性的な人格を形成する要因を，学習のなかから生まれる知的な所有の一環として位置づけた。そして，このような知的所有を「文化ストックの形成」という述語を使用して，文明の成果である知識などの知的所有と区別していた。たとえば，芸術文化を享受する能力を一人ひとりの消費者が獲得するには，一人ひとりの人格に文化ストックの蓄積が必要である，というような表現の仕方である。

このような表現の仕方とは別に，前掲の2003年刊行の『文化と固有価値の経済学』では，「文化ストック」にかわって「文化資本」という，私にとっては新しい表現の仕方として区別されるべき表現方法を用いている。そのきっかけは，福原義春編著『文化資本の経営』（ダイヤモンド社，1999年）の書評を執筆したとき，「文化資本」という概念には，単にストックとしてあるものを蓄積するという意味だけでなくて，たえず更新し，創造し，「創造的に再生する」という意味が込められていることを認識したことにある。これまでは，資本というと，どうしても貨幣価値の増加というイメージが強くて，文化という形容詞をつけても，依然として創造というイメージには遠かったのであるが，この書から，文化資本という概念は，その生成

の過程で，本来的には，創造や創造的な再生の意味があり，したがって貨幣価値の増殖・増加と同様のイメージで資本を理解する必要はない，という点を強く印象つけられた。

　文化資本という概念は，A．クラマー（A. Klamar, "Social, Cultural and Economic Values of Cultural Goods," *Manuscript for the World Bank Group*, 2001）や，D．スロスビー（D. Throsby, *Economics and Culture*, Cambridge U. P., 2001）が文化経済学研究のなかで確立してきた概念であるが，日本では，彼らの文献よりも早い時期に，福原義春氏によって英文で執筆された『文化資本論』が同時代にやや先駆けて出版されている。

10)　固有価値（intrinsic value）は，ラスキンが，19世紀後半に『ムネラ・プルウェリス』『この最後のものにも』などの芸術や文化にかかわる経済学の著作で確立した概念である。E. T. Cook and A. Wedderburn が編集し，George Allen, London; Longmans & Green, New York, から，1905年に公刊されたラスキン全集（*The Works of John Ruskin*）では，*Unto This Last, Munera Pulveris, Time and Tide with Other Writings on Political Economy*, 1860–1873 として1冊に収められている。しかし，不思議なことに，索引には intrinsic value という項目はない。おそらく，編集本の刊行当時は注目された概念ではなかったのではないかと考えられる。1922年に J. A. Hobson が執筆し刊行し，ラスキンにも言及している *Work and Wealth, A Human Valuation*, Macmillan Co. においても，索引にはこの語はない。しかし，1904年に，ホブソンがロンドンで公刊したラスキンの伝記，*John Ruskin Social Reformer*, James Nisbet & Co. の索引には，この語がある。そこでは，「固有価値は，生命と生活をサポートする絶対的な力である」という『ムネラ・プルウェリス』における定義が引用されている（同書，p. 89）。日本では1923年に，河上肇が，『資本主義経済学の史的発展』（弘文堂），で，同様の箇所を詳しく引用し，intrinsic value に「固有価値」の訳語をあてている。第二次世界大戦後は，1958年に木村正身教授が，ジョン・ラスキン著，木村正身訳『ムネラ・プルウェリス──政治経済要義論──』（関書院・京都）において，「本有価値」という訳語をあてられている。この語を経済学の体系のなかに位置づけた著作は，池上惇『経済学──理論・歴史・政策』（前掲）であり，固有価値の経済学としての位置づけは，池上惇『文化と固有価値の経済学』（前掲）第1章を参照。

11)　大塚久雄『共同体の基礎理論』岩波書店，1955年（『著作集 Ⅶ』岩波書店，1969年）。

12)　島恭彦『現代の国家と財政の理論』（『著作集 Ⅴ』）有斐閣，1983年。池上惇『財政学──現代財政システムの総合的解明』岩波書店，1990年。

13)　D. Throsby, *Economics and Culture*, Cambridge U. P., 2001. D・スロスビー著，中谷・後藤訳『文化経済学入門』日本経済新聞社，2002年。

14)　佐々木雅幸『創造都市の経済学』勁草書房，1997年。同『創造都市への挑戦』岩波書店．2001年。後藤和子・福原義春編著『市民活動論』有斐閣，2005年。

15)　A・セン著，鈴村興太郎訳『福祉の経済学』岩波書店，1988年，2ページ。

16)　たとえば，UNDP, *Human Development Report*, 1990, Oxford U. P., 1990.

17) Throsby, *op. cit.*, p. 67. スロスビー著，前掲訳，112ページ。
18) A. Sen, *Development as Freedom*, Oxford U.P., 1999, p. 87. 石塚雅彦訳『自由と経済開発』日本経済新聞社，2000年，99ページ。
19) 「人間の潜在能力の考え方は，人々が生きたいと考える理由のある生き方をし，持っている真の選択を向上させることのできる能力——本質的な自由に焦点を当てる。……価値を認める理由は，直接的なもの（そこに含まれる機能は，十分な栄養を摂取する，健康であるなど生活を直接豊かにすること）かもしれない。」(*Ibid*., p. 293, 同上，338ページ)
20) 「自由の特徴は，多様な種類の活動と制度に関係する多様な側面をもつことである。それは，何か単純な資本蓄積の『方式』，市場の開放，効率的な経済計画の保持などに，直ちに変換できるような開発観を生み出さない。……個人の自由を向上させるプロセスとその実現を助けるコミットメントにとって，さまざまな異なる断片的に見えるものを統合された全体に位置づけるシステムや，そのための原則は中心的な関心事である。この統合性は，自由は本質的に多様性を備えた概念である点を決して見失わせるものではない。」(*Ibid*., pp. 297-298. 同上，343ページ)
21) 池上惇「日本の国家破産と財政再建」，同『日本財政論』実教出版，2000年，271ページ以下。
22) 後藤和子・福原義春編著『市民活動論』(前掲)。
23) 創造的な都市をつくる国際的な流れについては，同上，第7章を参照。
24) 池上惇『財政学——現代財政システムの総合的解明』(前掲)。池上惇『人間発達史観』青木書店，1986年。
25) 池上惇「知的所有と財政学」，『財政と公共政策』第26巻2号（2004年10月）。

第1章　人間発達を支援する社会システムの経済思想

柳ヶ瀬孝三

はじめに——クリエイティブな生活思想の広がり

1　創造的消費者の登場が意味するもの

　今日の消費生活において，人びとは，市場を通じて単に受動的に商品やサービスを「消費」するだけの存在ではない。消費生活のなかでは，自ら商品やサービスを享受する能力を育み，それを喜びや生きがいに積極的に転換し，価値ある個性的な生活を創造しようとする志向も登場しつつある。また，地域社会のなかに張り巡らされた多様な人間ネットワークのなかで「生活の知恵」が継承され交流されて，いわば「知的・文化的ストック」ともいえるものが，人びとの間に蓄積されつつあるようにも見える[1]。これらは「インターネット社会」やいわゆる「ソフト化社会」の底に生みだされつつある伏流水といってもよいものであろう。

　私たちは，絵画や音楽や文学，あるいは演劇や映画などの芸術作品との出会いにおいて，それが気に入ると何度でも観たり聴いたり読んだりしたくなるし，その作家や制作者のことも知りたくなる。作品をとおして作家や制作者とのコミュニケーションが直接の出会いなしにできるようになり，実際に会ってみたくもなる，また自らも作品づくりに挑戦したくなる，といった経験はだれにもあるであろう。

　消費生活においてもこれと似た現象が起こりつつある。企業もそうした傾向に照準を合わせて製品のデザインや企業のブランド力，あるいはまた健康や安全性や地球環境への配慮など，消費者の心を捉えようと一定の資源を投入している。消費者のなかに蓄積される享受能力や生活に根ざしたソフトな「知的・文化的ストック」の厚みは，こうして今日の生産システムを制御す

る力ともなりつつある。このような消費者は専門家依存から脱して「専門家をもその一員とするコミュニケーション」の場をつくりだして，自立支援や健康づくりなどの非営利事業の取り組みを広げており，企業もまた商品企画への消費者の参加など，消費者の創造的活動を組み込む動きを強めている。かつてトフラー（Alvin Toffler）が『第三の波』において「生　産＝消費者」（プロシューマー）の登場について語ったように，生活の世界と仕事の世界の双方の変化があざなって「生産と消費との境界線は徐々にぼやけている」かのようでもある[2]。

　しかし，このような動向は明らかに経済学の教科書が想定している「消費」の狭い概念をはるかに越えるものといえる。近代経済学においても，たとえば，シトフスキー（Tibor Scitovsky）は，サミュエルソン（P. A. Samuelson）らが提唱した「消費者が選択した（＝買い物をした）だけで，それを彼らの選好（＝好み）とみなす」という顕示選好学派の考え方に対して，それは「選好の中身を問わない」だけでなく，「喜びが生み出されたかどうかはプライバシーに属する」として関知しようとすらしないものであり，いわば『生きる喜びのない経済学』（ジョイレス・エコノミー）でしかない，ときびしく批判したことがある。そして，彼は，マーシャル（Alfred Marshall）を想起させるかのように，「努力すること，想像力をもつこと，何かを学ぶことにこそ生きる喜びがあるのではないだろうか。経済的にどんなに恵まれていない人でもこの喜びを得ることができると思うし，豊かになればなるほど人間はこうした喜びを求めるのではないだろうか」と問いかけ，「これまでの経済学の分野では，こうした人間の喜びをほとんど無視してきた」が，「消費者の精神領域にまで立ち入る」「より広い基盤に立った経済（学）」を考えるべきだと提唱した[3]。

　しかしながら，今日，多くの生活部面で「選択の自由」が主張されているにもかかわらず，そこでは消費のプロセスが狭い「選択行為」だけに切り詰められてしまい，そのあとにつづくべき「人びとが享受して喜びや生きがいに転換させるプロセス」は考慮すらされないものになっているのではないか。現実には，「選択の自由」さえ導入すれば生産者を制御でき消費者にとって好ましい結果が得られるとする，消費者主権の「狭められた」主張が大きな力をもっているといえよう。そして人権と個性の基盤ともいうべき健康，教

育，福祉などをはじめ生活に身近な公共サービスの領域にもそれらが次々と適用されて，大した検討もなく，決まり文句のように「民営化」や「市場化」や「受益者負担化」が導入されてきた。いわゆる「新自由主義」と呼ばれるものである。

　しかし，新自由主義のこのようなやり方では，人びとのなかに広がるクリエイティブな生活思想を支援して，人びとの「生きがい」や「生活の質」を高める機会を増やすことにはならないのではなかろうか。また，「空洞化」する産業や地域を再生し，創造性や固有性に溢れた地域づくりや新しい産業や雇用をつくりだしていく基盤とはならないのではないだろうか。逆に，それはクリエイティブな経済社会の発展の基盤そのものを掘り崩してしまうのではないか。

　クリエイティブな生活思想の中心に座るべきは，天才の創造能力といったものではない。むしろ広範な人びとの「生きがい」追求のなかで発達がもたらされる享受能力とそれを通じて形成される「知的・文化的ストック」の基盤的重要性にこそ目を向けるべきである。本章は，人びとの享受能力の発達を支援することを通じて，広範に創造と享受の諸能力の発達と交流の場をいっそう活発化し，質の高い文化，芸術，学問，思想，人びとの生き方やアイデンティティなどの卓越性(エクセレンス)の豊かな成果を生みだすことを可能とする人間発達を支援する社会システムに求められる新しい質[4]について——教育問題を念頭に置きつつ——人間発達の経済学の視点からの接近を試みるものである。

　ここでは，今日のクリエイティブな生活思想の広がりを生みだしている経済的基礎において，人びとが労働や生活，また学校や各種の教育機関などをとおして獲得したさまざまな潜在能力を，自らの「生きがい」を求める強い志向のなかで享受能力というかたちでも発揮・顕在化させ，発達させている事実を見いだす。そして，それは，直接には「人びとの好みや欲求が発展，変化する」という日常生活においては頻繁に現れているが，同時に，それが生活の諸領域はもとよりさまざまな商品やサービスの享受においては，とりわけ手づくりの産業や創造型産業を介してつくりだされる人間ネットワークによって支えられており，また非営利事業や公共サービス——いいかえれば

ソフトなインフラストラクチャーの機能——がそれらのネットワークのなかでキイとなる重要な要素となっていることを視野に置いている。

インフラストラクチャーについては，いま地域社会のなかで人びとはそれらに新たな意味づけを与えようともしている。たとえば，いわゆる「平成の大合併」のもとで，町営の駐車場，民営のホテル，学校や文化施設などの地域のインフラストラクチャーを共同資産として再評価して「まちづくり」や「むらづくり」を進め，それらを「訪問産業」と結びつけて，特産品など地域の固有性を活かした産業を再活性化する要と位置づけ直すなどの動きが各地で試みられていることをあげておきたい。インフラストラクチャーは，ここでは単にハードな施設として狭義に解されているだけでなく，地域社会のクリエイティブな再生をめざすソフトを軸とした広義のそれとして捉え返されている。専門家や公務労働をはじめ人的要素の役割も明確に位置づけられ，運営には地域の人びとによる出資，知識や労務の提供，ボランティアなどとの協同をとおした参加がある。ソフトな機能を中心的に担うインフラストラクチャー，たとえば，学校，病院，介護・福祉施設あるいは大学などの役割も捉え直され，地域のインフラストラクチャーの総合的な再構築に目が向けられる契機ともなっているのである。

これらの現象を経済思想の歩みのなかで捉えるために，本章ではまず，今日の経済学の教科書などにおいて後景に退けられてしまっている享受能力の概念を経済学のなかに呼び戻すことを試みる。そして，その視点から，マーシャルやアロー（Kenneth J. Arrow）などによっても議論され，教育問題としてしばしば語られる「卓越性と公正性との両立」[5)]の問題を念頭に置きつつ，ジョン・ロールズ（John Rawle）やアマルティア・セン（Amartya Sen）の議論を紹介，吟味して人間発達を支援するインフラストラクチャーを捉え，その概念を定義し，内容を例示する。次いで，これらの背後にある，人びとが潜在能力を形成し，発揮するメカニズムに内在する矛盾を，資本蓄積とのかかわりで明らかにしたうえで，人びとの潜在能力に発揮の機会を生みだす「知的・文化的ストック」の基盤形成と「自由を通じた卓越性」とを媒介する場の形成や，人びとの社会的相互作用の場を，創造と享受との「プラスの

外部効果」の場へと転換するうえでの専門家や公務労働の役割に迫りたい。こうして，分配の正義を基礎としつつ創造的な環境づくりをすすめるソフトなインフラストラクチャーづくりの経済学について考える[6]。

　最初に，アダム・スミス（Adam Smith）以来の経済学のなかで語られてきた享受能力の概念が提出する二つの視点――享受能力を育てる消費者主権と個性的な諸能力を活用しあうコモン・ストックづくり――について触れ，本章での検討の視点を提示することから始めよう。

2　享受能力を高める新しい消費者主権

　「消費する」とは，英語ではコンシューム（consume）である。すなわち「消耗する，使い尽くす，消滅させる」という意味でもある。したがって消費者（consumer）とは，こうした意味では，何かいかにも「使い棄てをする人」というようにイメージされるかもしれない。しかし，今日の消費生活において注目されるべき新しい動向とは，もはやそうしたものではない。

　近代経済学を社会進化のプロセスのなかに置き直すことを提唱してきたボールディング（Kenneth E. Boulding）は，「経済活動の目的は消費である」とする経済学において一般に普及してきた考え方に反対して，アダム・スミスを深く読みとることを主張して，次のように述べている。「私は，自分の衣服，住宅，車などを使い尽くす（wear out）という事実――これが消費（consumption）であるが――から満足を得ているのではない。私は，それらを身につけ，住まい，運転すること――これらは使用（use）である――から満足を得ているのである」[7]。また，経済学にとってストックとフローとを区別することは重要であるが，スミスの議論を注意深く読めば，消費においても消費財のストック（食物が準備されている状態）とそれを使用して満足を生みだすフロー（食物を食べる）とを区別していることがわかる，と。

　今日，豊富で質の高い多様な商品やサービスが存在しており，それが私たちの生活の豊かさを支えていると理解されやすい。しかし，一人ひとりの生活の豊かさに焦点をあててみれば明らかなように，それらの消費財ストックや人間能力のストックを活用して自分なりの個性的な満足を引きだす能力，

すなわち享受能力の発達を問うことがむしろ重要であり,それは真の豊かさを実現するための第一の必要条件であるとさえいうことができる。人びとは,このような享受能力を発達させて,商品やサービスの購入や活用にあたっては健康や地球環境などへの配慮をも視野に置くようになっており,それを生産者や供給者に求めるだけでなく,リサイクル社会のあり方も考慮して行動するようになりつつある。そして,このような消費者の享受能力と生産者あるいは供給者の創造能力との相互促進的な応答関係は,非営利事業や公共サービスをも含むものへと次第に広がりつつあるといってよいであろう。

アダム・スミスが,「諸国民の富」を増進するうえで労働の果たす大きな役割に注目したことはよく知られている。同時に,スミスは,「各人が貧しいか豊かであるかは人間生活の必需品,便益品,娯楽品を享受する能力(can afford to enjoy)がどの程度あるかによる」[8]と述べて,個々人における豊かさや貧しさを評価するうえでは,単に商品やサービスの消費にとどまらず,その享受能力にも着目している。実際,スミスは,商品生産における「技術（アート）」は,人間の肉体と精神の双方の自然的欲望に見いだされる人間的な「微妙さ（ナースティ）」や「繊細さ（デリカシー）」に応えるために発展させられてきたのであり,「美感（テイスト・オブ・ビューティ）」も商品の重要な構成要素であると述べている[9]。またスミスにあっては,「娯楽品（アミューズメント）」といった,俳優,道化師,音楽家,オペラ歌手,オペラ・ダンサーなどが提供するサービスを享受しうる能力をもその視野にしっかりと収められていた。

スミス以後の,たとえばマルクス（Karl Marx）は,資本主義は新たな消費や欲求を次々と生みだすが,「人間が,(それらを)多面的に享受するには,享受能力をもたねばならず,したがってある程度までの高い教養を与えられていなければならない」[10]と述べている。さらに,ラスキン（John Ruskim）は,商品が有効価値をもつのはその商品がもつ「固有価値（イントリンジック・バリュー）」(intrinsic value)を見いだしうる享受能力（アクセプタンス）(acceptance)によってであり,固有価値を享受できるまでに高められた消費者の能力が,生産者の側で機械のような単調な労働には縛りつけられない人間らしい仕事の分野を切り拓くことになるとして,消費者の享受能力と「労働の人間化」との応答関係の重要性を主張

して，創造能力と享受能力との交流を再生させる重要性に注意を喚起している[11]。

だが，その後の経済学は，はなはだ視野を狭める傾向へと転じた。それは，ちょうど，経済学が資源配分に関心を集中させるようになり，所得の再分配や分配の正義の視点を後退させた時期と一致していた。その結果，使用価値の固有性や，伝統，ルール，制度などへの関心は遠ざけられてしまった。

しかし，今日では，享受能力の概念に立ち返って，それをさらに豊かな内容で語る試みも顕著になっている。ピーコック（Alan T. Peacock）が指摘するように，社会の創造的基盤を強めるためにもアダム・スミスがその端緒を拓いた「享受能力を育てる消費者主権」に立ち返ることが強く求められている。たとえばアマルティア・センは，彼の潜在能力アプローチにもとづいて，「財の特性を見出し，それを個性的に活用することによって個々人の『価値ある生活』が選択される，そして，それらの達成度を計るうえでは，何よりもそれを享受した人々の内省的な評価が重視されるべきであろう」と論じている。

　「一例としてパンを考えよう。この財は多くの特性をもつが，栄養素を与えるというのはその一つである。……栄養素を与えるという特性に加え，パンはその他の特性，例えば一緒に飲食する集まりを可能にするとか，社交的な会合や祝宴の要請に応えるといった特性をもっている。」[12]

パンの特性は，それを享受する人びとの潜在能力（ケイパビリティ）（capabilities）に依存するのであり，人びとが貧弱な生活条件のもとに置かれていれば，パンはただひたすら空腹を満たすだけの目的にしか活かされないのである。このように，センにあっては，人びとが個人的な自由や人権を享受しているか否かに問題の焦点を置いており，それゆえに享受能力の概念が潜在能力の概念へとさらに一般化されているのである。そこでは，たとえばスミスに見られた社交などの社会関係を楽しむことのできる能力についても語られる。センによれば，パンは入手できなければならないし，それを個性的に享受する自由もまたそこに存在しなければならないのである。

3 学習社会が生みだすコモン・ストック

　享受能力の概念はまた，アダム・スミスのコモン・ストックの概念とも結びついている。すでにボールディングが，スミスに立ち返り，消費においてもストックとフローを区別することの重要性を指摘したことに触れたが，彼は，労働と享受の諸能力の発達や社会の発達が，人間，組織，社会のなかで「知識とノウハウ」のストックが継承され蓄積されている程度とも大いに関係していることにも注目している。

　スミスが描いた市場経済のモデルは，経済学の多くの教科書においては，単に個々人が「利己心」を発揮する大切さですまされているが，彼は，実際には，それは同時に人びとのなかの「コモン・ストック」（共同資産）がますます厚みを増していく発展のプロセスであると考えていた。スミスは，「文明社会において人はつねに多数の人びとの協力と援助を必要としている」状況のもとに置かれており，人びとは分業と交換を通じて「互いの才能の違い」を発展させ，また「その差を（互いに）有用なものとする」システムを「自愛心」に訴えかけつつ発展させているのだと考えた。このシステムのもとでは，分業によって発達させられる個性的な労働能力は，市場の大きさ，したがってまた個性的な享受能力の発達の程度とも相互に制約しあいながら発展し進化する。ここでは，人びとの個性的な労働能力だけでなく個性的な享受能力もまた発達させられるのであり，「分業関係」とならんでこれらの「応答関係」が重要な意味をもっている。スミスによれば，「人間のあいだでは，もっとも似たところのない資質こそ互いに有用なのであって，彼らのそれぞれの才能のさまざまな生産物が，取引し，交易し，交換するという一般的性向によって，いわば共同資産（コモン・ストック）になり，そこからだれもが他人の才能の生産物のうち（自分の享受能力に従って—引用者）自分の必要とするどの部分でも，買うことができるのである」[13]。

　スミスは，このようなコモン・ストックが活用できる社会の前提条件として，人びとが個性的な才能を発揮して得意な生産物をつくることに専念でき，その販売と引き換えに市場をとおして彼の生活が享受できるに必要な生産物が入手できることをあげている。そして，そのような相互依存的な社会関係

に「確実性」を付与して「発展」関係を生みだすために，第一に個々人がそれぞれにハード（生産財と消費財）とソフト（知識，ノウハウ，労働や享受の能力）の双方のストックを結びつけて自立の条件を獲得していくこと，第二に市場経済の基盤ともなる倫理や文化的雰囲気が社会的に継承されるとともに，教育や学習を通じて市場の契約を制御する法ルールやインフラストラクチャーが平等化を促すなどの役割を果たすこと，などを考えていたといえよう。

スミスによれば，職人は仕事をするための材料と道具などの生産財のストックとともに生活を維持するための消費財のストックを必要とする。そして，彼が獲得した社会に有用な才能もまた重要なストックとしてもっていなければならない。それらは「教育，学習，徒弟修業で獲得された」彼自身のストックであり，またそうして獲得された能力は，「彼の財産の一部をなすのと同様に，彼の属する社会の財産の一部をなすもの」[14]であるが，彼は自らの享受能力を発揮してこれらのコモン・ストックから必要な成果を自由に取りだしてこれもまた享受する。その結果として得られたいっそう高められた享受能力はさらに多方面に活かされることになる。

同時に，スミスは，よく知られているように，作業場における分業によって「きわめて単純な作業に限定されるようになる」と，人びとは「理解力を働かせたり，創意を働かせたりする必要が」なくなり，「精神の活発さを失うことによって，彼はどんな理性的な会話を楽しむことも，それに参加することもできなくなるばかりでなく，寛大，高貴，あるいはやさしい感情をもつこともできなくなり，そのため私生活のふつうの義務でさえ，その多くについてなにも正当な判断をくだせなくなる」[15]。こうした分業の弊害は職業的能力においてだけでなく，生活においては会話を楽しむなどの享受能力の発達をも危うくし，ひいては「知的社会的軍事的な徳」を犠牲にするとも述べている。こうしたことから，個人的であるだけでなく社会的な意味をももつ人びとの享受能力を再生することが重要であり，そのために義務教育が必要であると主張される。さらにスミスは，民兵に替えて常備軍の配置を主張したさい，公務員が市民の教育に役割を果たすことをあわせて主張している。

こうしたいわば学習社会における社会的コミュニケーションの活性化がスミスの「分配の正義」の視点と「安価な政府」論の前提でもあった[16]。

現代の学習社会は，ボールディングも示唆しているように，ある意味でこのようなスミスの再発見を促している。サイバネティクスの創始者でもあるウイナー（Norbert Wiener）は，学習とは，「仕事の結果から送り返される情報が仕事の一般的方式と仕事遂行のパターンとを変更する」[17]ことであると述べて，人間の学習能力の際だった大きさについて語っている。ウイナーのいう学習とは，いわゆる learning by doing（なすことによって学ぶ）や learning by using（使うことによって学ぶ）を捉えるものであり，人間がある知識（たとえば未来へのイメージやノウハウ）をもって（自然や社会に向かって）行動したその結果を情報として受け取り，知識を修正したり，豊富化したり，新たに創造したりする，といった学習の社会的過程のことである。もちろん，書物をとおした学習もまた，単に記憶するだけの技術的過程からさらに著者とのコミュニケーション過程へと展開されるという意味では，その重要な一部である。個々人は，このような学習の社会的過程をとおして，自らの動機と行動の結果とを関連させて個性的な判断基準を獲得したり，固有価値をもった商品を活用して享受能力を高めたり，また人と人との交流をつくりだして経験や学習を基礎に獲得した知的所有を活かしあいながら地域社会のなかで「知的・文化的ストック」を形成したりもする。今日の情報技術の発展と普及は，このような人びとのコミュニケーションや人間ネットワークを支援する飛躍的な可能性を生みだしているといえる。

アダム・スミスが示した才能を活かしあうコモン・ストックについては，今日では多様で個性的な生産物とその背後にある生産者の創造的な労働能力，さらには創造的な生活づくりを支える享受能力をも含めて考えることができるし，いっそう必要である。

4　学習人モデルからのアプローチ

以上に見た享受能力への着目は，真の消費者主権を考えるうえでも，個性的な才能を活用しあう場をつくりだす大切さを考えるうえでも，また人間発

達を支援する社会システムの新しい質——創造的な質とその基盤条件との統一——を考えるうえでも，重要な視点を提供している。

　ここでは，とりわけJ・S・ミル（John Stuart Mill）やA・C・ピグー（Arthur C. Pigou）らが累進課税による教育の無償化を提案したことに見られるように，人間発達を支援する社会システムをつくりだすうえで，自立や人間発達を支援するための財源確保は「分配の正義」の原則にもとづいて行われるべきことを強調しておきたい。社会において分配の正義の原則の実現が大きく後退させられるとき，人びとのクリエイティブな生活思想の展開は強く抑制される。反対に，分配の正義の原則の実現により社会的な格差是正が展望しうるとき，クリエイティブな生活思想はその伸びやかな発展が期待される。このように，人間発達を支援する社会システムが，分配の正義が実現される程度に大きく依存していることはいうまでもない。

　現実には，こうした規範的なあり方と実際との大きなギャップが新たな困難への対処を求めつづけている。だがまた，人間発達を保障する労働は，そうした制約を乗り越えつつ，人びとの享受能力の発達を支援し，それらの人びととともに創造活動をすすめ，今日の地域づくりや学校づくりなどに見るように，社会のなかにコモン・ストックを豊かにつくりだす創造空間づくりのためのクリエイティブな役割を担い始めているのである。今日のクリエイティブな生活思想を共有する人たちとは，きびしい生存競争のなかで，憲法，教育基本法をはじめとする民主主義的条件を活用して潜在能力を蓄積し，それを発揮する機会を自らつりだそうとする人びとであり，政官財の圧力に抗して，人間発達を支援する社会システムをつくりだし，育てていこうとする人たちなのである。

　一方，ミクロ経済学の教科書が基礎に据える人間像とは，自己の効用の極大化を求めて行動するだけの「経済人モデル」であり，せいぜい市場経済における抽象的な「平均人」をモデル化しただけのものである。センによれば，それは端的に「孤立と非共感」の人間像でしかない。したがって，そこからは人びとが相互に交流して享受能力や創造能力を発達させ，共感やコミットメントを発揮して，新しい消費者主権を担い，生産者主権との交流のなかで

コモン・ストックをいっそう豊かにしていく展望を見いだすことは困難である。

　本章の享受能力の視点からすれば，むしろ個々人は自立するとともに，社会的に相互に作用しあい，それを創造的関係に変換しうる倫理やルールをつくりだす存在である。したがって「知的・文化的ストック」を蓄積し，インフラストラクチャーづくりをすすめて発達する「学習人モデル」の視点からアプローチすることが必要なのである[18]。

I　憲法的ルールを享受する能力

1　創造的活動のための生活基盤としての憲法的ルール

　ジョン・ロールズが『正義論』のなかで提示した正義のルールは，「個性を相互に尊重する」こと，「最も貧しい人々に優先した措置を行う」ことの二つに集約される[19]。前者は，自由（「等しい自由」）を人びとに保障することを表現しており，後者は，生存の権利を保障することを表現している。この両者はしばしば別々の問題として捉えられ，また対立するものとして議論されることもある。しかし，ロールズの正義論においては，それらは統一的に捉えられるべきである。また，そのようなものとして「全員一致の合意」が可能である。さらに，それらには分配の正義を前提とする，という重要なメッセージがこめられている。

　ロールズの正義論をめぐっては活発な論争が今日なおつづけられている。たとえば，ブキャナン（James M. Buchanan）は，「（ロールズは，『慈悲深い専制君主』の議論のように）外部から引き出された倫理的な規範を基礎として正義の戒律，あるいは原理を設定しようとはしなかった。そのかわり，彼は『公正としての正義』という（個々人がルール合意に参加する）個人主義的概念を展開した」[20]と評価している。そして，アダム・スミスに関する誤解を次のように訂正している。

　すなわち，「ロールズが明白に論じ，却下する『自然的自由の制度』はアダム・スミスのそれではない。ロールズはその唯一の目的として経済的効率性（パレート最適）を体現している制度を意味するためにこの名称を使用し

（ている）」。しかし，スミスと現代のミクロ経済学における「パレート最適」とのあいだには距離があり，「スミスの偉大な著書，『国富論』は効率性基準によって規範的に特徴づけられていると広く解釈されてきた（が），この強調はその効率性規範が排他的地位を与えられていないという条件なら，ほぼ正しい」。実際，「アダム・スミスは，現代の自由を主張するアナーキストから，そしてロバート・ノーズィクによって描かれた最小限国家の擁護からさえ（も）遠い距離にある」[21]。

ブキャナンは，こうして，「同じ人が住む世界では取引の動機が大部分消滅する。権利の交換は人間に違いがあるからこそ生まれる（ここから立憲的ルールが生まれる）」。そして，アダム・スミスが描く創造活動の世界はそのなかから生まれた，と主張している。ブキャナンにおいて登場する「人間」とは，いわば「互いの違いがわかる個人」であり，「『討議による統治』という民主主義の定義は，個人の価値観は意思決定のプロセスのなかで変わりうるし，実際に変わるということを意味する」[22]ことが認められるもとで，自らのなかで「合理的な計画形成と刺激への反応とを区別」して，「ルールをつくる」ことに参加できる人間である[23]。

では，このような「自分と社会とのかかわり」を知り，「個性を相互に尊重する」ルールや人権のルール，そしてまたその基盤となる倫理の継承や文化的雰囲気づくりに参加する創造的な人たちはどのようにして登場するのであろうか。ここではまず，ロールズの正義論をめぐる議論のなかから，ブキャナン同様にアダム・スミスを再発見しつつ，人びとの生活状態を評価する機能・潜在能力アプローチを提案したアマルティア・センを紹介しながら議論をすすめよう。

2　自由に欲求が表示できる能力──ソーシアル・ミニマムの支援機能

アマルティア・センは，一人ひとりが自立を達成して，個性の相互尊重と人権のルールを享受しつつ，社会との積極的な相互作用のなかで「生きがい」や「生活の質」を求める人びとがもつ潜在能力にその基本視点を置いている。なかでも，人びとが自由や人権を享受する潜在能力，いいかえれば，自由や

人権に関する知識やノウハウを獲得して，人間的生存のための基本的な潜在能力や自ら価値ある人生を選択できる潜在能力を発達させることが重要な焦点である[24]。この考えは，すでに触れたように，スミスの享受能力概念を継承して，それを現代的に発展させたものであり，センにあっては，そこに「職業選択の自由」をはじめ労働と享受の双方の諸能力が含まれている。また潜在能力によって達成に成功した状態（人がなしうること，あるいはなりうること）を「機能」(functionings) と呼んでいる。機能にはまた「福祉」(well-being) だけでなく「好機」(advantages) が含まれており，潜在能力を発揮する機会をも捉えている。こうして，個性や多様性を踏まえて人びとが自らと社会の生活状態を評価できるプロセスが展望されているのである。

　センは，ロールズが正義のルールに従って配分しようとする社会的基本財（権利，自由，機会，所得，富など）のなかに何が盛り込まれていようと，それは財の配分という物神崇拝（フェティシズム）の形式においてなされるかぎりでは，たとえば，障害者と健常者との平等は語りえないのであり，そうではなくて「ある人の生きがいの質」を評価できる基本的潜在能力の平等にこそ注目しなければならないと主張する[25]。ここでは，地球社会における正義が視野に置かれ，各国の伝統，倫理，制度，教育制度，法システムなどを含む，固有性や多様性を踏まえた評価が求められている。

　センは，このような「福祉 (well-being) の新しいアプローチ」は，その起源を「アダム・スミスとカール・マルクス，さらに遡ればアリストテレスにまで辿れる」ものであり，「福祉を，ひとが享受する財貨（すなわち富裕）とも，快楽ないし欲望充足（すなわち効用）とも区別された意味において，ひとの存在のよさの指標と考えようと試みる」[26] ものであると述べている。

　センによれば，人びとの福祉を評価するにあたって効用（快楽，幸福，欲望充足など）に基準を置くアプローチ（功利主義）は，富裕アプローチとは違って，それがたとえ「人間に深く関心を寄せている」ものであったとしても「少々的はずれ」[27] であり，二重に重大な欠陥をもっている。ひとつには，それは人びとの精神的な態度に全面的に基礎を置くものであり，人びとが生きる希望を得るうえできわめて重要な役割を担うソーシアル・ミニマムの存

在がまったく視野の外に置かれていることである。これは「物理的な条件の無視」である。さらに，そこには「ある種の生き方を他の生き方と比較して評価しようとする知的活動に言及しない『評価の無視』がある」という。

　功利主義が基準とする効用は，「自らの欲求を自由に表示する」――それは，人びとが享受能力を発達させて「失われた人間的欲求」を取り戻す過程における重要な一歩であり，契約やルールの合意など社会で生きるための基本条件なのであるが――ことについては何も確かなものが示されていない。実際，功利主義における議論では，「欲望の強さはひとの置かれた現実的状況を考慮することによって影響される」こと，あるいは実現可能性や現実的な見通しが得られないとき，それらは「往々にして厳しい現実への妥協を含んでいる」[28]などの重要な事実が看過されている，とセンは指摘する。また，効用アプローチでは，「食物に欠乏し栄養不良であり，家もなく病に伏せるひとですら，彼／彼女が『現実的』な欲望をもち，僅かな施しにも喜びを感じるような習性を身につけているならば，幸福や欲望充足の次元では高い位置にいることが可能である」[29]といった欠陥をもってしまう。しかし，こうした場合，人間はソーシアル・ミニマムを享受することによって愛と希望を獲得し，自らの欲求を自由に表示することを学ぶことができる，ということが重要なのである。

3　価値ある人生を選択できる能力
　　――個性と人権のルールを豊かにする評価プロセス

　さらに，自ら価値ある人生を見つけだし，その選択肢を拡張する評価活動もまた人びとには重要な意味をもつことを功利主義は理解していない，とセンは主張する。

　「（効用――快楽，幸福，欲望充足など――に基づいて人々の状態を評価しようとする）功利主義的計算は，一貫して欠乏状態に置かれている人々に対して非常に不公正でありうる。……（しかし）効用の測定において大切なのは，恒常的に剥奪状態に置かれて声を抑え，沈黙しているかもしれないという事実を認識することだけではない。人が自分で送りたいと思う

ような暮らしとはどのようなものなのか，それを判断できる真の機会を持てる状況の創出を奨励することも大切である。基礎教育，初歩的な医療，安定した雇用というような（個人の自由の拡大にとって重要な）社会的，経済的ファクターは，それ自体が重要であるだけではない。人々が勇気をもって世界に直面する機会を与えるうえで果たすことのできる役割も重要である。」[30]

評価のプロセスについては，次のように問題を提出する。

「評価が必ずしも完備順序を生まないからといって，そのような評価が内容空虚であるわけではない」。「経済的・社会的な関係の多くは，本来的に部分的かつ不完全なものだという点を認識することは重要である」[31]。「効用の個人間比較が福祉に関する非常に歪んだ構図を与えうる」としても，人びとの生活状態について「比較が不可能（であるのではなく），個人間比較は可能であるし，いくつかの異なる方法によって可能である」[32]。「異なるひとびとの福祉を判断するために共通の（完備ないし不完備な）評価を得るという問題は，（アローが提示したような）異なる人々の選好を考慮に入れて社会状態を評価する問題とは性質を異にしている」[33]。

人びとが，自らの生き方を他の人びとあるいは他の地域，他の国々の人びととのそれと比較する評価活動は，それ自体，その社会における福祉の水準やルールを含むインフラストラクチャーのあり方を評価する重要な一部である。それは「合意が大きければ大きいほど，『（評価の）共通部分が定める部分順序』の射程はそれだけ大きく，明確な部分順序を得るうえでの対立の余地はそれだけ小さくなる」[34]。こうして評価活動自体が，社会における自由や人権のルールの内容を豊かにし，高めていく。センによれば，人びとはこのようにして，生活をとおして個人と社会の福祉を高める学習と評価の活動に参加しているのである。

4　人間発達の概念と人間発達を支援するインフラストラクチャー

以上見たように，センよれば，「人間発達とは，個々人が基本的潜在能力の形成を基盤としつつ，自由で，個性的な，価値ある人生を選択する選択の

幅を拡張するプロセスである」と定義される。定義の前半部分は，基本的潜在能力によって人びとが生存権を享受しうる能力の程度を表現しており，後半は，人びとが自由権を享受しうる能力の程度を表現している。人びとが生きていくうえでの生存権と自由権の関係は，しばしばそれを実現する手段の側から議論されやすいが，そうした物理的な意味で「二階建て」であるわけではない。センのいう潜在能力とは，ある機能を達成するための能力のことであるが，それはまた，機能であるとともに同時に潜在能力でもあるところの「個人の自由」を表現している。換言すれば，自由とは人間にとって目的と手段の双方でありうるということである。その意味では，この定義の前半と後半は，「生存の自由」と「発達の自由」との区別を意味しており，人間発達とは「個人の自由」が連続的に拡張するプロセスである。

このように自由を拡張する人間発達のプロセスは，自らの欲求の自由な表示を基礎として，スミスやセンが示唆するように，「人間が契約と市場経済のなかで享受能力を発達させるプロセス」と「市場の契約関係を制御するルールをも含むインフラストラクチャーを活用・享受する能力を発達させるプロセス」との双方を含んでおり，そのような意味での「混合経済」である。

インフラストラクチャーとは，一般的には社会の共通基盤という意味で使用されている。しかし，もともと「この用語は，1950年代初め，NATOによる戦時動員の研究において導入された。以来，インフラ研究は経済開発の文献の一部となった」(B・S・カッツ)もので，ここでは，「経済の開発」を支援するものとして，「本質的な要素は，交通，電力，コミュニケーション，銀行のシステム，教育，健康のための施設，そして，よく統治された政府と政治構造」であるとされる[35]。しかし，軸点を「人間発達」(human development) を支援するインフラストラクチャーへと移すとき，憲法的ルールを頂点としたインフラストラクチャー体系へとこれを組み替えることが重要となる。この包括的な概念に具体的なイメージを与えるために，ここでは，池上惇の憲法インフラストラクチャー（池上はこれを社会システムの設計図とみなしている）を頂点とした七つのインフラストラクチャー体系を借用して例示してみよう[36]。

（1）憲法インフラストラクチャーにおいては，憲法，教育基本法，労働基準法，国際児童憲章，世界人権宣言，国際人権規約などの社会的に合意されたルールが具体的な例示となる。これらのルールは，人びとの伝統や習慣や倫理を踏まえたルール，地域社会における条例などによって豊かに根づくとともに，市場の欠点を制御し公共の信託財産を運営する税財政システムをはじめ管理や制御のシステムとして機能する。

（2）情報インフラストラクチャーは，人間発達にとっても，また各種のシステムを人間発達の視点から制御するうえでも，法システムに次ぐ重要性をもっている。具体的には，人びとの読み書き計算，情報機器利用，あるいは情報デバイドをなくすなど教育上の生存権ともいうことができ，データベースや図書館などは教育上の自由権を保障するものである。人びとは，これらを活用あるいはこれらにアクセスして，自由に情報を取りだし，人生の選択に必要な情報を得て自立や個性の形成に役立てることができる。

（3）貨幣・金融インフラストラクチャーは，自立した人びとが他の人びとと契約するために必要な貨幣や信用制度を供給する。銀行制度は，個々人の預金や資産を管理するうえで必要である。これらは市場関係にかかわる人びとに不可欠であるだけでなく，人びとはこれらをとおして経済の状態を知る。またローカル・カレンシーをつくりだして地域社会の発展に寄与する。

（4）経済インフラストラクチャーは，交通権，通信権，エネルギー生活権などによる電気，ガス，上下水道の利用，移動，物流，通信をとおして文化的な生活権を確保し，また各種のコミュニケーションや社会的相互作用に参加する権利を保障する。

（5）社会インフラストラクチャーには，保健・医療施設，介護・福祉施設，年金など各種社会保障制度，小・中・高・大学，研究所，あるいは雇用など，生存権や社会権を保障する大部分のものが含まれており，通常，人間発達を保障するインフラストラクチャーとして中心的にイメージされるものである。家族や地域社会の共同性との相関を強くもっている。

（6）土地・環境インフラストラクチャーは，土地利用権，環境権を保障するものであり，土地利用，環境の保全・管理，防災，治山治水，公害防止な

どの施設である。人間と自然環境との交流や物質的代謝関係を制御しつつ地域開発をすすめ持続可能な発展をめざす。

（7）文化インフラストラクチャーは，文化芸術の創造と享受の機会をつくりだす音楽，演劇などの実演芸術の施設，絵画とその展示のための美術館，工芸品や文化遺産を展示するための博物館など，自己実現のためのコミュニケーションの共通の場を提供する。

　以上のように，憲法インフラストラクチャーを頂点に，人権や法ルールに基礎を置いて制度設計され管理運営されるソフトや公務労働，専門家などの人材とそのもとでハードな施設ないし機関などが機能を発揮する。

　憲法とは，日本国憲法に見るように，平和主義，主権在民，基本的人権，立法・司法・行政の三権分立，財政民主主義，地方自治の尊重などの諸原則において示される国の基本構成（コンスティチューション）である。憲法インフラストラクチャーを頂点とした人権保障のインフラストラクチャーは，それらが総合的に整備され，効果的に運営されるために主権者・納税者によって制御されるべきものである。しかし，日々の生活と社会のなかで生じる「疎外状況」は，放置すればこれらの「空洞化」をおしすすめてしまう。したがって，このような憲法的ルールを，地域社会や集団・グループにおける「個性を相互に尊重しあう」ルールや倫理，文化的雰囲気，あるいは人権や環境を守る条例などとして絶えずつくりだし，活用し，享受する能力の発達があわせてめざされなくてはならない。

II　潜在能力の開発過程とそれを発揮する条件

1　現代の教育問題の経済的基礎
　　——潜在能力の形成とその発揮の機会との乖離

　アダム・スミスが，『国富論』やそれに先立つ『グラスゴウ大学講義』などにおいて描いた人間発達とは，「一人ひとりの市民が職業選択の自由をもっていて，自由に労働し労働の成果を市場で実現して人間自立の経済的基礎を築き上げる」というものであった。その意味では，それはなお私有財産を基

礎として職人や農民など小生産者が自立する姿がモデルとされていた[37]）。

　現代にあっては賃金労働者，すなわち労働力という商品や知識やノウハウを身につけ人間的自立をめざす人びとが社会の多数者である。これらの人びとは，企業という組織の一員として雇用されることで「生産者」の一員ではあるが，その多くは企業の枠内に閉じ込められがちである。しかし，同時に，「生活」という視点からは「雇用」を含めた広範な社会的なかかわりをもって自立する存在であり，憲法的ルールや発達を保障するインフラストラクチャーは彼らと社会とのつながり方を示すますます不可欠な役割を担っている。

　アマルティア・センは，ここに共感とコミットメントを発揮して，生活のレベルから憲法的ルールを豊かにし，それを社会に押し広げてさまざまなインフラストラクチャーづくりに参加する個々人の自由な能動的な力（エージェンシー）をも「機能と潜在能力」の概念に位置づけている。

　では，人びとは，資本主義の発展のなかで潜在能力を発達させる手がかりをどのように見いだし，獲得するのだろうか。また逆に，なぜ潜在能力の発揮に特別に大きな制約あるのだろうか。

　実際には，人びとの潜在能力は，大きな制約あるにもかかわらず，限定された形であれ，憲法的ルールや限られた発達を保障するインフラストラクチャーを手がかりに顕在化せざるをえないのである。ここでは現代の教育問題を中心に，発達保障の経済的基盤に関して，資本蓄積の経済学的分析にまで立ち入って考えてみよう。

2　機械と人間との競争──労働能力の一面的発達のジレンマ

　現代資本主義はその技術的基礎を大工業に置いている。今日では，その延長上あるいはそれと並んで，いわゆる「コンピュータ時代」，「ポスト工業化」，「脱文明化社会」などと呼ばれる動向も顕著である。産業革命とともに始まったこの「大工業の時代」は，同時に大量生産，大量消費時代の始まりでもあったが，今日のそれは，コンピュータ技術の発達と普及に始まるコミュニケーション技術の新展開に促されて「科学的知識やノウハウ」の意識的な生産と活用をいっそう大規模に生みだしており，最新技術による利便性の高い

商品が次々と生産されている。また、それだけでなく、ブランドやデザインや芸術性の重視や「多品種少量生産」などに見るように、文化的な生産と消費が主導的となって産業発展との相互作用を始める時代へと向かいつつあるといってよい。

　このような大きな変化が生じてはいるが、歴史的に見れば、「大工業の時代」が生みだした社会経済的特質は継続しており、今日の教育問題の経済的基盤もまたこの点と深くかかわっている。それどころか、福祉国家の後退とともに生存競争が強められ、いじめや閉じこもり、若年失業、ニートやフリーターの増加、雇用不安、家族虐待、暴力と殺人の増加などをはじめ、さまざまな人間的な発達障害の表れを「古典的資本主義の復活」と見る見方も存在する。

　知識の獲得とその活用という点から見れば、大工業時代の重要な特徴は、スミスの時代のように職人の手で表現された熟練や彼らの頭脳に蓄積された知識やノウハウが機械や装置のなかに移し替えられるようになったことである。そこでは、機械体系や装置を設計するための自然科学の知識が重要となり、技術学をはじめ生産や企業経営に関するノウハウといった新しい知識が発展させられる時代の始まりであったといえる。資本主義的な商品生産において自然科学的な知識や技術、ノウハウの役割が決定的な重要性をもつようになったということは、同時に、人びとは仕事のなかで学ぶだけでなく、学校教育という特別な過程をますます必要とするようになり、そうした学習期間を経ることなしに職を得ることはむずかしいと考えられる時代が始まったということでもあった。経験や熟練はますます科学的な知識を基礎にしたノウハウとして語られるようになった。しかしまた、教育制度は、長い目でみれば19世紀以来長足の進歩を遂げてきてはいるが、つねに大きな矛盾を抱えながら展開してきたことを見落とすことはできない。

　大工業時代の資本主義の発展法則を分析したマルクスは、大工業のもとでの資本蓄積が「分業関係」と人びとの潜在能力に与える影響に着目して、次のように述べている。

　「近代工業は、一つの生産過程の現在の形態をけっして最終的なものとは

見ないし，またそのようなものとしては取り扱わない。それだからこそ，近代工業の技術的基礎は本質的に革命的なのであるが，以前のすべての生産様式の技術的基礎は本質的に保守的だったのである。機械や化学的工程やその他の方法によって，近代工業は，生産の技術的基礎とともに労働者の機能や労働過程の社会的結合をも絶えず変革する。したがってまた，それは社会のなかでの分業も絶えず変革し，大量の資本と労働者の大群とを一つの生産部門から他の生産部門へと絶えまなく投げ出し投げ入れる。したがって，大工業の本性は，労働の転換，機能の流動，労働者の全面的可動性を必然にする。他面では，大工業は，その資本主義的形態において，古い分業をその骨化した分枝をつけたままで再生産する。」[38]

マルクスがここで述べているのは，スミスが主として肯定的に取り扱った「分業関係」とは異なり，工場内や企業内における「分業関係」のあり方がもつ資本主義的特性という問題である。マルクスは，大工業は科学的知識を応用した生産システムを技術的基礎としてはいるが，同時に，そのもとでも資本主義の古い分業システムが再生産されるという矛盾を内包していると考えている。大工業の技術的基礎は，その本性においては，人間の諸能力を大きく解放する性格をもっている。単調な，神経や肉体を酷使するルーチンな仕事の分野を機械に置き換え，労働者が人間的で創造的な役割に従事することを可能にする基本的条件をつくりだす。しかし，他方で，資本主義的企業内の分業体系においては，賃金労働者は，労働力という商品を企業に売るという関係の制約のもとにあり，労働する組織，したがってまた就業における知識や学習機会の配分構造においては，「全体を見渡す位置への知識の集中とその他の部分作業を行う位置における部分知識への限定」のもとに置かれていることが重大問題となると考えた。それは潜在能力の発達や発揮の機会がすべての人に平等に開かれてはいないというだけではない。「生産上の精神的な諸能力が一方の面ではその規模を拡大するが，それは，多くの面でそれらがなくなるからである。この過程は，科学を独立の生産能力として労働から切り離しそれに資本への奉仕を押しつける大工業において完了する」[39]。つまり，知識の排他的集中のメカニズムが，資本主義のもとでは働いている，

とマルクスは見たのである。

　こうしたメカニズムのもとでは，企業が新しい科学的知識や技術を導入して製品コストを引き下げ，また新製品を開発するなど次々と行う新たな「技術革新」と資本蓄積の試みは，労働力を機械に置き換えはする。しかし，その際には，それが人件費の水準を引き下げられるかどうかが尺度とされ，人間労働を軽減することが目的とはされない。そのため，労働者は機械に仕事を奪われ，あるいは新たな仕事をめぐってより多くの人びとによってその獲得競争が繰り広げられるという形で展開する「機械と人間との競争」が引き起こされる。産業全体の構造も，また企業内の分業構造も次々と再編されて高度化するが，労働者はそのたびに熟練や知識や労働力の価値を引き下げられて，スクラップ同然に流動化させられるというわけである。

　さらに議論を延長してみよう。ここでは，きびしい生存競争のなかで，人びとは新しい技術や仕事に適応するために次々とより高度な知識や潜在能力を獲得しなければならない。しかし，十分な時間的・金銭的な余裕や公的支援が得られないもとで，教育の質や学費水準をめぐって学校教育もまた生存競争に巻き込まれる。学校教育においても，広い視野や教養の獲得よりも，「即戦力」となる一面的な能力の獲得が重視される傾向が生じてしまう。また，高度な能力を身につけたとしても，それが一面的なものであるとすれば就業の選択肢はおのずと狭まり，そこへ多くの人が殺到することもあり，新しい技術革新にはかえって弱く適応性がないといった問題にぶつかることもある。資本はつねにより省力的な技術を求める。また有利な投資先がない場合にはしばしば投機的な指向に向かいがちで，雇用を創出する働きを弱めてしまう。このようななかで，「高度ではあるが一面的な能力の獲得に向かわざるをえない」競争が，世代を選ばず，家計負担を増大させながら，スクラップ化の脅威を背景に繰り返される。マルクスに従えば，これらは資本蓄積の矛盾が導くものである。資本主義は大工業を基礎としながら，一面的であってもより高度潜在的能力を大規模に開発することなしに発展できないからであるという。こうして「機械と人間の競争」や「コンピュータと人間の競争」のなかでは，潜在能力の一面的発達のジレンマが生じうると説明される。

マルクスの場合は，こうしたジレンマに直接対処する方法は，19世紀イギリスの工場法が示した方向をいっそう発展させることであると考えた。19世紀半ばにおいて工場法は，標準労働日を法律で制限して「労働時間と生活時間とを区分」し，労働力の濫費や浪費や生活時間への圧迫をやめさせ，すべての人びとに享受能力を発達させる機会をつくりだす端緒となったが，マルクスは，それを拡充して「完全に発展した個人」を生みだすことがますます重要にならざるをえないと考えた。そのために，児童には，工場法が与えたわずかばかりの初等教育からさらに「全面的に発達した個人」を目指すことができるような教育制度を整備し，大人たちには，大工業の技術的高度化に適応可能な職業的能力を拡充するシステムを整え，「一面的な部分知識をもった労働者」ではなく「労働者の全面的可動性」を引きだして「全体的に発達した個人」を生みだし，すべての「成長した人間の頭脳のなかに社会の蓄積された知識が存在する」ことを構想したのである[40]。これらは，今日風に言えば，人びとが「知識やノウハウのストック」を豊かにして能力と人格の全面的開花をめざす学習社会をつくりだすことであったといってよいであろう。

3　大企業と消費者との競争——「消費」能力から享受能力へ

　他方，20世紀の大量生産・大量消費の時代は，便利で安価な製品やさらに人びとのそれぞれの好みに合わせて差別化された製品が普及するなかで伝統的な生活様式の享受能力が失われていく一方，新しい消費生活の部面においても，一面的ではあるが人びとの消費における知識や能力が発達するという現象を生みだした。とくに学校教育の普及は，労働だけでなく生活においても潜在能力を大きく高める可能性をもたらすとともに，今日では，冒頭で見たように，そうした知識や潜在能力を手がかりに個性や多様性を引きだす享受能力が人間ネットワークのなかで発達させられるといった現象も見られるようになった。しかし同時に，そこには，大企業と消費者との競争という資本蓄積のもうひとつの側面が前面に登場することにもなった。

　アダム・スミスは，分業と市場規模，また享受能力とは相互に発展を制約しあうと述べ，マルクスもまたスミスの考察を芸術労働の世界へと展開させ

て,「ラファエロは他のどの芸術家とも同じくらいに,彼以前になされていた芸術の技術進歩により,彼の住んでいた地方における社会組織と分業により,そして最後に,彼のいた地方と往来のあったすべての国々における分業によって,制約されていた。ラファエロのような個人がその才能を伸ばすかどうかはまったく需要にかかっており,この需要はまたこれはこれで分業とこれから生じた人々の教養状態のいかんにかかっているのである」[41]と述べている。

このように,これまで,人びとが好みや享受能力を発達させるとき,分業が豊かになり,多様で個性的な商品が提供されるようになり,高められた需要の質に相応しい個性的な才能を発揮する場や雇用が生みだされるとしばしば指摘されてきた。生産者と消費者の「応答関係」における消費者主権への期待である。これに対して,シトフスキーは,第二次大戦後のいわゆる「大衆消費」時代にあっては,消費者主権はむしろ現実には「空洞化」しているとして,次のように論じた。

「手工業経済の時代には,どの衣類も,どの家具もそれを買う人間の特性に合わせて作られた。しかし,この100%消費者主権の位置からずっと昔に我々は後退してきた。消費者は,まず商人に対して彼らの優位を明け渡した。商人たちは,長い間,注文を出したり,製品の性質やデザインについて主導権をもっていた。そして次いで生産者に空け渡した。彼らは何が生産されるべきかを自分で決定した。消費者の主導権の喪失は,適当な選択幅を与えられたり,良い物と悪い物とが区別でき,信頼できる構造,良いデザイン,実際的で想像力に富むアイディアが認められるかぎりでは,主権の大きな喪失ではなかった。しかしながら,これらの条件は,経済や技術が進歩すればするほど,充たされないものになった。」[42]

シトフスキーによれば,現代の消費生活においては,コンピュータや電気製品や化学製品などの「複雑商品」の増加に対して,消費者は品質などに関する知識が少なく,「不完全な観念」しかもてないまま,自らの品質基準からではなく,広告,ブランド,商標,価格,信用,見栄えなどに過度に依存して判断せざるをえない「知らされていない市場」(the uninformed market)

が増大してきている[43]。そこでは，利便性のみが押しだされており，家庭における家事・料理などの伝統的な享受能力が失われるだけでない。このような市場では消費者の好みや享受能力が無視され，享受能力をもった消費者そのものを押しのけてしまいかねず，それだけ消費者主権が機能しない「自由な」寡占市場へと成長してしまいやすい。しかも，少数の大企業は大々的な広告・宣伝力を使って新規参入者を阻止しながら「規模の経済」をますます大規模に働かせている，と指摘している。こうして「提供される生産物の多様性の範囲（は）ますます狭め（られ），生産され販売される財の性質やデザインにおいて少数派のニーズや嗜好」が無視されることとなっているが，これは「自由に反し，画一性をつくりだし，ある程度，市場経済の原理的なメリット，すなわち，異なった人々の異なったニーズや嗜好に対して個別的かつ自然に要求を充たす能力を破壊する。また，市場がその能力を失うにつれ，多数派の選好が少数派に押しつけられる程度は大きくなり，これらの多数派の選好の性質や形成（のみ）がますます大衆の関心事となる」としている。

　シトフスキーは，これに対して，「知らされた市場」（インホームド）（the informed market）では，それとは違った姿が描かれると指摘する。「知らされた市場」では，消費者は，「商標や宣伝や生産者や売り手の評判に過度に依存することなく，自分のメリットについて評価するために財やサービスの質を十分に知って」おり，好みや多様性を示すことができるために，企業も新規参入しやすく，少数大企業による画一的な「規模の経済」に制約が加えられる。「知らされた買い手は，大量生産の優位は，少ない多様性，劣った職人性という犠牲を払って獲得されることを知って」おり，「しばしば喜んで，小規模で生産している新規参入者がかれに提供する目新しさ，多様性，優れた職人性に対してより高い価格を支払う。このような消費者側の行動は，新規参入の登場，競争の奨励，大多数の企業の成立を支援するし，『知らされた市場』においてはマス生産と注文生産ないし手作り生産とが併存しうることを説明している」。

　シトフスキーが示唆するところによれば，今日では，「知らされない市場」における寡占競争を制限して「知らされた市場」に転換するルールや政策が

重要となっており，「知らされた市場」を強めて消費者の享受能力を育てること，さらにはヨーロッパとアメリカの生活様式が違うように，その背後にある伝統的な生活文化を継承したり，労働時間を制限して余暇を楽しむ生活様式を普及したり，そしてまた労働能力だけでなく享受能力を育てる教育システムなどによって，人びとの享受能力を育てることが重要な産業政策でもあるということになった。

4　享受能力が支える創造的産業の発展可能性

　コンピュータの登場とその急速な発展は，これまでの機械が手の労働の代替であったことと比べ，それが知的労働の代替としての性格をもっており，広範な分野への応用が可能になったことから，「コンピュータに代替されない人間的な能力とは何か」との関心を高めた。しかし，コンピュータの応用もまたこれまで同様，「コンピュータと人間との競争」に転じたにすぎないという側面ももっている。とりわけ企業のスリム化や企業組織の「中抜き」や雇用形態の「弾力化」が行われた分だけ高い失業率を招来し，「雇用の不安定化」のなかで労働者をいっそうきびしい生存競争に巻き込む結果をもたらしてもいる。若者のフリーター化が大量に出現するようになり，大学卒業者の就職率は大きく落ち込み，大学院もまたそのなかに巻き込まれるようになった。所得階層の二極化が享受能力の発達に不均等な作用をもたらす一方で，おしなべて生活時間における自由な発達の場が極度に圧縮される状況も現れた。ロバート・ライシュ（Robert B. Reich）が「天気の良い日に『干し草』づくりに忙しい」と述べるように，企業が「固定費用」（人件費）負担を軽減した分，人びとはそれだけ自らの生活のための「固定費用」（住宅ローンその他）を稼ぐために，「結果として，高賃金の労働者でさえ，仕事があるときには，仕事が少なくなったときに備えて，より多くの手数料，有給労働時間，ボーナス，助成金そしてプロジェクトを貯め込むように仕事に精を出す」[44]という状況がもたらされ，余暇時間がますます絞り込まれて，家族や地域社会のあり方に大きな変貌を迫っている。

　他方，コンピュータの高性能化を背景に，社会におけるコミュニケーショ

ンを重視する傾向も強まっている。企業もまた企業内，企業外とのコミュニケーションのあり方を変化させ，相互学習や新しい知識の組み合わせを重視する「学習経済」に対応しようとする側面をももつようになりつつある。ランドバル（Bengt-Äke Lundvall）とジョンソン（Bjorn Johnson）は，今日の学習経済においては，ポスト・フォーディズムと呼ばれるように，IT技術，柔軟な専門化（フレキシブル・スペシャライゼーション），イノベーション過程における製品開発の意義の増大など相互に関連する現象が特徴的であるとして，次のように指摘している[45]。

「フレキシビリティは，需要の変化やその他の外部変化に対して，すばやく，少ないコストで適応する可能性と関連している。短期的には，製品の小さい変化に関連する。長期的には，新しいユーザーのニーズに合わせるために製品を開発する能力に関連する。柔軟な専門化の最も根本的な側面は，それが『規模の経済』と『狭義の分業』が増加する可能性との双方に対するある限界を表示していることであるかも知れない。」

このような「柔軟な専門化」は，ランドバルらによって「労働者，部門，企業，競争相手さえもの間のコミュニケーションや協力関係と手を携えて進行している。組織のすべての部分が協力に参加するようになり，多くの部分が，また，外部のコミュニケーションや協力に参加する」と述べられているように，顧客と企業とのコミュニケーションにおいても，製品やシステムの開発に消費者の享受能力を参加させることが重要な要素のひとつとなっている。

「（今日の激しい企業間競争のもとでは）イノベーション過程は，重要な点で変化してきた。継続的で漸進的なイノベーションは，企業の生存にとって必要物となった。このプロセスは，企業の内外における大部分のインターフェイスで起こっている相互学習から発している。これはまた，情報技術の多くの応用においてもそうである。そこでは，専門化されたユーザーと密接に協力する必要は，有用な新しいシステムや機械を開発するうえで重要である。」

トフラーもまた，シトフスキーが「知らされた市場」について語ったように，「従来の大量生産方式からマス生産と非マス生産を複雑に折衷した方式へと，われわれは急速に動いている」[46]と述べている。もし就業機会の広が

りとともに生活における自由時間が広がり，消費者の享受能力や創造的活動の基盤が広げられるとすれば，そこにはオリジナリティを生みだす創造産業としての「非マス生産」と知的所有権を尊重しながらそれをコピーして「大量生産」とを組み合わせる新しい形の創造的産業の発展可能性が，いっそう現実のものになることが示されている[47]。そしてそこでは，ラスキンが示したように「労働の人間化」の可能性も期待されよう。

Ⅲ 享受能力を育てる「人間発達を保障する労働」の役割
――創造と享受のコミュニケーション空間の再生条件――

アマルティア・センが示した人びとの潜在能力は，現代の資本主義的蓄積のもとでは，高度ではあっても一面的な能力にとどまり，発揮の機会もまた大きく制約されているということであった。このため，人びとはさまざまな部面で「フラストレーション」をかかえざるをえない。このことは，同時に，人びとが新しい技術や知識や機会を活用できるように，人びとの潜在能力の形成と発揮を支援するインフラストラクチャーやそれを担う公務労働への期待をも増大させるであろう。

しかし今日，公共部門においては，すでに触れたように，規制緩和，民営化，民間委託，受益者負担化などが推し進められ，また民間企業の現場主義的な経営方法，いわゆるニューパブリック・マネジメント（NPM）の導入が進められている[48]。これら新自由主義の潮流，「経済人モデル」を基礎とした市場原理主義の導入は，住民を「個別化」してバラバラにするだけではなく，公共サービスの供給システムにも「分化，個別化，利権化」原理を持ち込み，公務労働の競争的管理を著しく強める方向に作用している。人びとは一般の消費生活においてだけでなく公共サービスにおいても「狭い消費者主権」を乗り越えなければ自由で個性的な価値ある生活を選ぶことはできないのである。また，公務労働は人びとの享受能力を育てることなしに官僚主義を克服して「全体の奉仕者」としての専門性を高める展望をもつことができないのである[49]。

そこで，本章を締めくくるにあたって，憲法的ルールを頂点としたインフラストラクチャーとそれを担う公務労働が「人間発達を保障する労働」としての役割を発展させる手がかりをどこに求めたらよいかについて考えておこう。人びとが潜在能力を自由に発揮できるということは，同時に，クリエイティブな社会のための「創造と享受のコミュニケーション空間」をつくりだすことでもある。

1 憲法的ルールによってつくりだされる潜在能力発揮の場

第一に，すでに見たように，憲法的ルールや人権ルールは，それが生活のなかで活かされることによってクリエイティブな生活思想を育てる人びとのなかにストックとして蓄積されるインフラストラクチャーでもあるということである。たとえば，日本国憲法第25条の存在は，そのような膨大なストックが社会のなかに蓄積されていることを私たちに教えている。こうしたルールは，身近な生活や地域のなかに無数のルールや倫理をつくりだして，それをたえず豊かにすることもできるが，逆にまた，つねに空洞化，忘却，後退の危機にも直面している。

1970年代にロールズの正義論に刺激を受けたブキャナンとブレナン（G.Brennan）は共同して「立憲的政治経済学」に取り組み，人びとがルールづくりに参加するうえでは，「分配の正義」がその前提条件として重要であると指摘するとともに，分配の正義を基礎にしてこそコモン・ストックを活用しあう創造の世界がつくりだされること，またルールづくりの経験が人びとのなかにストックとしても蓄積されることなどを多様に示そうと試みている[50]。今日，人びとの潜在能力の発揮にとっては，このような空間の創造が必要なのである。

ブキャナンはまた，法的ルールはインフラストラクチャー（ないし社会的間接資本）であるとして，次のようにも主張している。ルールとは，一部の権力者が人びとに押しつけるものではなくて，人びとが話し合って「全員一致」をめざす合意を生みだすことによってつくりだされるものである。そのためにも，またそれらを維持するためにも，あるいは無法な侵害による破壊

からまぬかれるためにも，時間や労力をはじめ多くのコストが投入される必要がある。だから，こうしてつくりだされたルールの破壊とは，そこに投入された膨大なストックの喪失にほかならない，と[51]。ここでは，こうしたルールの破壊は，人びとが法ルールを生活のなかに活かしながら，クリエイティブな生活態度を育てることによって蓄積してきた一人ひとりのストックをもまた破壊してしまうものであることを付け加えておこう。

では，ルールとは一般にどのような働きをするものなのであろうか。ブキャナンとブレナンは，ここでは，コモン・ストックの世界をルールが生みだす「人々の相互作用のプラス効果」の実例であると述べている。

「ルールの本質的機能は個々人が互いに相手の行動を制約しないようにすることであり，致命的な損害を予防するという消極的な機能を本来もっている。これはもともと，ホッブス（Thomas Hobbes）が無秩序（万人に対する万人の闘争状態——引用者）を寄せ付けないように社会秩序のルールに託した職能である。一方，スミス流の市場秩序観からすると，人間の相互作用はおおいにプラスの面がある。スミスの世界観では，（社会的）分業が取引者間の協力から相互利益を高める。その相互利益は，各取引者が確保するものの誰の理解も及ばないほど大きなものである。分業の各部面（における）……創造的活動の連続が，はかり知れない協同の利益をもたらすとともに新たな創造活動の機会を増やす秩序を生み出すのである。」[52]

彼らは，スミスがこのように形成される世界は「予想される利益がすべての人びとおよびすべての階級にゆきわたる」ものであることを力説したように，それが当時の社会の大多数の人びとにとって「全員一致」しうるものであったともみなしている[53]。彼らは，ルールとは，このような「全員一致」が得られときそのクリエイティブな効果を生みだす機能を十全に発揮するが，そうでないときには少数意見が無視され官僚機構が肥大化するなどの弊害を生みだしやすいとも述べている。ルールの解釈や運用が一部の人びとや官僚機構に委ねられるとき，ルールを活用してクリエイティブな生活やそれを支えるルールをさらに豊かにする人びとの営為は，きわめて狭められる危険性が強まる。だから，現代社会において「全員一致」の展望を拓くには，憲法

的ルールにおいて自由権だけでなく社会権が保障されることが必要であり，それこそがクリエイティブな生活態度をもって合意に参加する人びとを増やして「全員一致」を容易にしてゆく重要な条件なのである。

ブキャナンは次のように述べている。「ある憲法構造のもとで，相対的に貧しい人々が，至高の倫理的規範に基づいて，『富裕な』人々の経済的報酬あるいは資産の分け前を要求するのは正当ではない。（しかしながら）彼らは，特定の立憲契約（＝憲法交渉にもとづく合意）のもとにある集合的に組織された共同社会（＝法治社会）においては，共通にもっている成員としての資格に基づいて，間接的になんらかのそのような分け前を要求することができる」。これに対して，「相対的に『富裕な』人々は，自分たちの『私的な権利』が守られ尊重されることを期待し，そして社会全体のために結合供給される財やサービスに対して特別に高い費用を支払うこと（＝累進課税制度）が必要であることが予め示されている包括的な憲法的合意の一部である場合に，これらを実効化することを合法的であると受け入れる」のである。このように，所得再分配が憲法的ルールの重要な一環である場合には，「すべての個人と集団は確立されたルールを守り，適度である要求を尊重し，そして容認しうる秩序を維持しながら最大の個人的自由を達成するようなやりかたで振る舞うことが有利であることに気づくであろう」[54]と。

ブキャナンのこの考えは，ヴィクセル（Johan Wicksell）が示した，大金持ちの人びと，中くらいの所得の人びと，貧しい人びとが住む社会においては，これらの人びとの間に存在する富や所得の格差を是正する措置は，「全員一致」の合意を容易にするとの考えを継承したものである。ヴィクセルは，「全員一致」（ないしはその近似的状態）を促す累進的租税制度による再分配が適切に機能するもとでは，集合的に利用・負担する公共サービスの世界においても「自分の便益は自分で負担する」といった通念が登場しうることを示したのであるが，ブキャナンは，このようなヴィクセルの「分配の正義」を基礎としながら，憲法的ルールを活用し生活とルールを豊かにする人びとのさまざまなアイディアを，経済学の再検討を求める文脈のなかで語っている。

たとえば，彼は，「おそらく，通常の経済学者たちの大部分が，あらゆる

レベルで，立憲的問題に注意を向けない，また関心を示さないのは，（狭い視野の経済人モデルに固執する）そのような頑固な保守的な考え方のためであった」[55)]と指摘している。そして他方で，今日，人びとは私生活においてダイエット，運動，健康，環境に重きをおいて「自らに制約を課す」行為を選択することによって「長い目で見た利益」を得ようとするクリエイティブな生活態度をごく普通に，日常的に保持している。問題は，人びとがこのような「私的空間」からさらに「個人間の社会的相互作用」空間へと視点を移動することであるが，ブキャナンは，ここで障害を生みだしているのは，ひとつには厚生経済学が主張する「社会的厚生関数」にあると考えている。つまり，「社会的厚生関数」では，ある人の欲求（効用＝厚生関数）がそのまま社会全体の欲求（社会的厚生関数）であるとされてしまっており，ここにおいては，「個人間の社会的相互作用」つまりは憲法的合意やそれを活かすプロセスが完全に抜け落ちてしまっている[56)]，と。彼によれば，これを乗り越えるためには，人びとの日常の生活の実際に立ち返り，憲法的ルールを視野においた経済学を構築することが必要なのである。

　公共サービスの供給においても，人びとの欲求レベルの高まりを背景に，「資質や能力や選好も異なる」人びとの実情に即して「個人に自己の能力を利用する機会を保証する集合的目的」を適切に設定することによって，人びとの潜在能力の発揮を保障して自己実現を可能とする機会を公共サービスが提供できるようにすることも，人びとのクリエイティブな生活態度に見合っていると指摘している[57)]。

　ブキャナンはさらに，「クラブ財」の理論を生みだして経済学の拡張を試みている。ここでは，たとえば，同じ要求や関心を持つ人たちが非営利組織をつくって，自ら要求を実現し，政府や自治体にその公共性を認めさせて減免税や補助金などで公的に支援させるケース，また思想信条の自由などを守りつつ創造や享受の機会を生みだす教育や芸術，大学などの非営利組織に対して，同様の公的支援を行わせるケース，などが想起される。これらは憲法的ルールを豊かにする社会において「全部合意」がただちにできないときにクラブ財（非営利組織）の活用によって「部分合意」から出発して「全部合

意」を目指すことを示唆しているのである[58]。

　以上のように，ブキャナンの「立憲的政治経済学」は，クリエイティブな生活思想を育てること，分配の正義を享受してルールづくりに参加する人びとを広げること，憲法的ルール自体の豊かなストックを蓄積することなどが相互に密接に関連しあっていることを示して，「人間発達を保障する労働」としての公務労働に豊富な示唆をあたえているのである。

2　知識や文化の創造における固有価値の重要な役割

　第二に，享受能力とは，ある享受対象ないし手段のなかに「固有価値」，すなわち，自分にとって「生きがい」を与えるものや，かけがえのない大切なものを見いだして，それを享受することでもある。それは人びとの欲求を発展，変化させるとともに，享受の経験や学習を通じて人びとの心のなかに知識を生みだすものであり，また，固有価値を求めることを通じて享受者と創造者との交流を生みだすものであり，そのまわりに人間的ネットワークを豊かにつくりだす重要な契機ともなるものである。

　そこで，人びとの潜在能力がこのような固有価値との出会いのなかでその発揮の重要な機会を見いだし，また固有価値を媒介として創造への欲求や衝動が生みだされる過程を見ておこう。

　すでに触れたように，アダム・スミスは，人びとの豊かさや貧しさは，生活の必需品や便宜品だけでなく「娯楽品（アミューズメント）」をも含めてそれらを享受している程度によって語るべきであるとしていた。そこには演劇や演芸や音楽やオペラなども含まれていたし，商品の美感もまた重視されていた。すでに，スミスに先立つ17世紀末において，ニコラス・バーボン（Nicholas Barbon）は「大多数（の物）は，それらが精神の欲望を満足させるからこそ価値をもっている」と考え，「諸物は，一つの内的効力（イントリンジック・バーチュー）（intrinsick vertue）をもっている」と主張していた。マルクスは『資本論』の冒頭でそれを紹介して，バーボンが「諸物はどこにあっても同じ効力をもっている。たとえば磁石が鉄をひきつけるようにである」と述べることにコメントして，「鉄をひきつけるという磁石の属性は，それを手がかりとして磁極が発見されたとき，はじめ

て有用になったのである」と付言している[59]。

　固有価値は，このように，経済学のなかでは古くから注目されてきたのであるが，ラスキンの場合は，産業革命のもとで分業が生みだした弊害や疎外状況に対して，それを克服する手がかりを与えるものとして「固有価値」を捉え返している。彼は固有価値を経済学のなかにしっかりと位置づけ，それを「なんらかのものがもつ，生（life）を支える絶対的な力」であるとの一般的定義を与えている。また，その享受能力（アクセプタンス）を取り上げ，これら両者の合体によってこそ「真の豊かさ」（彼はそれを「有効価値」と考えている）が生みだされると主張した。池上惇によれば，固有価値とは，今日的に言えば，それをつくりだすノウハウとそれを享受するノウハウとの相互作用の産物ないし「複合体」を意味するものであるとされる[60]。享受者が享受し評価することが生産者にフィードバックされ，より丹精を込めた個性的な製品をつくりだす励みとなり，享受者はまた創造者のメッセージをその成果物をとおして受け取る。その過程で，創造と享受のそれぞれの場において人間的ネットワークをつくりあうような刺激がもたらされる。

　ラスキンの「文化経済学」はマルクスやマーシャルをはじめ多くの経済学者にも影響を与え，それを一般理論に組み込む試みが広がった。彼が明らかにした視点からすれば，アダム・スミスからもその端緒となる多くの重要な指摘を再発見することもできる。スミスが語る「知識創造」について紹介しておこう。

　スミスは，有名な『天文学史』のなかで「すべての自然のできごとのうちで，天体現象は，その壮大さと美しさによって，人類の好奇心の最も普遍的な現象である」として，次のように論じている。

　「人類は，法，秩序，安全が確立される前の社会の初期の時代には，自然の一見ばらばらな諸現象を統合している，諸事象のかくれた鎖を発見しようとする好奇心をあまりもたなかった。生計が不安定で生活が毎日最も粗野な危険にさらされている未開人は，それを発見したところで，自然の劇場が，彼の想像力にとって，前よりつながりのあるものになるだけでだと思われるようなものを，探求して楽しもうとしない。」「だが，法が秩序と

安全を確立し,生計の不安がなくなると,人類の好奇心が増大し,(自然に対する)恐れは減少する。今や彼らが享受できる余暇が,彼らを自然諸現象にまえより注意深くさせ,最も取るに足りない不規則性にさえ気づかせ,それらすべての連接している鎖が何であるかを一層知りたがるようにする。彼らは,必然的に,一見ばらばらなすべての自然のできごとの間に,そうした鎖が存在することを思い描くようになる。」[61]

ここには,正義のルールが人びとの好奇心を発展させ,知識創造へと向かわせる重要な基盤条件であることが鮮やかに示されている。同時に,このように,人びとが「壮大さや美しさ」をもつ天体現象に好奇心を駆られて固有価値を発見し,それを享受するプロセスは,ただちに「自然現象の背後にある鎖」を発見してイメージを豊かにする,ないし新しいイメージをつくる,つまりボールディングが語るような知識創造のプロセスの始まりでもあった。スミスはまた,これらの知識創造プロセスを「ワンダー(wonder)の感情」(新奇で珍しいものに対する驚きの感情)によって強く推進されることを指摘している。

ピーコックもまた,芸術文化の世界における享受能力の重要な意味を捉えて,経済学においては日常生活で人びとが経験している当たり前の現実が視野の外におかれてきたと述べて,公共政策において享受能力が果たす役割の大きさを強調して,次のように述べている。

「経済学の文献においてみられる消費者主権の原理は,普通,消費者の好みや選好を所与とするケースのみを考察の対象としていることを私はよく承知している。私たちすべてが,所得を支出する際に経験する過程において,選択の効率を改善する方法を学ぶばかりでなく,私たちの好みもまた発達し変化することをよく知っているように,明らかに,これは極めて限定された仮定である。しかしながら,選択の形成は,単に経験による学習だけでなく,教育投資にも依存する。教育は教育される人々に与えられた以上の便益を生み出している程度にまで,他の分野と同様に芸術活動に対して教育資源を使うことは十分に同意されるであろう。……教育制度には,芸術への参加と鑑賞への興奮をもたらす駆動力へと橋渡しする『新しい消

費スキル』を教える仕事がある。」[62]

　こうして，享受能力の発達は，驚異や興奮などの人間的な感情に駆られて固有価値を探求するのであり，同時に創造への欲求や衝動をも生みだすのである。これらはまた憲法的ルールの享受能力や，財や人間や自然環境がもつ潜在能力を評価する能力をも高めて，「財政憲法」（財政民主主義）の活動をも担うものである[63]。

3　創造と享受の相互作用の場をつくりだす公務労働

　第三に，創造と享受の相互作用の場を多様につくりだす公務労働や専門家の役割を考えておこう。ボールディングが示唆するように，アダム・スミスは，社会のなかで分業と交換が発展するプロセスは，それ自体，労働の場においても，生活の場においても，また機械製作や学問・文化にかかわる場においても，知識ストック（専門知識の量＝サイエンス）が形成され，蓄積されると考えていた。またそれが「学者または思索家とよばれる人たち」，すなわち，「もっともかけはなれていて似たところがない物の力を結合することが，しばしばできる人たち」が数多く生みだされてくるプロセスでもあった[64]。現代資本主義社会にあっても，すでに見たように，享受能力の発達を促す場がつくりだされるところに新たなクリエイティブな生活思想が生みだされている。マーシャルもマルクスもこの点で重要な議論を展開している。

　マーシャルは，スミス以来観念されてきた「使い尽くす」という意味での「消費」の概念を「欲求と需要」の概念に置き換えたが，これがのちにはケインズの「消費者支出」へと矮小化される出発点になったと非難されている[65]。たしかに，彼は，スミスの消費財ストックを活用して生きがいを探求する享受能力の概念に十分な注目を払わなかったように見える。それでも彼は，「旅行の機会，観光，博物館などは人間にとって外部的な物質的施設に埋め込まれた富であるが，これらを享受する能力（the faculty of appreciating them）は内面的で個人的な富である」[66] とも述べているのである。同時に，欲求（wants）と活動（activities）――これら双方を発展させることが享受能力なのであるが――をともに並べて議論することによって，人びとが享受能

力を高める社会はまた「エクセレンスへの欲望（desire）」が生まれ広がる基盤条件でもあることを，次のように鮮やかに描きだしている[67]。

「おおざっぱに言えば，人間の発展の初期の段階ではその欲求が活動を引き起こしたのであるが，その後の進歩の一歩ごとに，新しい欲求が新しい活動を起こすというより，むしろ新しい活動の展開が新しい欲求を呼び起こしてきたとみてさしつかえないようである。」

「活動の実行と発達への欲望が，社会のすべての階層にゆきわたっていることこそが，ただに科学・文学および芸術をそれ自体として純粋な追求を呼び起こすばかりでなく，それらを職業とする人たちの仕事にたいする需要を急速に増大させる原因ともなっているのだ。閑暇は単なる安逸の時としてついやされることがだんだん少なくなり，運動競技や旅行など，単に感覚的な渇望をみたすよりもむしろ活動をひき起こすような娯楽が，これに代わって追求されることが多くなった。」

「エクセレンスへの欲望は，ニュートンのような科学者ないしストラディヴァリウスのような弦楽器づくりのそれから，だれも見ているものもなくかれ自身も別に急いでいないようなときでさえ，その小舟をよくあやつり，またその小舟がよくできており思いのままにすみやかに動かせることによろこびを覚えるような漁夫のそれにいたるまで種類が多いのだ。この種の欲望こそ最高の資質や最大の発明を生み出すのに大きな貢献をするのであるが，またそれらに対する需要の側面においても少なからぬ役割を果たすのだ。知的職業人の最高の知的な職能と機械工の最善の製品にたいする需要の多くは，人々がかれら自身の資質を鍛えあげたり，またはきわめて精巧に組み立てられ敏感に反応する機器をつかってその資質を働かせることによろこびを覚えるからこそ起こってきたものである。」

マーシャルにあって「活動」は，このようにときに手仕事であり，発達した享受能力をも含んだものである。さらには，人びとの「エクセレンスへの欲望」は創造と享受の出会いのなかで産業や職業の質を向上させ，市場を拡大に向かわせるものとしても把握されているのである[68]。

彼はこうして，ある地域が「知識の根がひろくはっており，旺盛な枝を伸

ばすだけの力」をもっており，また「人々の性格が適合し，社会的ないし政治的な制度が恵まれていた」ことから特定の生産物の産地を形成するようになるといった起源をもつ「地域特化産業」について，次のように述べている。

「産業がその立地を選択してしまうと，ながくその地にとどまるようである。同じ技能を要する人々がたがいにその近隣のものからうる利便にはたいへん大きなものがあるからである。その業種の秘訣はもはや秘訣ではなくなる。それはいわば一般にひろく広まってしまって，子供でもしらずしらずのあいだにこれを学んでしまう。よい仕事は評価される。機械，生産の工程，事業経営の一般的組織などで発明や改良が行われると，その功績がたちまち口のはにのぼる。ある人が新しいアイディアをうちだすと，他のものもこれをとりあげ，これに彼ら自身の考案を加えて，さらに新しいアイディアを生み出す余地をつくっていく。やがて近隣には補助産業が起こってきて，道具や原材料を供給し，流通を組織化し，いろいろな点で原材料の経済をたすける。」

見られるように，マーシャルもまた，享受能力の発達がさまざまなかたちで発現する背景には，知識・文化ストックが形成され蓄積されるプロセスが存在しているという，社会進化の視点をもっていたことを示している。彼にあっては，地域社会もそうした知的・文化的ストックを蓄積する場であり，そこでは「他の事情に変わりがない二人の人のうち，気象条件にめぐまれ，道路・水道・下水が完備し，新聞・書籍・娯楽・教育機関がすぐれている地域に住んでいるもののほうが，最も広義の富に関してはよりゆたか」[69]であり，また，それらの地域が世界と交流しあって，「科学的な知識のようなものは，発見されるやつねにたちまち全文明の資産となり，特定の国富というより世界的な富となるであろう。機械の発明その他多くの生産技術上の改良についても同様なことがいえるし，音楽についてもそうである。しかし翻訳するとその力を失ってしまうような文学作品は，特別の意味でその作品が書かれたことばを国語とする国民の富であるとみられるであろう」[70]とも述べているのである。

しかし同時に，このように描かれたクリエイティブ社会の条件も，創造と

享受の相互作用の場へのより広範な人びとのアクセスという点では，さらに「時間」という視点の重要性を付け加えなければならないであろう。

マルクスは，資本主義的蓄積において個々人の労働と享受のための知的・文化的ストックの形成に果たす「時間」の意義について次のように書いている[71]。

「真実の経済——節約——は労働時間の節約にある。だが，この節約は生産力の発展と一致している。だからそれは，享受を断念することではけっしてなく，生産のための力，能力を発展させること，だからまた享受の能力をもその手段をも発展させることである。享受の能力は享受のための条件，したがって享受の第一の手段であり，またこの能力は個人の素質の発展であり，生産力である。労働時間の節約は，自由な時間の増大，つまり個人の完全な発展のための時間に等しく，またこの発展はそれ自身がこれまた最大の生産力として，労働の生産力に反作用を及ぼす。」「自由な時間は，もちろん，それの持ち手を，これまでとは違った主体に転化してしまうのであって，それからは，彼は直接的生産過程にも，このような新たな主体としてはいっていくのである。」

マーシャルは，すでに見たような条件のもとで，「自由と希望とは人間の仕事にたいする意欲を強めるだけでなく，その能力をも高める。また，仕事・場所および対人関係に変化をもたらすと，新しい思考が生まれ，古い方法の不備に気づき，『聖なる不満』が呼びさまされて，いろいろな点で創造的な活力が起こってくるものだ」[72]と述べているのであるが，他方，マルクスは，「時間」を「人間発達の場（Time is the room of human development）」[73]として重視したのである。ここでは，分配の正義には，人びとが学習する機会や時間が含まれなければならないことが端的に示されている。

おわりに——ストック時代の日本経済の課題

ガルブレイスは，『日本経済新聞』の「私の履歴書」（2004年1月30日付）に登場して，彼の豊かな学殖を背景に多くの課題を抱える日本経済に対して

次のような提言を行った。

「基本的な欲求が満たされれば，人々の関心はモノではなく，楽しみや知識に向かう。芸術，科学，教育などである。もちろん日本もこちらに向かって進んでいるが，これらの振興にもっと努力すべきだと思う。モノが満たされた社会では発展方向はここにしかないからだ。日本ではこれまで，製品の生産に関心は行き過ぎた面がある。米国の力の源はモノの生産にあるのではない。大学など高等教育を重視してきたことや，芸術，スポーツなどが栄えてきたことに大きな特徴がある。世界は，もっと日本の音楽や芸術であふれた方がいいと思う。……日本には，人生の喜び，楽しみといったほかの面を重視する国になって欲しいと思う。GNP（国民総生産）に行き過ぎた関心を，GNE（グロス・ナショナル・エンジョイメント＝楽しみ）に向けるべきだと考える。」

ガルブレイスは1958年の『豊かな社会』をはじめ数多くの注目すべき経済書を著わしており，日本でもよく知られている。彼は「豊かな社会」がむしろ「大企業体制の生産者主権」を強める方向に作用していることを鋭く批判し，芸術についても次のように述べている。

「大きな企業は，長期にわたって経済的生産を続けるのに役立つデザインを必要とする。芸術的センス（では），本能，経験またはマーケット・リサーチにもとづき，一般市民に買う気を起こさせるものをよく知っている人々の意思に従わざるを得ない。（しかし，この）芸術的判断は，すぐさま世間に受け入れられるか（どうか）に支配される（ところがあり，そのため）大衆の好みを低く見下して，すぐれたデザインを犠牲に（する傾向もある。）」しかし，「ながい目でみれば，美術品をはじめ芸術的成果を反映する製品は，経済の発展にますます重要な地位を占めてくるだろう。消費生活が拡大するにつれ，ある時点で美にたいする本来の関心が高まってくることは，十分予想される。そうなれば，経済体制の性格と構造もすっかり変わってくるに違いない。」[76]

1980年代半ば以来，日本経済も底流ではたしかに大きな胎動が始まっている。創造性や個性の主張も「教育改革」における決まり文句だけではなく

なった。ガルブレイスが示すように，人びとの好みや享受能力は確実に発達しつつあり，クリエイティブな生活思想はゆるぎなく成長しているように見える。

しかし，バブル経済が踊った時期には，日本でも「ストック経済化」が語られたが，「その中身は金融資産の拡大や地価上昇を反映したものであり，必ずしも国民生活の豊かさに直結するような形のストック化になっていない」(『経済白書』1989年度版) ものであった。そこでは，人びとの享受能力の発達基盤を拡張するはずのソフトなインフラストラクチャーは，むしろ受益者負担による「サービス産業」化を後押しする強い圧力のもとに置かれた。

バブル崩壊後，「生活大国」化が叫ばれたにもかかわらず，日米構造協議にもとづく640兆円の公共投資計画に示されたように「ハードな社会資本ストック」と超重点的な科学研究開発の「知識資本」化計画だけが大手を振ってまかり通った。

ガルブレイスは，つづけて，日本経済に次のような注文も付けている。

「日本はこれまでほかの国のまねをしょうとしすぎた。これが日本の弱みである。多くの人が欧米を見てどうすべきかを考え，自発性や自分自身の決断を軽視しすぎた。車なども欧米のデザインをまねているのをよくみかけた。自分のデザイン，自分の創意工夫に日本人はもっと自信を持つべきだ。」

「変わってほしくないこともある。私が日本を見ていて一番うれしいのは，経済が軍事的な影響力から逃れている点だ。非軍事分野だけで強い経済を維持してきたのである。これはこのままでいてほしいし，ほかの国もこの点は日本にならってほしい。」

これからの「ストック」時代の日本経済にとっては，ガルブレイスが示すように，広範囲な享受能力を豊かに育てる人びとをいっそう大量につくりだすことがいよいよ重要であり，それは人類の遺産として残すに値するような質の高い文化，学問，芸術，思想，生き方，アイデンティティなどの卓越性(あるいはパーフェクション)の実現を広範な人びとの「生きがい」の達成と両立させて生みだすことを可能にするものである。そのためにもまた，富

と所得の再分配をはじめ，知識や機会，自由や権利などの基本的潜在能力をめぐる分配の正義の実現がいっそう強く求められているといえよう。

注
1) 池上惇『現代経済学と公共政策』青木書店，1996年，第1章参照。同『文化と固有価値の経済学』岩波書店，2003年。
2) Alvin Toffler, *The Third Wave*, 1980. A・トフラー，徳岡孝夫監訳『第三の波』1982年，中公文庫，355ページ。
3) Tibor Scitovsky, *The Joyless Economy*, 1976. T・シトフスキー，斎藤精一郎訳『人間の喜びと経済的価値』日本経済新聞社，1979年。
4) たとえば，Alfred Marshall, *Principles of Economics*, Eighth Edition, p. 75. A・マーシャル，馬場啓之助訳『経済学原理 II』東洋経済新報社，1966年，11ページ。塩野谷祐一『経済と倫理』東京大学出版会，2002年，5ページほか。
5) Kenneth J. Arrow, "Excellence and Equity in Higher Education," *Education Economics*, Vol. 1, 1993.
6) 池上，前掲『文化と固有価値の経済学』18ページ。池上，前掲『現代経済学と公共政策』，その他。
7) Kenneth E. Boulding, *Towards a New Economics*, 1992, p. 20.
8) Adam Smith, *An Inquiry into the Nature and Causes of the Wealth of Nations*, 1789. アダム・スミス，水田洋監訳／杉山忠平訳『国富論 (1)』岩波文庫，2000年，63ページ。
9) Adam Smith, *Lecture on Justice, Police, Revenue and Arms, Delivered in the University of Glasgow by Adam Smith*, by a Student in 1763, at the Clarendon Press, 1896. アダム・スミス，高島善哉・水田洋訳『グラスゴウ大学講義』日本評論社，1947年，317-322ページ。
10) 資本論草稿集翻訳委員会訳『マルクス資本論草稿集 2』大月書店，1993年，17ページ。
11) ジョン・ラスキン，木村正身訳『ムネラ・プルウェリス』関書院，1958年，10ページ。
12) Amartya Sen, *Commodities and Capabilities*, 1985. アマルティア・セン，鈴村興太郎訳『福祉の経済学』岩波書店，1988年，41ページ。
13) スミス，前掲『国富論 (1)』42ページ。
14) 同上 (2)，26ページ。
15) 同上 (4)，49-50ページ。
16) 同上 (3)，360ページ。中谷武雄『スミス経済学の国家と財政』ナカニシヤ出版，1996年，第7章。池上惇『財政思想史』有斐閣，1999年，11ページ，22ページ。
17) Norbert Wiener, *The Human Use of Human Being, Cybernetics and Society*, 1950. ノーバート・ウィーナー，鎮目恭夫・池原止戈夫訳『人間機械論——人間の人間的な利用（第2版）』みすず書房，1979年，61ページ。

18）「学習人モデル」については，池上惇『財政学——現代財政システムの総合的解明』岩波書店，1990年，313ページ参照．
19）John Rawls, *A Theory of Justice*, 1971. ジョン・ロールズ，矢島鈞次監訳『正義論』紀伊國屋書店，1979年．この2点への集約は池上，前掲『現代経済学と公共政策』による．「等しい自由」とはブキャナンが使用した表現．
20）James M. Buchanan, *The Limits of Liberty: between Anarchy and Leviathan*, 1975. J・M・ブキャナン，加藤寛監訳『自由の限界——人間と制度の経済学』秀潤社，1977年，260-261ページ．「慈悲深い専制君主」とはクヌート・ヴィクセルが使用した表現．
21）James M. Buchanan, "*Economics between Predictive Science and Moral Philosophy*," 1987. J・M・ブキャナン「自然的自由の正義」，田中清和訳『経済学の考え方——ブキャナン経済学のエッセンス』多賀出版，1991年，110ページ，103ページ，97ページ．
22）James M. Buchanan, "Economics between Predictive Science and Moral Philosophy," 1987. J・M・ブキャナン「社会選択，民主制，自由市場」，田中清和監訳『公と私の経済学——ブキャナン経済学のエッセンス』多賀出版，1991年，113ページ．
23）ブキャナン，前掲『自由の限界』161ページ．
24）拙稿「潜在能力アプローチからみたソフト・インフラストラクチュア」，『立命館経営学』第38巻第1号，1999年5月．
25）Amartya Sen, *Choice, Welfare and Measurement*, 1982. アマルティア・セン，大庭健・川本隆史訳『合理的な愚か者』勁草書房，1989年．
26）セン，前掲『福祉の経済学』2ページ．
27）同上，38ページ．
28）同上，35ページ．
29）同上，34-35ページ．
30）Amartya Sen, *Development as Freedom*, 1999. アマルティア・セン，石塚雅彦訳『自由と経済開発』日本経済新聞社，2000年，69-70ページ．
31）セン，前掲『福祉の経済学』47ページ．
32）同上，75ページ．
33）同上，77ページ．
34）同上，76ページ．
35）Bernard S. Katz, *Infrastructure*, Encyclopedia of Economics, editor in chief: Douglas Green Wald, 1982.
36）池上，前掲『財政学』55-56ページ．
37）池上惇「社会の進化と固有価値の経済学」，基礎経済科学研究所編『人間発達の政治経済学』青木書店，1994年．
38）Karl Marx, *Das Kapital*, I. カール・マルクス『資本論』国民文庫版，第2分冊，436ページ．
39）同上，231ページ．
40）マルクスは，すべての子どものための初等教育をめぐっては「全面的に発達した人間」（同上，430ページ）について語り，労働者については「部分個人」の代わりに「全体的に発達した個人」（同上，436ページ）について語っている．「社会の蓄

積された知識」については，前掲『マルクス資本論草稿集 2 』500ページ。
41) 『マルクス・エンゲルス全集』第 3 巻，大月書店，1963年，423ページ。
42) Tibor Scitovsky, " 'On the principle of consumers' sovereignty," *American Economic Review*, May 1962, p. 265.
43) Tibor Scitovsky, *Welfare and Competition*, 1952 (1971), chapter 20 and 23.
44) Robert B. Reich, *The Future of Success*, 2000. ロバート・B・ライシュ，清家篤訳『勝者の代償』東洋経済新報社，194–195ページ。
45) Bengt-Äke Lundvall and Bjorn Johnson, "The Learning Economy," *Journal of Industrial Studies*, Number 2, December 1994, p. 25.
46) トフラー，前掲『第三の波』252ページ。
47) 池上惇「固有価値の経済学」，『経済論叢』第148巻第 1・2・3 合併号，1991年，8 ページ，18ページ。
48) 拙稿「インフラストラクチュアにおけるマネジメント問題」，『立命館経営学』第36巻第 6 号，1998年，24–46ページ。
49) 池上，前掲『財政学』167–173ページ。
50) ブキャナンらの議論はケインズ主義や官僚主義に対する批判に大きな力点がおかれているために，福祉や教育予算の削減を意図する単純な「小さな政府」論と誤解されることもあるが，そのケインズ批判は，主要には，いわゆる「ハーベイ・ロードの前提」（ケインズが住んでいたハーベイ通りに住むような賢人はさぞ公正な人びとであろう。だから官僚制の弊害に気づいていないのだ，との皮肉）と「通貨発行権の濫用」の 2 点にあったのであり，ケインズの完全雇用理論がもつような人びとの潜在能力を発揮させる手だてについても，彼らの立場から積極的に論じている。池上，前掲『財政思想史』第 7 章参照。
51) ブキャナン，前掲『自由の限界』184–194ページ。
　　また，ブキャナンの法ルールについての考えは，たとえばハイエクが，「『法』は契約に起源をもつのではなく，予測しえない進化過程から現れる」のであって，「だれかが定めたものとして法を考えることを主張する『構成主義者』に反対である」とする考え方とはまったく異なっている。彼は，歴史的事実として法のうちに進化の要素を説明しうるとしても，それは「現存の『法』を評価するときに契約説――構成主義的基準を適用することを否定するものではない。」（同上書，脚注 iv）と主張している。彼にあっては，ルールとはあくまで人びとが参加して合意に取り組むものである。またパトナムやコールマンらの，地域社会で伝統的に継承されるネットワークや信頼に着目して「社会的関係資本」を捉える考えとも同じではなく，コールマンのように，「経済人モデル」を一方で肯定しながら他方で「（ルール合意における）人々の交渉や社会契約のプロセスの外部に価値を設定する」といった考え方もブキャナンはとっていない（G. Brennan and J. M. Buchanan, *The reason of rules*, 1985. G・ブレナン／J・M・ブキャナン，深沢実監訳『立憲的政治経済学の方法論』文眞堂，1998年，60–61ページ）。
52) 同上，46ページ。
53) James M. Buchanan, *The Economics and Ethics of Constitutional Order*, 1991. J・M・

ブキャナン,加藤寛監訳『コンスティチューショナル エコノミックス』有斐閣, 1992年, 13ページ。
54) ブキャナン, 前掲『自由の限界』112ページ。
55) ブキャナン, 前掲『コンスティチューショナル エコノミックス』5ページ。
56) ブキャナン／ブレナン, 前掲『立憲的政治経済学の方法』27ページ。
57) J. M. Buchanan, *The Public Finance*, 1970. J・M・ブキャナン, 深沢実監訳『財政学入門』文眞堂, 1973年, 12-13ページ, 16ページ。
58) J・M・ブキャナン「クラブの経済理論」, 前掲『公と私の経済学』143ページ以下。
59) カール・マルクス『資本論』国民文庫版, 第1冊, 72ページ。
60) ラスキン, 前掲『ムネラ・プルウエリス』39-40ページ。池上, 前掲『経済学と公共政策』81ページ。
61) アダム・スミス「天文学史」, 水田洋ほか訳『哲学論文集』名古屋大学出版会, 1993年, 28-31ページ所収。
62) Alan Peacock, *Paying the Piper*, 1993, pp. 123-124.
63) 池上, 前掲『財政学』45ページ以下。
64) アダム・スミス, 前掲『国富論 (1)』第1編第1章。
65) Kenneth E. Boulding, "The Consumption in Econimic Theory," *American Economic Review*, Vol. 35, No. 2, 1945, pp. 1-14.
66) マーシャル, 前掲『経済学原理Ⅰ』70ページ。
67) マーシャル, 前掲『経済学原理Ⅱ』10-12ページ。
68) 同上, 255ページ
69) マーシャル, 前掲『経済学原理Ⅰ』76ページ。
70) 同上, 59-60ページ。
71) 前掲『マルクス資本論草稿集 2』499-450ページ。林堅太郎「技術の経済学」, 島恭彦監修『現代経済学』第1巻, 青木書店, 1978年, 35ページ以下。
72) マーシャル, 前掲『経済学原理Ⅲ』161ページ。
73) マルクス『賃金・価格・利潤』国民文庫, 76ページ。
74) John Kenneth Galbraith, *Economics and the Public Purpose*, 1973. ジョン・ケネス・ガルブレイス, 久我豊雄訳『経済学と公共目的』河出書房新社, 1975年, 96, 102ページ。

第2章　現代の労働と福祉文化の発達

青木圭介

はじめに

　いわゆるニューエコノミーや新自由主義的な政策に対する批判や見直しとの関連で，労働のあり方に関する関心が高まっている。産業別組合と家族主義的労使関係とによって雇用の安定を保障してきたアメリカでも，従業員を企業から守るという戦後長く維持されてきたニューディール型雇用政策から，市場原理にもとづく企業の競争力強化を目標とする雇用政策へと変化し，従業員の雇用不安と従業員間の生き残り競争が激化したことをはじめ，アメリカにおける労働と雇用の変化が，さまざまに論じられるようになった。

　また，ますます長時間，激しく働くようになる，このような労働の変化は，雇用政策の変化によってもたらされただけでなく，経済構造のサービス経済化によって推進されたという見解や，国民全体を巻き込む新しい消費競争によって加速されたという分析も，広く受け入れられるようになった。そのため，消費者としての市場での行動を見直し，現在の生活様式を反省することによって，消費主義的でない豊かさを追求するとともに，労働を改革し，労働の尊厳を取り戻そうという主張も表れるようになった。また，市場経済のもとでは，企業と雇用環境の激しい変化が人びとの労働と生活の不安定化をもたらし，そのリスクの負担を耐えがたいものにするが，そのリスクを事後的にではあれ補償しようとする福祉国家とその政策は危機に見舞われており，そのような福祉国家の危機への新たな適応戦略も模索されている。

　本章では，現代の労働と生活の変化を，福祉文化の発展とかかわらせて論じる。これまでアメリカの市場主義的経済理論においては，雇用はもっぱら効率（自由市場）の観点から論じられてきた。ひるがえって考えてみれば，

もともと「市場」に高い支持が与えられてきたのは，市場の効率が人びとの希望と価値を実現するのに優れたシステムとして評価されたからであったはずである。しかし，現代では，狭義の経済学の細密化にともなって，自由市場がそれを通じて人びとの希望や価値を実現しえるからこそ，その妥当性を与えられてきたことが見失われているように思われる。そういう意味で，市場（原理）主義的な経済理論や新自由主義的な社会政策に対して，経済学を生産と流通の効率という狭い枠から解放して，消費との関連で，あるいはサービスや文化の消費や人間と社会の発達や自由との関連で論じようとする新たな動向にも触れてみたい。

I　ジャパン・モデルと新自由主義モデル

1990年代のアメリカにおいて，ホワイトカラーの職場は，雇用が減らされ，仕事がきつくなり，給料や手当がカットされ，人びとの職業生活の不安定さは激化した。また，休暇は減少する一方で，休日出勤や在宅残業が増え，従来型の長期の休暇や旅行は著しく減った。全労働者の8.8％にあたる1100万人が週60時間以上働いている。ホワイトカラーは，パソコンや携帯電話など新しい情報技術によって，夜も週末も休暇旅行中も，年中無休の，24時間週7日，待機態勢（トウエンティフォー・セブン）（オンコール）を余儀なくされ，オフィスのパソコンも特別なソフトで監視されるようになっている。家庭にまで溢れ出す過重な仕事量によるプレッシャーと，いつ解雇されるか，いつ派遣労働と置き換えられるかわからない不安のなかで，強いストレスをかかえ，しばしば過労死に至るような健康障害に直面しているホワイトカラーも少なくない[1]。

このような1990年代のダウンサイジングと呼ばれる労働生活の変化は，アメリカ企業が国際的競争力を失ったことが問題となった1980年代の政策動向の結果であると考えられている。それを図式的に書けば，次のようになる。

アメリカ企業の競争力強化の方策として，80年代後半には，終身雇用や労働者教育などの日本的経営の生産と雇用システムの採用や，ドイツなどにおける徒弟制度や仕事を基盤とした学習システムが導入された。このようなシ

ステムが日本やドイツの企業が，国際市場における競争に柔軟に対応できるフレキシビリティの源泉だと考えられていたからである。しかし，これらのシステムに対するブームは，1990年代初頭のドイツ，特に日本経済の凋落とアメリカ経済の驚くべき復活によって，消滅していった。このようなアメリカ経済復活の象徴となったのは，ジャック・ウエルチのGE（ジェネラル・エレクトリック社）であった。GEは，業績の良くない事業を閉鎖し，アウトソーシングの活用によるレイオフを促進し，従業員の10%にあたる業績不振者を強制的に解雇した。アメリカにおいては，このような経営政策はフレキシビリティの追求とか，リストラクチャリングと呼ばれるようになった。

アメリカにおけるリストラクチャリングの過程は，バカンスを含む休暇制度や福利厚生や長期雇用に象徴されるこれまでの家族主義的経営を放棄する過程であったが，同時にそれは，優良な企業であれ苦境に立つ企業であれ，あらゆる企業を投機の対象として売り買いするM&Aと結びついて，株価至上主義の経営に邁進する過程でもあった。ウォール街に代表されるアメリカ金融業界は，理由は何であろうともダウンサイジングと人員削減を歓迎した。そのために大規模なレイオフをすればするほど，その企業の株価が上がることになり，大企業は競って人減らしを進め，正規雇用を派遣やパートや個人請負や契約社員などの非正規労働者に置き換えてきた。

1980年代に，アメリカ企業の危機からの脱出策が，ジャパン・モデル（日本企業のフレキシビリティ）から市場原理主義（政治的に言えば新自由主義）に転換したとすれば，皮肉にも1990年代には日本が，アメリカ流のフレキシビリティの拡大を至上命題として追求するようになったわけである。

II　ホワイトカラーの組織など「新しい」労働運動

アメリカにおける1990年代のリストラクチャリングの進行のもとに，一方では，非正規労働者の劣悪な労働条件が問題となるとともに，これまで労働組合に関与してこなかったホワイトカラーの動きにも関心が集まるようになった。『窒息するオフィス』の著者フレイザーは，「過酷な新しい仕事の世界

の，孤立した標的あるいは無力な犠牲者」となっているアメリカのホワイトカラーが，その「搾取工場」から抜け出す道として，ホワイトカラーの労働に関心を持つ人びとが，インターネットの発展に伴ってウエッブサイトやEメールを使ってネットワークをつくり始めていること，従来は労働組合に疎遠であったホワイトカラーが労働組合に関与し，また，組合もホワイトカラーを組織しようとしていること，そして，投資社会における様々な投資家が企業の労働問題や職場慣行にも目を向け，社会的責任投資運動が広がっていること，に期待を寄せていた[2]。

　このようなホワイトカラーと労働組合の関係に焦点をあてて，「次世代型組合」という構想を掲げて注目を集めた研究に『ワーキング・イン・アメリカ』がある。この著作は，アメリカにおける仕事と労働市場の変化に関する3年にわたる大規模な共同研究を基盤に，P・オスターマンなどマサチューセッツ工科大学（MIT）の4人の著名な労働問題研究者によって書かれたものである。

　これによると，1990年代における仕事と労働市場の最も大きな変化は，第一に，大企業とキャリア型の仕事を中心に形づくられてきたホワイトカラーの組織志向型の内部労働市場が，市場志向型に変化したこと（転職とヘッドハンティング）。第二に，労働者間の格差が拡大したこと。つまり，一方では，その知的資本と転職能力の高さゆえに企業から厚遇を得ている従業員がいるが，他方では，低賃金で不安定な雇用が増えていること，である。

　ニューディール・システムと呼ばれるアメリカの雇用システムは，企業の側から見ても，雇用保障，公平な処遇，所得の増加と引き換えに，従業員の勤勉，最良の業績，忠誠心がもたらされるという期待にもとづいていた。そして，そのような企業と従業員との家族主義的な関係のもとで，従業員にとっては，一つの企業での勤続年数は長期化し，雇用保障と所得保障を享受し，その従業員の将来を設計し，そして退職に向けて準備することを認められる権利（少なくとも大企業の雇用は従業員にとって一種の安定した「財産権」）という意識をもたらしていた。

　共同研究『ワーキング・イン・アメリカ』は，1990年代には，このような

経済や雇用システム，そして仕事の内容も労働者の意識も劇的に変化したので，いまやアメリカ労働市場の政策と制度を再設計すべき時期であるという観点から，様々な事実を検討し，再設計の提案を行っている。その際，オスターマンらは，アメリカ人が歴史的に，効率と正義をともに推進する社会を〈よき社会〉と見なしてきたこと，そして「高い地位と欲望充足の源として仕事を評価し，表現の自由と個々人の夢の達成と仕事で潜在能力を十二分に発揮する機会の公平」[3]に高い価値を置いてきたことを強調している。最近ではアメリカ人は，（非人間的な）市場原理が効率的で均等な結果を生み出すという考えに影響されるようになったが，しかし，「投資家に良いものが長期的に見て従業員あるいは企業革新のためになるとは限らない」。この研究においては，労働市場で倫理的な選択が演じる役割を再評価し，市場原理万能の考え方を乗り越えたいと述べ，そういう規範的な価値として，①尊厳の源としての仕事，②生活賃金，③機会の多様性と均等性，④団結あるいは社会的な結束，⑤発言と参加，を掲げている[4]。

　この著作で，もうひとつ興味深いことは，労働市場の政策と制度の再設計のためには，産業別組合，大企業，そして連邦政府というニューディール・システムの三本柱に加えて，多くのプレーヤーが参加しなければならないと言い，具体的には，権利擁護グループ（コミュニティ組織，専門職業人の組合，移民の組織，低賃金労働者が抱える問題に焦点を合わせた州政府と地方自治体の政治的連合），訓練と生涯学習グループ（民間部門の産業協議会，仕事と家庭生活の支援組織，職業教育のための連携），そしてジョブ・マッチング・グループ（人材派遣会社，インターネット上の求職サイト）をあげていることである。また，連邦政府について，これまでのように「経済全体にかかわる制度を設計する代わりに，地方で行われている実験の推進役と評価者にならなければならない」し，既存の諸施策は，「企業を中心にものを考えるというこれまでのやり方を改め，流動化とポータビリティを促すように再設計されねばならない」[5]と主張している。ここで言う流動化とは，とくに教育水準と熟練度の高い専門家や技術者がスキルと社会的ネットワークをつねに最新のものに保てるようにすることであり，また，ポータビリティ

とは,次々に仕事や企業を変わる労働者がさまざまな給付(医療保険や年金)を企業ベースから切り離すことのできる,広範かつ統一的なシステムをつくることである。

この研究では,労働組合はこれまで,「仕事で不当な扱いを受けている労働者,使用者を信用していない労働者,そして団体交渉を雇用に関する標準を改善し正義を達成する方法と見なす労働者」を組織しその利益を守るためにたたかってきたが,このような組合の伝統的な支持者を組織しつづけると同時に,「仕事がいつまで続くかわからない労働者のニーズと,そのキャリア形成のために会社から会社へと何度でも転職したいと思っている労働者のニーズに対処できなければならない」と主張しているのである。そのためには,「組合は,組合員資格を,組合員の職業人生全体にわたる支援関係と見なすことが必要である。その支援関係において,組合は組合員がエンプロイヤビリティを維持し,転職機会にアクセスできるようなサービスを提供する」[6]。アメリカでは,いったん学生として大学に受け入れられれば,個人は生涯にわたってその大学のコミュニティの一員になることから,このような組合を「大学モデルの組合」と呼んでいる。これまでのシステムでは,多くの労働者は,その職業人生のどこかの時点で組合員であるだけで,組合員は企業を辞めるたびに組合員でなくなっているが,次世代型組合は,「変化する組合員のニーズに合わせたサービスを提供することで,組合が生涯にわたってこれらの個人を組合員として維持」しなければならない[7]。このようなモバイル型の個人に焦点を当てたサポート・システムの整備は,現代の基本権であるナショナル・ミニマム(労働政策としてはレーバー・ミニマム)型の生存権保障にとって代わることはできないので,この相互の関係を政策的に調整し,具体化することも,重要な課題となる[8]。

III 成人への移行期に関する総合社会政策

ところで,このようなホワイトカラー労働における激しい変化は,サービス化・情報化・グローバル化など資本主義の経済構造の歴史的な構造転換に

ともなう変化であると考えられる。北村洋基はこの変化を20世紀重化学工業段階から情報資本主義段階への転換と捉え，この段階における労働力の

図2-1 情報資本主義段階における労働の二極分化

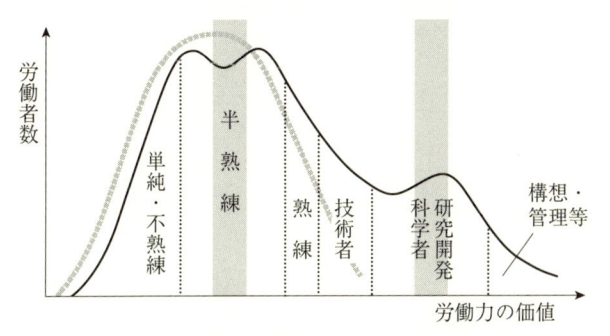

労働者数／単純・不熟練／半熟練／熟練／技術者／研究開発 科学者／構想・管理等／労働力の価値

出所：北村洋基『情報資本主義論』大月書店，2003年，318ページによる。なお，図中の ═══ 線は，20世紀重化学工業段階においては，半熟練労働者が社会的平均的な労働者であったことを示すモデルである。

構成の変化を次のように分析している。これによると，これまでの20世紀型の経済では，重化学工業の大工場を中心に形づくられてきた半熟練労働によって明確な社会的平均が形成されていたが，新しい情報資本主義の時代には，半熟練労働そのものが熟練労働と単純労働に二極分解するとともに，その右側に研究開発を中心とする知的・創造的な労働が新しい山を形成する。こうして労働力の編成がM字型となり，半熟練労働と研究開発労働のそれぞれ社会的平均が形成されるとともに，実に多様な構成を示すようになる（図2-1）[9]。1980年代から各国で新しい労働力政策が模索されるようになるが，多様な構成への転換を促進する規制緩和政策にせよ，レーバー・ミニマムを重視した単純不熟練労働の再訓練投資政策にせよ，それらはいずれも，グローバル化・情報化・サービス化に対応するための政策であった[10]。

しかし，このような新しい労働力政策は，単なる労働政策の展開というにとどまらず，政策の統合化，たとえば青年の自立を支援するというような意味で，これまでの画一的な労働政策の個人化・多様化をすすめるとともに，専門的な能力や技術にとどまらず基礎的認知能力や継続的な再訓練などの包括的な政策展開が必要である。宮本みち子は，子どもが成人期に達する期間が長期化し，個人や家庭では対処するのが困難な様々な課題を抱え込むようになったことに注目し，若者のライフコースに「ポスト青年期」が出現した

表 2-1　EU諸国における移行期に関する社会政策

従来の若年労働者政策	成人期の移行政策
雇用重視の職業訓練	教育重視のフレキシブルな生涯学習
集合的プログラム	文化的思想的背景・個々人の経歴とライフコースをふまえた個人発達プログラム
労働市場への包摂に一面化	雇用，教育訓練，家族形成，住宅，社会保障などにわたるホリスティックな統合政策
有給雇用のためのフォーマルな職業訓練	ボランティアを含む積極的な活動を通じた社会活動の支援を含む社会への参加

出所：宮本みち子「長期化する移行期の実態と移行政策」，『社会政策学会誌』第13号，2005年3月，を参照して作成。

と考えている。そして，EU諸国の経験を分析し，従来の雇用重視の職業訓練政策とは異なる，総合的な成人期への移行政策の新たな展開が見られると言う（表2-1）[11]。

Ⅳ　ニューエコノミー消費の代償としての過度労働

リストラクチャリングのもとで労働をどのように守るかという問題とならんで，その苛酷な労働は，われわれの過剰な消費と表裏一体の関係にあり，働く側の相互の激しい競争（働きすぎ）は，人びとの消費（過剰消費）の見直しなしには改善できないという，現代の生活様式に対する批判も高まっている。クリントン政権時代に労働長官を務めたロバート・ライシュは，このような過酷な労働をもたらした原因は，企業の経営戦略や雇用政策にではなく，アメリカのニューエコノミーが世界中で大勝利を収めたことにあり，その勝利の代償であると言う。「多くのアメリカ人は，ニューエコノミーから非常な恩恵を受けている。新しい発明，より安い価格，激しい競争の利益を享受している。消費者としての私たちは，このすばらしい取引から利益を得ており，また投資者としての利益も大きく増やしている」。こうして，われわれはニューエコノミーを推進しているのである[12]。

ライシュによると，買い手としての私たちにとって，より良い製品やサー

ビスの選択が簡単になればなるほど，より簡単により良い取引相手に切り換えることができるので，売り手としての私たちは消費者をつなぎとめ，顧客を維持し，機を逸しないうちにすべてのチャンスにとびつき，契約を取るために，ますます激しくたたかわなければならなくなる。つまり，消費者にとって消費の多様性が増せば増すほど，また，選択の幅が広がれば広がるほど，労働者にとっての雇用の不安定性がますます激しくなる。このような競争がますます熾烈になるシステムのもとでは，財力や教育，健康による人々の選別が進むが，こうしたシステムにより多くの人が参加すればするほど，彼らはより不安定な状況に置かれるようになり，そしてどんな人にとってもこれとは異なる道を選択することは困難になってくる。

　こうして，ニューエコノミーは莫大な恩恵や利益をわれわれに授けてくれるが，同時に社会的な混乱と個人的ストレスをつくり出す。それによってわれわれは，家庭生活の一部，友人関係，地域社会，そして自分自身の生活の一部を失っている。この利益と損失は，同じコインの表裏であり，ニューエコノミーが加速すればするほど，利益も損失も大きくなる。この結果，私たちの生活はますます狂乱状態となる。

　そこでいまや，われわれは，自分たち自身，家族，そしてわれわれの社会にとって，経済的ダイナミズムと社会的平穏のどのような組み合わせを望むのかについて，そしてまたそうしたバランスを達成するために必要な社会的選択について，大きな議論をするときにきている。これは単なる経済の話ではなく，もっと根本的な道徳の問題である。われわれはニューエコノミーの単なる道具ではない。市民として，われわれはニューエコノミーをわれわれの必要性に合うように整理する力があり，そうした選択によって市場は組み立てられる。家族やコミュニティもその選択に応じて機能する。個人はそのなかで生活のバランスをとっていくのである[13]。

　このように，ライシュは，ニューエコノミーの消費選択の拡大というダイナミズムの利益の代償が，売り手としての労働とサービスの過当競争であると把握した。これに対して，同じく消費の面からの考察であるが，J・ショアの現代消費研究では，このような「働きすぎ」を，人びとの過度の消費競

争と消費欲求が推進力となって，アメリカ社会が「働きすぎと浪費の悪循環」にはまっていることに起因していると，捉えていた。

それによると，アメリカでは1970年代末から1990年代初めにかけて，中流階級上層をはじめとする欲望水準の上昇，ブランド志向，差異化の消費競争巻き込まれ，人びとは，自分の何倍もの所得を得る人びとと自らを比較し，またそういう人びとを「準拠集団」として選ぶようになった。こうして人びとは消費を増やすほど欲望が高まり，満足を得るのに必要な追加額は増え，競争消費が高水準化するにつれて，家計は悪化し，稼げば稼ぐほど労働時間の増加によって，家族やコミュニティのための時間の圧迫が生じた（働きすぎと浪費の悪循環）。また，広告や販売術による私的消費財への需要が増大するにつれて，税負担は忌避され，教育・社会事業・公共の安全・レクリエーション・文化などの公共財の土台が蝕まれた[14]。他方でショアは，現代の過度の物質主義に疑問を抱き，新しい浪費主義から抜け出して，所得よりも自由時間を，出世よりも生活の質や自己実現を追求する道を選ぶ人びと（ダウンシフター）が急速に増大していることに注目し，自覚的な生活様式の転換をつうじて環境や家族やコミュニティのための社会システムに転換する可能性を示唆している。

V　消費と投資を制御するための新しい展開

ライシュが，われわれは市民として，ニューエコノミーの経済的ダイナミズムを，家族やコミュニティや個人の生活とバランスがとれる範囲に制御すべきであり，そのための社会的選択が必要だと言う根拠は，市場は人びとの幸福に役立つべきひとつのシステムにすぎないと考えているからである。このように，市場経済がもたらすものは良いものであるとはかぎらない，というだけではなく，市場経済と自由競争を人間的価値やモラルと両立する範囲に限定するべきであるという主張が発展してきた。

ショアに即して言えば，このような過剰消費からの転換のための手がかりとして，次のような主張に注目すべきであると思う。ひとつは，消費財購入

の他人との競争ではなく，環境に負荷の少ない文化の消費やコミュニティにおける活動に重点を移すような方向で，人びとの人生の満足や生活様式のあり方を見直すことである。ショアのダウンシフターへの注目は，そういう新しいライフスタイルの準拠集団を選んで，競争消費から降りなさいという勧めである。そのためには，地域における文化的な条件の改善や生活の芸術化とともに，人びとの文化享受能力の高まりが必要であるが，日本においても，これまでの画一的で大企業体制の従属的な地域開発に対する批判や地域の文化資源に注目する新しい「まちづくり」への動向は，人びとの新しい価値観や生活様式を求める動きとして注目すべきであろう。

　もうひとつは，消費財の選択などの過程で，財の利便性（人に見せびらかす効用も含めて）だけでなくその製造販売過程の企業の社会的責任を評価することである。次に述べるように，企業の活動が環境に配慮しているか，職場や雇用において女性や労働者を大事にしているか，地域において社会や文化に貢献しているか，などについて情報を公開し，投資家に社会的責任投資を呼びかけ，消費者に社会的に責任をもった，よりよい世界をつくるための消費行動を呼びかける運動が急速に発展している。また，途上国の産品を買い叩くのではなく，地域産業の再生産を保障する価格で購入しようとするフェアトレードの運動も注目すべきであろう。このような運動は情報ネットワークの発展によって促進されている。これら二つの方向は，いわば消費の転換を通じる経済構造の転換を展望していると考えられる。

　また，これまではもっぱら経済的利益計算の世界であると考えられてきた投資の分野にも，企業の社会的評価を重視する社会的責任投資ファンドが相次いで設立されている。企業の社会的責任（CSR：Corporate Social Responsibility）や社会的責任投資（SRI：Socially Responsible Investment）という考え方は，その発祥の地アメリカだけでなく，ヨーロッパ諸国においても盛んになり，また，日本においても注目を集めるとともに新しい動きがはじまっており，投資市場において無視できない地位を占めるものとなりつつある。

　1970年代から80年代にかけて，SRI は，主に反戦，人権，タバコ，ギャンブルなど倫理的問題にかかわる企業を投資先から排除する手段として，さら

には社会的・環境的問題に対して積極的な対策を行っている企業を選び出す手段として活用されてきた。1960年代にはSRIは，アメリカでベトナム戦争を契機として，「反投資」つまり軍需関連産業への投資を止めることで戦争の早期終結を促そうという社会運動のツールとして活用されてきた。その後，反戦運動にとどまらず，投資行動による社会変革，すなわち，個人が自己の価値観にもとづいて投資を行うことによって，投資先の企業の活動を通じて自らも「社会的な責任」の一端を担うという考え方も見られるようになった。いずれにしても，この時期には，必ずしも財務データとの接合作業が行われたわけではなく，一般の投資家からもSRIは社会変革的な価値観を色濃く反映させた投資（いわば投資をとおした社会運動）といったイメージで捉えられてきた。

しかし，1990年代になると，まずグリーンコンシューマーなど環境意識の高まりを背景にエコファンドなど企業の環境への対応を評価する投資が登場し，社会性の強い価値もまた，企業ブランドやコンプライアンスなど本来の投資の指標となる企業価値を向上させることが，理解されるようになった。日本でも広く知られるようになったナイキに対する製品ボイコット運動の例は，コーポレート・ガバナンスが企業価値に影響を及ぼす格好の事例である。スポーツ用品の世界的なブランドであるナイキは，女性にやさしい企業イメージを打ち出していたが，その製品を製造しているベトナム工場などにおける女性や児童の労働条件・労働環境はひどく劣悪であった。1997年にNPOの介入によって，隠されていたその劣悪な実態が明るみに出たことを契機としてナイキ製品のボイコット運動が組織されたのであった。

そしてサスティナビリティという考えが広まってきた今日では，企業価値を把握するにあたっては，経済的側面だけではなく社会的・環境的側面についてもそのパフォーマンスを測定しようとする機運が高まっている。こうして企業のブランドや知的財産などの非財務的要素を組み込んだ企業価値を測定しようという研究も活発に行われている。谷本らの研究によると，「企業価値との関連が注目される非財務的要素のうち，社会性の強い項目は従来からSRI投資家が評価対象としてきた。一方，メインストリームの投資家

も企業価値という観点から無形資産に関心を高めてきた」ので，投資家が関心をもつ非財務情報には，「社会性の強い企業の社会的価値に関するもの」と「企業の事業活動上不可欠な無形資産に関する，いわば企業価値そのものの情報」とい

図 2-2　非財務的情報と社会的情報

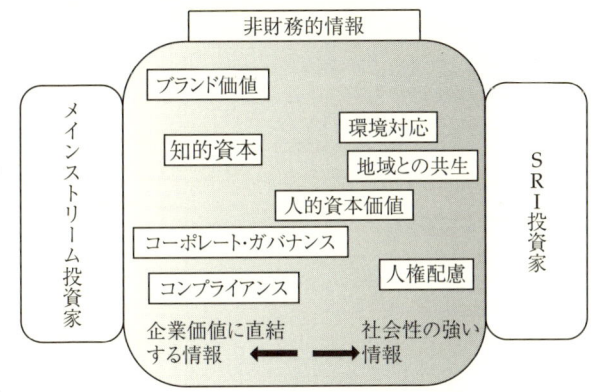

非財務的情報
- ブランド価値
- 知的資本
- 環境対応
- 地域との共生
- 人的資本価値
- コーポレート・ガバナンス
- コンプライアンス
- 人権配慮

メインストリーム投資家 ←企業価値に直結する情報／社会性の強い情報→ SRI 投資家

出所：谷本寛治編著『SRI 社会的責任投資入門』日本経済新聞社，2003年，213ページより。

う2種類が混在する状況になっている[15]（図 2-2 を参照）。

　環境や雇用への配慮などによる「企業の社会的価値」の向上が，株価などに示される「企業価値」の上昇につながるかどうかは，企業の社会的価値がブランド価値や消費者にとっての企業イメージなどの「企業の無形資産の価値」を押し上げるかどうかにかかっている。不祥事であろうが環境汚染であろうが，企業が社会的評価を損なう要因を抱えていても，それが消費者の関心を惹かず，したがって企業イメージの悪化をもたらさなければ，企業価値に悪影響はもたらされず，企業にとって反省も対策も不要ということになりかねない。しかしいまや，エンロンなどの不祥事を契機としてコーポレート・ガバナンスそのものが問われ，社会的評価が重要性を増している新しい市場環境のもとで，SRI のスクリーニングは持続的に成長可能な企業への投資の基準として，また一部の個人投資家にとどまらず，多くの機関投資家にも長期的な投資収益を実現するための有効な運用スタイルとなりつつある[16]。

　第二次大戦後の高度経済成長の時代には，「資本主義的国家は，労働者階級の連帯を抑圧または解体して，彼らを企業主義の中に囲い込み，消費ブームを通じて私生活主義と消費主義に閉じ込めた」などと言われたように，市場経済が社会集団や家族を解体し，個人主義化と近代化を促進する「文明化

表 2-2 「福祉資本主義の三つのタイプ」および「新たな適応戦略」

タイプ	特　徴
社会民主主義型（脱市場・脱家族） 〈制度的再分配モデル〉 スウェーデンなど北欧諸国	社会保障給付・社会サービスの普遍主義 女性就業による歳入増と依存人口最小化 社会保障は市場経済の外へ（「脱商品化」）
自由主義型（市場・脱家族） 〈残余的モデル〉 アメリカ・カナダなど	個人主義・市場重視・企業福祉 資力調査にもとづく選別主義的社会扶助 最低限の「残余」的国家福祉
保守主義型（脱市場・家族） 〈産業＝業績達成的モデル〉 ドイツなど大陸ヨーロッパ諸国	男性稼得者型家族制度を重視 社会サービスは補完的・家族手当等の給付 職域による所得比例の社会保険
〔家族主義的〕（市場・家族） イタリアなど地中海諸国や日本	リスクの管理と福祉の生産（家事労働・老親の介護・若者の失業など）を市場や国家に代わって家族（主婦・子・親）が担う。

注：1）エスピン-アンデルセン（岡沢・宮本監訳）『福祉資本主義の三つの世界』ミネ
　　　店、2001年、98ページ以下、同編（埋橋孝文監訳）『転換期の福祉国家——グ
　　2）「タイプ」の欄の〈モデル〉は、ティトマスの使用した分類。
　　3）市場、脱市場（国家）、家族、脱家族（個人）という特徴づけは、エスピン-ア
　　　論』第41巻2号（2004年7月）による。

作用」に関心が集まった。しかし，現代では，労働や消費，それに企業活動（投資）のあり方を人びとの人間的な生活と調和するように，市場経済の暴走を防ぐにはどうしたらよいかという課題が，様々な形式やレベルで提起されるようになった。オイスターらのホワイトカラー労働論のポイントは，転職やリカレント教育によるキャリアアップの自由を拡大するために，福祉給付の企業主義的な狭い枠をなくして，そのポータビリティを保証するという点にあった。そこで，労働者を労働市場への従属から解放する福祉国家のレベルを分析して注目を集めているエスピン-アンデルセンの研究を見てみよう。

VI　エスピン-アンデルセンの「社会的投資戦略論」

　福祉国家の危機や福祉国家の行き詰まりに関する研究のなかで，エスピン-アンデルセンは，次のような問題を提起している。「一般に信じられているのは，福祉国家反動の運動，納税者の反乱，福祉国家の揺れ戻しは，社

危機の様相	新たな適応戦略
女性が公的サービス職,男性が民間の高生産性職というジェンダー分離が固定化し,公的雇用の拡大に伴う税負担が限界に達した。	成人訓練・生涯学習・職業移動の促進・一人親対策など,若・壮年層の直面する新たなリスクとニーズに対する,政策の展開。
雇用と労働市場の規制緩和による雇用増はサービス業などの底辺低賃金職種で生じた。また企業福祉の縮減もあり不平等と貧困が拡大。	不熟練労働や一人親世帯などへの貧困の集中を避けるには,教育訓練を中心とする積極的な社会的投資戦略が必要。
家族の福祉は,男性稼得者の雇用保障・高賃金・高い社会保険料に依存し,システムの硬直化と雇用のインフォーマル化が進行。	硬直性からの脱却には,男性稼得者への家族の依存を減じ,社会サービスの拡張と女性労働の需給を増大させることが必要。
未婚非婚・共働き家族・独身世帯・一人親家族など新しい家族形態が貧困のリスクや低出生率やケア能力の後退をもたらす。	同上。とくに女性の労働力化と若者の自立促進のための,保育・介護・職業訓練生涯学習などの社会サービス。

ルヴァ書房,2001年,28ページ以下,同(渡辺雅男ほか訳)『福祉国家の可能性』桜井書ローバル経済下の適応戦略』早稲田大学出版部,2003年,19ページ以下などによる。

ンデルセンとともに,渡辺雅男「福祉資本主義の危機と家族主義の未来」,『季刊・経済理

会的支出の負担が重すぎるときにおきるということである。逆説的なことに真実はその逆なのである。過去数十年間の反福祉感情は,一般的にいって福祉支出が最も多い国において最も弱かった。……福祉国家反動が起きる危険は支出の多寡によるものではなく,福祉国家の階級的性格によるのである」と述べ,労働者階級と中間階級との同盟に力点をおいて,「中間階級志向の福祉国家は,それが社会民主主義的なものであろうと,あるいはコーポラティスト的なものであろうと,中間階級は福祉国家に対するロイヤリティをもつようになる」と主張している[17]。

　表2-2は,エスピン-アンデルセンによる『福祉資本主義の三つの世界』という類型を簡単な表にまとめたものである(保守主義型の変種として,国家ではなくもっぱら家族による福祉供給が期待されてきたタイプとして家族主義的を加えてある)が,三つの類型の歴史的経緯を新中間階級に着目して整理すれば次のとおりである。保守主義(コーポラティズム)型においては,「職業上の地位のヒエラルキーに対応した社会保険制度があり,それゆえ,

そこから恩恵を受ける中間階級はこうした福祉国家のあり方を一貫して支持することになった」。自由主義型においては，「中間階級は制度的には市場（いわゆる企業福祉を含む）にむすびつけられた」。そして社会民主主義型においては，「ホワイトカラー新中間層も伝統的な労働者階級もともに恩恵を受ける中間階級福祉国家が確立された。過去数十年間にわたって社会民主主義が首尾よく成功をおさめてきたという事実は，この中間階級福祉国家の確立と深くむすびついている」[18]。

　とくに，第二次大戦後の発達した資本主義諸国における福祉国家の動向は，基本的に，新中間階級（ホワイトカラー）の要求と労働者階級の要求を，連帯主義的に統一することができるかどうかによって左右された。新中間階級はいうまでもなく「豊かな労働者」も，もはや基礎的（低額）給付では満足しなくなる。社会保障の給付水準が上がらなければ，大衆は民間市場へ流出することになり，そこに福祉国家への信任は失われ，新しい不平等が出現する。そこで，スウェーデンなどの普遍主義的な福祉国家政策は，社会給付の水準を新中間階級の要求水準へ合わせることを迫られた。それを可能にしたのは人口の最大限の労働力化と最小限の給付依存人口という「福祉と労働の融合」であった。すなわち，社会民主主義型福祉資本主義は，「完全雇用を保障することに真剣にコミットをすると同時に，その一方で，完全雇用の達成に全面的に依存していくのである。一方において，働く権利は所得維持の権利と同様の重みをもっている。他方において，連帯主義，普遍主義を実現し脱商品化効果を有する福祉体制を維持する膨大なコストは，福祉体制が社会問題をできるだけ抑制すると共にその歳入を極大化しなければならないことを意味する。明らかにこのことは，ほとんどの人々が働くこと，そして社会的な所得移転に依存する人をできるかぎり少なくすることで真に可能となる」[19]。

　エスピン-アンデルセンのかかげる福祉資本主義の三類型の分類基準は，「脱商品化」，すなわち「諸個人を市場への従属から解放する」程度であるとされている。自由主義型は「脱商品化」の程度が最も低く，社会民主主義型は最も高い。そこでは，市場に従属したままでは遂行不能な労働力再生産の

阻害要因を取り除くために，狭い意味では，失業や疾病，再教育，老人の介護保障などを，市場メカニズムの外部の装置をとおして供給することであり，もっと広い意味では，「育児であれ，家事，生涯教育，団体活動，さらにはレジャーであっても，労働以外の活動をする間に労働者が給付を受けることができる多様な政策を導入することであった」[20]。

このように社会民主主義型においては，「市民の社会的解放を志向する政策がとられるのであるが，そこで目指されるのは市場からの解放でもあり，また伝統的家族からの解放でもある」。そのポイントは，大陸ヨーロッパに見られる「コーポラティズム的な補完型モデルとは対照的に，家族の介護能力が限界に達したときに介入するというのではなく，あらかじめ家族がかかえこむコストを社会化するという点にある。家族への依存を最大化するのではなく，個人の自律を最大化するというのがその考え方である」。「したがって，（社会民主主義型の）福祉国家は社会サービスに関して重い責任を負う。それは，家族のニードに応じたサービスをおこなうためだけではなく，女性が家事よりも働くことを選択できるようにするためでもあった」[21]。

ところで，表2-2の右欄には，福祉国家の危機と適応戦略を論じたエスピン-アンデルセンらの研究『転換期の福祉国家』の要点を，上記の福祉資本主義の三つのタイプに即して示しておいた。この研究は，グローバリゼーションとサービス経済化（ポスト工業化）が進行するなかで，危機の様相とそれへの対応がそれぞれの福祉資本主義の構造によって異なっていることを示すとともに，それぞれの構造の前提となっていた家族構造・職業構造・ライフスタイルなどの根本的な転換が起こっていることを強調している。たとえば，一人親世帯の増加に見られる家族構造の変化，専門職化の進展などの職業構造の変化，これまで単線的で標準的なものであると考えられてきたライフスタイルの多様化など。そういう変化のなかで，高齢化とサービス化というある種の生産性危機に対処するためには，若年労働者や女性労働者が底辺低賃金職種の袋小路に陥ることなく，「適切なスキル」を修得して移動できる機会をつくることと，出産と子どもの発達のための社会サービスと寛大な給付が必要であると主張している。「現代の家族は仕事と家庭の目的を調和させ

るために福祉国家を必要とし，同様に福祉国家は子どもを必要としている」[22]。

むすびにかえて

　本書は，われわれの人間発達の経済学の展開から見るとその第3バージョンであるが，そのさきがけとなった『人間発達の経済学』[23]では，日本の労働時間の長さや自由時間の乏しさこそ日本の社会発展の最も重大な問題であるとして，『資本論』の労働日の章の研究を手がかりに，工場法などの社会改良立法を通じた人権（発達権）が，歴史的に確立していくのはなぜかということを明らかにした。それは，自由と平等という「売り渡すことのできない人権」が，産業革命の進展と資本主義的生産関係の支配（原生的労資関係）のもとで，放置できないほど侵害されるという事実が隠せなくなり，形式的外観だけにしても社会が自由と平等の状態にあることを示そうとすれば，労働時間を法律によって制限するとか，法にもとづいて査察を行う監督官を配置するとか，国民的教育を実施するなどの「行政的実務的な施策」が必要となるということであった。

　労働者の自由と平等は，資本と賃労働の契約の自由に介入し，労働日を法律によって制限しなければ，また，子どもの人間的な発達は，親が子どもの労働力を売り出す自由を制限し，子どもに教育を受けさせることを強制しなければ，これを守ることができない。工場法を社会権の萌芽と見なすとすれば，社会権はこのような自由と平等という近代の理念に導かれて，いわば自由を保障するための規制やミニマム基準を実施するなかで，しだいに確立してきたのであった。このような主張は，社会政策の必然性を，もっぱら「労働力の保全による資本の長期的利益」という合理性に求める見解とも，労働者階級の階級闘争が勝ち取った譲歩であるとする見解とも異なって，経済学や社会政策に，歴史的に形成された「自由と平等」，「憲法」や「人権」あるいは「モラル」を位置づけようとしたものと考えられる。

　自由を確立することが近代の主旋律であったとすれば，自由を制限することを通じて自由を守ることは，その副旋律であった。エスピン-アンデルセ

ンの福祉資本主義の社会民主主義型は，社会政策（国家の介入）によって家族の基本的機能である生命と労働力の再生産を「市場の自由」から分離（脱商品化）し，そのことによって労働力化する自由を拡大するものであったと言えよう。とくに日本などで典型的に見られるように[24]，今日の福祉国家の危機は，労働市場における労働力活用の最大限の自由が，合計特殊出生率が1.30を割り込むほどの少子化という家族の危機とともに展開しているが，このような市場の自由は決して「サスティナブルな自由」とはいえない[25]。

本章では，ホワイトカラーを中心に，激しく揺さぶられ不安定性を増している現代の労働と生活を，いかにして改善するかという議論を検討してきたが，ここに見られる共通の論点は，市場経済の効率や価値評価が，人びとの生活や発達を脅かすならば，その自由を制限し人びとの自由を回復するにはどうしたらよいか，ということであった。経済学的研究のなかにおける，人間的または非経済的な価値の重要性は，ますます高まるであろう。

注
1) ジル・A・フレイザー（森岡孝二監訳）『窒息するオフィス――仕事に脅迫されるアメリカ人』岩波書店，2003年，20ページ以下。本書は，空前の繁栄を謳歌していた1990年代における，アメリカのホワイトカラー労働における激しい変化を，ジャーナリストのJ・フレイザーが丹念なインタビューにもとづいてまとめた本である。
2) 同上，253ページ以下。
3) P・オスターマン，T・A・コーキャン，R・M・ロック，M・J・ピオリ（伊藤健市・中川誠士・堀龍二訳）『ワーキング・イン・アメリカ――新しい労働市場と次世代型組合』ミネルヴァ書房，2004年，9ページ。
4) 同上，10-11ページ。
5) 同上，162ページ。
6) 同上，124ページ。
7) ここに描かれているモバイル型専門職業人の「大学モデルの組合」のイメージは，佐和隆光が提案した「ポジティブな福祉社会」に通じるものがある。それによると，30歳台であれ40歳台であれ，人びとが職業生活の途中で，自分の「適職」を見つけた場合，「人的資本への投資の原資を提供する」ために年金を受給する権利を発動することを許してはどうだろうか。「その投資のおかげで，彼または彼女が，念願の『適職』につくことができれば，彼または彼女にとってハッピーであるのみならず，適材を適所に配置しなおすことにより，国全体の生産性は向上し，潜在的な経済成長率も高まるはずである」（佐和隆光『日本の「構造改革」――いま，どう考えるべきか』岩波書店，2003年，29ページ以下）。

8) このように，ミニマム型の政策を，個人の多様性や選好にあわせて実施する試みは，保育や介護，障害者の支援などで発展しているが，その前提として，人びとの自立，すなわち，選択する力とそのための情報提供，もっと広く，自己決定や参加のためのエンパワーメントが必要となる。
9) 北村洋基『情報資本主義論』大月書店，2003年，315ページ以下。
10) この点で日本において労働力編成の新しい政策上の枠組みを，労働力の多様化と流動化という規制緩和（または新自由主義的な）政策として提示し，政策過程に重要な影響を与えたのは，日本経営者団体連合会による『新時代の「日本的経営」――挑戦すべき方向とその具体策』（1995年）であった。参考までに，そこに示された「挑戦すべき方向」の見取図を掲げておく。

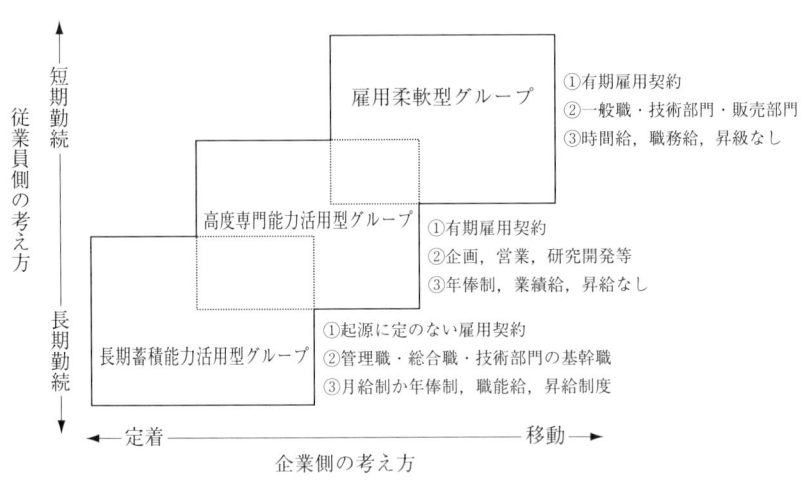

```
                  ↑
            短   雇用柔軟型グループ      ①有期雇用契約
            期                         ②一般職・技術部門・販売部門
  従        勤                         ③時間給，職務給，昇級なし
  業        続
  員            高度専門能力活用型グループ ①有期雇用契約
  側                                    ②企画，営業，研究開発等
  の                                    ③年俸制，業績給，昇給なし
  考
  え        長   長期蓄積能力活用型グループ ①起源に定のない雇用契約
  方        期                           ②管理職・総合職・技術部門の基幹職
            勤                           ③月給制か年俸制，職能給，昇給制度
            続
                  ←―――定着――――企業側の考え方――――移動―――→
```

注：1) 雇用形態の典型的な分類。
    2) 各グループ間の移動は可。
    3) 図中，①雇用形態，②対象，③賃金。

11) 宮本みち子「長期化する移行期の実態と移行政策」，『社会政策学会誌』第13号（2005年3月）。日本ではこれまで，子どもの養育や教育に対する親の責任と，親の子に対する保護を柱とする親子関係によって，「移行期の問題」が意識されにくかった。最近になって，15歳以上34歳未満でフリーター210万人・無業者210万（うちNEET約85万）人という大規模な若年雇用問題が，少子高齢化との関連で意識されるようになると，若者の意欲や自立意識の弱体化（甘え）を非難し，社会的な問題としてではなく個別的な過程や若者のしつけや根性の問題と捉える風潮も生まれた。
12) ロバート・B・ライシュ『勝者の代償――ニューエコノミーの深淵と未来』東洋経済新報社，2002年，10-12ページ。
13) 同上，401-402ページ。
14) ジュリエット・B・ショア（森岡孝二監訳）『浪費するアメリカ人――なぜ要らな

いものまで欲しがるのか』岩波書店，2000年，169ページ以下。
15) 谷本寛治編著『SRI 社会的責任投資入門——市場が企業に迫る新たな規律』日本経済新聞社，2003年，213ページ。
16) 同上，207ページ以下。
17) G・エスピン-アンデルセン（岡沢憲芙・宮本太郎監訳）『福祉資本主義の三つの世界——比較福祉国家の理論と動態』ミネルヴァ書房，2001年，36ページ。
18) 同上，36ページ。
19) 同上，31ページ。
20) 同上，52ページ。
21) 同上，30ページ。なお，エスピン-アンデルセンは「脱商品化」という概念は，T・H・マーシャルとカール・ポランニーに由来する概念で，「確かに厄介な概念」であると言っている。このように読んでみると，人びとが市場を通じて所得やサービスを得る（市場への従属）ために「労働力を商品化」するのではなく，「仕事，収入，あるいは一般的な福祉の受給権を失う可能性なしに，必要と考えたときに自由に労働から離れることができる」（エスピン-アンデルセン）という条件のもとで，「安心して労働力を商品化」できること（竹内真澄『福祉国家と社会権』晃洋書房，2004年，191ページを参照）だと考えられる。
22) G・エスピン-アンデルセン編（埋橋孝文監訳）『転換期の福祉国家——グローバル経済下の適応戦略』早稲田大学出版部，2003年，12ページ。
23) 基礎経済科学研究所編『人間発達の経済学』青木書店，1982年。
24) エスピン-アンデルセンの研究に沿った日本の福祉国家のタイプに関する研究としては，前掲『転換期の福祉国家』所収の宮本太郎，イト・ペング，埋橋孝文「日本型福祉国家の位置と動態」，および渡辺雅男「福祉資本主義の危機と家族主義の未来」，『季刊・経済理論』第41巻2号（2004年7月）を参照。また，1990年代の日本における労働の不安定化ついて，青木圭介「日本的経営の変化」，『日本の科学者』Vol. 33（1998年4月）を参照。
25) 「サスティナブルな自由」という用語は，2002年11月5日，大阪経済大学主催のフォーラムにおけるアマルティア・センの発言による。

第3章 CSR時代の株主運動と企業改革

森岡孝二

はじめに

　1996年2月，株主の立場から企業の違法・不正を是正し，健全な企業活動を推奨する目的で，弁護士，公認会計士などの専門家と市民がタイアップして，有限会社「株主オンブズマン」(2003年7月より大阪府認証NPO法人）が設立された。私はその一員として市民株主に足場をおいた企業監視運動に参加してきた。そのなかで抱いた関心もあって，2001年4月から9月までの半年は，勤め先の関西大学から在外調査を許された機会に，ニューヨーク市に滞在し，アメリカにおける株主運動を調査した。そこで，本章では，アメリカの歴史的経験を中心に，新しい社会運動の一つとしての株主運動を取り上げ，あわせて日本における市民株主による企業改革運動の可能性について考えてみたい。その際のキーワードは，「企業の社会的責任」(Corporate Social Responsibility : CSR) と「社会的責任投資」(Socially Responsible Investment : SRI) という概念である。

I 企業の社会的責任と社会的責任投資

　アメリカにおいて，株主提案や株主の議決権行使に関連して，「企業の社会的責任」という概念が今日に近い意味で用いられるようになったのは，ベトナム反戦運動や消費者運動が高まった1960年代末から1970年代初めであった。日本でも，公害問題や物価問題に関連して1970年代に企業の社会的責任が言われたことがある。しかし，日本のそれは主に消費者運動や住民運動から提起された概念であって，株主運動とはほとんどつながりをもっていな

かった。

　ところで近年，米欧を中心に世界的にCSRやSRIがことさら語られるようになってきた背景にはとりあえず次の三つの事情が考えられる。

　第一に，発達した資本主義諸国の証券市場において，ここ20年余りのあいだに個人投資家のシェアが低下し，年金基金，投資信託会社，生命保険会社などの機関投資家の株式保有比率が高まり，とくに勤労者大衆の金融資産に基礎をおく「ワーカーズキャピタル」あるいは「ワーキングキャピタル」[1]ともいうべき年金基金が企業経営にますます大きな影響力をもつようになってきた。2003年版『通商白書』によれば，アメリカでは，1980年には株式保有における個人（家計部門）のシェアは58.6％，機関投資家（年金基金，投資信託，生命保険）のシェアは24.8％であったが，2001年には個人のシェアが39.5％に低下し，機関投資家のシェアが45.5％に上昇し，両者のシェアが逆転した。

　第二に，同じく最近の20年余りのあいだに経済活動のグローバル化がすすみ，地球的規模の事業活動をする多国籍企業の社会的責任が問われるような事態が新しく出現してきた。アメリカのシューズ・アパレル・メーカーのナイキを例に引くと，製品の多くは，インドネシア，ベトナムなどの途上国の契約工場で生産されている。これらの工場はしばしば「スウェットショップ」（搾取工場）と呼ばれるような劣悪な労働条件のゆえに社会的非難を浴び，後述するアメリカの有力なSRI団体のICCRによって投資不適格として400社のSRI推奨銘柄のリストから外されている。

　第三に，一般の消費者や投資家のあいだで，環境，健康，人権，労働基準などへの関心が高まってきた。最近では，環境と人間の健康を最優先し，持続可能な社会を志向する人びとをLOHAS（Lifestyles Of Health And Sustainability）層と呼ぶこともある。健康食品関係の市場調査会社のNMI（Natural Marketing Institute）の2004年調査ではローハス（またはロハス）層はアメリカの全成人人口の27％（約6000万人）にのぼる。

　機関投資家の影響に話を戻せば，投資信託や年金基金は，他人の資産を預かって株式で運用していることから，制度の運営，投資行動，議決権行使な

どに関して責任を負っている。この受託者責任を果たすためには，投資先のコーポレートガバナンス（企業統治）に関しても無関心ではいられない。それゆえに，機関投資家は，投資の規模が大きくなり，株式の保有期間が長くなるほど，投資先企業の取締役会にディスクロージャー（情報開示），コンプライアンス（法令遵守），アカウンタビリティ（説明責任）などを求めるようになってきた。これらの外来語に該当する慣行や考え方がもともとなかったか，いまだに熟していない日本でも，ここ10年ほどのあいだに企業のあり方の変化を示すこれらの外来語がカタカナのまま語られはじめた。

　年金基金の多くは労働者（従業員と退職者）を加入者としている。このような年金基金といえども，主流の金融資本と同様に短期的視点から「株主利益の最大化」を目指す場合は，しばしば投資先企業の労働条件を悪化させ，人員削減や賃金の切り下げを招くことがある。というよりこれまではそうした傾向が支配的であったし，いまでも支配的であると言うほうが正しい。この場合，労働者は自らが加入する年金基金を介して自らの労働条件を悪化させていることになる。

　しかし，とくにアメリカについていえることだが，すでに1920年代には，資産運用に際して，投資の倫理的基準を重視し，タバコ，アルコール，ギャンブルなどの企業には投資しない教会団体も現れていた。1970年代には，SRI専門の運用機関パックス・ワールド・ファンド社も誕生した。今日では，環境に有害な企業や労働条件の劣悪な企業には投資しないことを売り物にしている投資信託が多くなっている。その影響もあって，年金基金のなかにも投資先の選別に際して，リターン（運用益）だけでなく，環境，福祉，人権，労働基準などを重視する機関が徐々にではあるが増えている。

　これとよく似たことは労働者が少額株主ながら個人投資家として株式を保有している場合にも言うことができる。彼や彼女は，株価の値上がりに関心をもち，株価至上主義の経営を支持することが多いが，リターンとともに企業の環境責任やその他の社会的責任を重視して，株式投資や株主活動を行うこともできる。それだけでなく，実際に企業の社会的責任を考慮して投資判断や議決権行使を行う個人投資家が増えている。このようにして，機関投資

家と個人株主のあいだに広がってきた投資の新しい流れが SRI であり，その流れが大きくなるなかで，従来にもまして企業に強く求められるようになってきたのが CSR である。

より一般的に言って，現代の資本主義経済においては，企業活動は，生産，流通，消費，雇用はいうまでもなく，福祉，環境，健康，人権，自由，平等，平和，社会正義，民主主義などに多大の影響を及ぼしている。その意味で，企業とくに巨大企業は，国家機構とならぶ社会的な権力である。

市民社会は歴史的には，市民による国家の民主主義的制御と，その前提としての市民的・政治的自由の獲得につれて成立した。しかし，現代では，増大する企業権力が自由と民主主義の制度的基盤を弱めており，国家権力の市民的制御のためにも，企業権力の市民的制御とそれを可能にする企業改革の必要性が高まっている。

労働組合，消費者団体，環境保護団体などがそれぞれの固有の権利と要求にもとづいて，企業のあり方に影響力を行使するプロセスも，広い意味では企業改革の一環である。しかし，労働組合は最近の20年ないし30年に組織率と交渉力をいちじるしく低下させてきた。デンマーク，スウェーデン，フィンランド，ノルウェーなどの北欧諸国では今日でも働く人びとの8割以上が労働組合に加入しているが，他の先進諸国では高くて2割台であり，日本やアメリカのように組織率が1割台に下がっている国もある[2]。クリントン政権時代の労働長官であったロバート・ライシュは，『アメリカン・プロスペクト』誌（1999年11月号）に寄せた「新しい権力」という評論で，権力を失いつつある団体の一つとして，労働組合を挙げ，権力を獲得しつつある団体として機関投資家——年金基金と投資信託——を挙げている。

近年のアメリカにおける株価至上主義経営が労働者，とくにホワイトカラーの人員削減や，賃金および福利厚生の切り下げをいかにもたらしてきたかについては，ジル・A・フレイザーの『窒息するオフィス　仕事に強迫されるアメリカ人』（岩波書店，2003年）が労働者へのインタビューを踏まえて詳しく考察している。彼女によれば，労働者たちは，株価が上昇を続けた局面では人員削減や賃金切り下げを消極的に受け入れたが，株価が下落しはじめると

強い不満をいだくようになった。その場合，労働組合を頼みにする可能性もあるが，ホワイトカラーのほとんどは労働組合に組織されていない。そういうなかでまだ弱い流れではあるが，最近広がり始めているのが，雇用の創出や労働条件の改善を株式投資や株主総会における議決権行使の基準として重視する新しいタイプのCSR運動である。

このような変化を直視するとき，働く人びとの権利を擁護し，状態を改善する運動の見地からも，CSRやSRIを標榜する株主運動の企業改革にとっての可能性を検討することは重要な意味をもっている。

II　アメリカにおける株主運動の誕生とその背景

1　株主行動の始まり——1930年代

アメリカにおいて株主行動[3]が出現するのは1930年代の大不況の最中であった。それを象徴するエピソードとして興味深いのは，ルイス・ギルバート（Lewis Gilbert）の活動である。1932年，新聞記者であった彼は，ニューヨーク市連合ガス会社の株主総会に10株を所有する個人株主としてはじめて出席した。その総会では，議長は営業報告を読み上げると，株主が質問を求めて挙手をしているのを無視して閉会し，出席者を別の昼食会場に招き入れた。ギルバートは，経営陣と株主の対話がなされないことに抗議し，新聞記者の職を辞して，家族の遺産を支えに，株主総会の改革運動に立ち上がった。彼は彼の兄弟や他の少数の株主とともに最初の株主行動グループを結成し，全国各地の株主総会に出席し，質問権を行使して，企業の財務情報に関し経営者の株主に対する説明責任を追及した。

大不況はまた，証券市場のルールの整備という点でも大きな転機となった。大不況は企業経営に透明性がなかったために生じたという反省から，1933年の証券法と，34年の証券取引法によって，証券取引委員会（SEC）が創設され，投資家保護の仕組みがつくられ，企業に適正な情報開示が義務づけられた。SECの発足は，株主提案の制度化にとっても契機となったが，SECによって株主総会招集通知に株主提案を盛り込むことが認められたのは，1944

年のことである。しかし，それもコーポレートガバナンス問題に限定され，社会問題は除外されていた。

2　社会問題での株主運動の登場——1960年代

　社会問題での株主運動は1960年代から70年代に発展しはじめた。その背景にはこの時代における公民権運動，ベトナム反戦運動，公害反対運動（大気汚染），消費者運動（車の安全）の盛り上がりがある。またこの時期の株主運動は，これらの運動と呼応するように起きてきた反アパルトヘイト運動——南アフリカ連邦のアパルトヘイトに反対する立場から，南アにかかわりをもってきた企業や銀行に，南ア資産の売却や，南ア向け貸付の停止を求める運動——とも強く結びついていた。

　はじめに述べたように，今日では環境や人権や労働基準に対する企業の社会的責任を問う株主運動が大きな流れになっている。アメリカにおいて，そうした企業責任運動の端緒として位置づけることができるのは，1964年から67年にかけての，市民活動団体のFIGHT（Freedom, Integration, God, Honor-Today）グループのコダック社に対するたたかいである。ニューヨーク州北部のロチェスター市における最大の雇用主である同社に対して，FIGHTは同市における黒人居住地区の地域振興のために黒人の雇用をコダック社に要求した。この運動では，要求実現のために，問題を株主総会に持ち込もうと株主の委任状集めが行われ，ニュージャージー州のフレミントンで開かれた総会には，ロチェスター，その他の地域からバスと車で大勢の人々が集まった。このような雇用責任運動の結果，コダック社は，数百名の失業した黒人に働く場を与えたと言われている。

　1960年代の後半になると，米軍の北ベトナムへの爆撃が始まり，ベトナム戦争がエスカレートし，1966年から68年には，大学のキャンパスを拠点に，ダウ・ケミカル社に対し，ベトナムで用いられたナパーム弾（高熱で広範囲を焼き尽くす殺傷力の強い兵器）の製造中止を求める運動が起きてきた。大学でたびたび大きなデモがもたれるなかで，サランラップなど同社製品の不買運動も起きた。そういう雰囲気のもとで，人権のための医療委員会

(MCHR) は，同社に対して，ナパームの製造を中止するように定款を変更することを求める株主提案を行った。しかし，同社は，提案はアメリカ政府の戦争遂行政策にかかわる政治問題で，株主総会の議案には相応しくないという理由で，その提案をオミットし，SECも裁判所もそれを支持した。

3　今日的な株主運動の起点としてのキャンペーンGM

　株主提案をつうじたCSR運動の最初の一歩は，1970年の「キャンペーンGM」で踏み出された。P・W・ムーアほか数人の公益法関係者を中心とし，ラルフ・ネーダーを押し立てたこのグループは，問題の基本的所在を次の点にみている。

　「GMに代表される巨大企業は，実質上私的企業でありながら，その決定は，製品の安全から雇用差別や環境汚染にいたる広い範囲にわたって幾百万の人々の生命に根本的な影響を及ぼしている。にもかかわらず，大企業の決定は，公衆の考えから遠く離れたところで，勝手に選ばれた少数のグループによって行われている。」

　キャンペーンGMの要求は，GMという巨大企業に対してその社会的存在にふさわしい公共性の原理を承認させることであった。具体的には同社の企業憲章に「健康，安全，福祉との調和」を明記することと，企業責任に関する株主委員会を設置し，取締役会に公益代表を選任することが課題になった。キャンペーンGMのグループは，GM社に対して，キャンペーンの目的を推進するために，9つの株主提案を行った。それらの提案を議案とするどうかの決定はSECに持ち込まれ，SECは，9つのうち，結局2つの提案——企業責任に関する株主委員会の設置を求める提案と，取締役会への公益代表の選任を求める提案——を総会招集通知に盛り込むことを承認した。

　GMという巨大企業に対してなされたこの株主提案は，130万人もの株主に企業の社会的責任について考え，議論する機会を提供した。この運動は株主と経営陣との対話にとどまるものではなかった。学生を含む非株主グループも，大学を含む機関投資家に対して，この株主提案を支持するよう働きかけた。

1970年5月22日のGMの株主総会は，約3000人の株主が参加し，6時間半の討論が繰り広げられた。投票結果は，企業責任に関する株主委員会の設置に関する議案への賛成は2.73％，取締役会への公益代表の選任に関する議案への賛成は2.44％であった。投票結果はこのように低い賛成にとどまったが，GMはその後，社内に公共政策委員会（Public Policy Committee）を設置し，公民権活動家のレオン・サリバンを取締役会に迎え入れた。黒人としてGMの最初の取締役になったサリバンは，GMをアパルトヘイトが行われていた南アフリカから撤退させことにも貢献し，「サリバン原則」と呼ばれる企業内の人種差別をなくす倫理綱領を策定したことでも知られている。

Ⅲ　アメリカにおける株主運動の発展と株主提案

1　企業責任宗派連合センター（ICCR）

　今日のアメリカにおける株主運動を語るとき，その役割からいって無視できないのは，1971年に設立されたICCR（Interfaith Center on Corporate Responsibility：企業責任宗派連合センター）である。ICCRは，プロテスタント，カトリック，ユダヤ教にまがる275の宗派，教団，年金基金，医療法人，財団などから構成される機関投資家連合である。30年余りの歴史をもつ「CSR運動のリーダー」を自負しており，構成団体の運用資産総額は約1100億ドルとされている。1ドル110円として，12兆1000億円にのぼる。

　ICCRは，投資に際して，金融リターンを求めるだけでなく，投資を通じて企業に対し，平和や経済的公正や環境のために社会的責任を果たさせることを目的にしている。企業が不正行為をしたり，有害な政策を採用したりする場合は，それをやめさせ，あるいは改革を促す。その手段として，株主提案を行う。また必要に応じて投書キャンペーンや，投資の引き揚げや，消費者ボイコットなどの運動も辞さない。活動においては次のような項目をとくに重視している。

　　◉過酷な職場および企業における人権侵害の排除
　　◉地球温暖化の原状回復

◉安全が証明されるまでの遺伝子組み換え食品の増殖中止
◉万人のための雇用機会均等の保証
◉人種攻撃的イメージのロゴおよび広告での使用中止
◉製薬および医療を安全なものし，万人が利用可能で支払可能にすること
◉タバコ製造の中止
◉外国への軍事販売の中止
◉宇宙の軍事利用の防止
◉世界の最貧国のための国際的な債務免除
◉アファーマティブ・アクション（積極的差別是正措置）政策の推進

　これらの目的を追求するうえで重要な位置を占めるのが株主提案である。ICCRのウェブには毎年の株主提案の題目と，判明した投票結果が示されている。ここ数年の提案項目の一覧をみると，取り扱われている問題は多岐にわたっていることがわかる。

①役員報酬問題　リストラ中の役員報酬規制，ストックオプションの上限規制など
②環境問題　遺伝子組み換え報告，温室ガス排出報告，環境責任報告など
③平等問題　取締役への女性登用，雇用機会均等，性的指向差別禁止など
④労働問題　児童労働の禁止，ILO原則（労働者権）の採択，職場暴力規制など
⑤健康問題　薬品価格の抑制，HIV報告，タバコ広告規制など
⑥軍事問題　武器輸出報告，宇宙兵器報告，軍事契約の倫理基準など

　2003／2004年シーズンで目立っているのは，サステナビリティ・レポートと略称される，「社会的・環境的・経済的持続可能性報告」を企業に求める提案である。興味深いことに，ほとんどあるいはまったく同一の提案でありながら，サステナビリティ・レポートの投票結果をみると賛成率は，企業によって最高は32.9％から，最低の7.3％まで開いている。この違いは，提案理由にもよるが，業種，提案グループ，大手機関投資家の投票態度などによるところが大きいと考えられる。

　これまでの株主提案運動の主な成果としては，反アパルトヘイトの立場か

らGMその他の企業に南ア投資を転換させたことや，マクドナルドにポリエチレンの使用をやめさせたことが知られている。1999年から2000年にかけて，フォードをはじめとする自動車メーカー各社を，エネルギー（石油・電力）産業のロビー・グループで，悪名高い反環境団体の地球気候連合（Global Climate Coalition：GCC）から脱退させたのも，環境保護団体の株主提案を用意して交渉した結果であった。

　最近では，環境や人権に関する文書の採択や報告の義務づけを求める株主提案が取締役会によって受け入れられて，何らかのかたちで実行に移されることになり，結果的に議案としては取り下げられる事例が顕著に増えている。最近のCSR絡みの株主提案において環境問題と並んで目につく争点は，「性的指向差別禁止」を求める立場からのゲイ・プライド運動と結びついた株主提案である。私は2001年6月にマンハッタンの5番街で，ニューヨークでは年中行事になっているにぎやかなゲイ・プライド・マーチを見る機会があった。主催者発表では見物人を含め25万人が参加した大規模なイベントであった。これはゲイおよびレスビアンの人びとが雇用や居住や福祉における平等を求める運動である。

　最近のICCRのサイトにある，2005年1月3日のAES社（電力）の株主総会に提案された「ニューヨーク市年金基金」を提案者とする「性的指向差別禁止」の株主提案の提案理由によれば，「フォーチュン500社」の大多数はすでに性的指向にもとづく差別を禁止する政策を明文化している。ICCRのサイトに載っている一覧表でみるかぎり2003～2004年の社会問題に関する株主提案の総件数で，テーマからみて最も多いのは「性的指向差別禁止」を求める提案だと言ってよい。この提案の結果で注目するべきは，提案後の扱いが"Withdrawn"，つまりなんらかのかたちで受け入れられて「取り下げ」となった比率がきわめて高いことである。

2　投資家責任調査センター（IRRC）

　ICCRとならんで，企業責任運動で大きな役割を演じてきた組織に，機関投資家，企業，法律事務所，監査法人，大学等に，株式の議決権行使に関す

る情報を提供している IRRC（Investor Responsibility Research Center：投資家責任調査センター）がある。

　IRRC の設立は，機関投資家としての大学が深くかかわっている。ベトナム戦争が続いていた1960年代末から70年代初めにかけて，アメリカでは，学生の反戦運動が高まるなかで，大学の管理運営の改革が課題になっていた。いくつかの大学では，大学のファンドが保有する株式の議決権をどのように行使するか，投資家としての責任をどう果たすかを検討する委員会が組織され，結論として，議決権行使に必要な情報を収集・分析する組織——SRI 調査会社——を設置すべきだということになった。そして，1972年に，ハーバード大学の学長の呼びかけで，スタンフォード，コーネル，プリンストン等の大学と，フォード，カーネギー，ロックフェラー等の財団が賛同して IRRC が設立された。設立時は4名であったスタッフは，今では90名を擁するまでになった。組織としては長らく NPO として活動してきたが，サービスが拡大した結果，2001年から営利法人となった。なお，IRRC の活動内容は同サイトの日本語のページにも詳しく紹介されている。

　IRRC が調査している問題は，実に多岐にわたっている。IRRCのサイトには環境，原子力，雇用，タバコ，人権問題，労使関係，取締役会の人種多様性，アルコール飲料製造，武器製造，動物実験，避妊具製造，北アイルランド問題，ビルマ問題，メキシコでの操業，国防省との契約，ピストルなどの小火器の製造，ギャンブルなどが例示されている。環境情報の提供も重要なサービスの一つである。たとえば IRRC が提供する環境データにはつぎのような事項が含まれている。

　①スーパーファンド法にもとづき浄化義務を負っている施設数
　②政府に報告されている有害物質の排出量
　③環境にダメージを与える有害物質の漏洩量
　④環境諸法に違反して課せられた罰金の額

　この例にかぎらず，IRRC のこうした情報サービスは，企業の情報開示および政府の情報公開が日本とは比較にならないほど広範囲になされているからこそできるのである。

投資家責任を看板にした株主行動のためのIRRCのような情報サービスがビジネスとして成立するアメリカと，これという株主団体が存在せず，法人間の株式相互持ち合いによるお任せ経営が横行し，近年まで機関投資家が議決権行使基準を持たなかった日本との開きは大きい。

Ⅳ　日本におけるSRIとCSRの胎動

　近年のアメリカにおけるSRIの伸びはいちじるしい。SRIには企業の環境責任や社会的責任への対応を考慮して投資先を選別する「スクリーニング」タイプと，議決権行使や株主提案などの株主行動を通じて投資先企業のCSRを問う「株主行動」タイプとがある。「社会的投資フォーラム」によると，両タイプを合わせたSRIの運用資産残高は，1995年の6950億ドルから，2001年には2兆3190億ドル（3.3倍）に増加した。ただし，その後の株式ブームの衰えもあって2003年は2兆1640億ドルと1999年の水準に戻っており，一直線に増加しているというわけではない。

　アメリカに劣らずSRIが盛んな国はイギリスである。イギリスにおいてはSRIやCSRに関する法的整備が進んでいる。2000年7月には改正年金法が施行され，年金基金の運用会社は，運用時に投資先企業の社会，環境，倫理的側面の評価を行っているかどうかを公表する義務が課せられた。また，2001年4月には貿易産業省（DTI）の閣外大臣が世界ではじめてCSR担当大臣として任命された。

　アメリカやイギリスにくらべると，日本のSRIの規模はまだ小さく，CSRの考え方も掛け声だけにとどまっている感がある。日本最初のSRIファンドとして知られる「日興エコファンド」は1999年8月に設定された。それに続く「損保ジャパン・グリーン・オープン」などを含め10種におよぶSRIファンドはほとんどが環境志向「スクリーニング」タイプ型のファンド（投資信託）である。しかし，それらの運用資産残高は，2003年4月末現在で650億円と，日本の株式投資信託全体の約0.4％を占めているにすぎない。

　アメリカによく見られる「株主行動」タイプのSRIは，日本では，最近

まで国内の機関投資家が明確な議決権行使基準をもたず，これという株主行動をしてこなかったせいで，きわめて低調である。とはいえ，海外機関投資家を中心として日本企業における外国人の株式保有比率が高まるなかで，日本企業も世界的な SRI と CSR の流れから無縁でいることはできなくなっている。そのことは，後述するように，株主オンブズマンがソニーとトヨタに行った「役員の報酬と退職慰労金の個別開示」を求める株主提案に有力な海外機関投資家が賛成し，それに連動して厚生年金基金連合会などの国内機関投資家も賛成票を投じている事実にも示されている。

環境省が2003年 6 月に発表した『社会的責任投資に関する日米英 3 か国比較調査報告書——我が国における社会的責任投資の発展に向けて』によれば，「証券投資をするときに企業の社会的責任を考慮にいれて投資判断を行うべきだと考えますか」という質問に，「考慮に入れるべきだと思う」と答えた比率は，日本34.0%，アメリカ54.0%，イギリス46.3%であった。「ある程度考慮に入れるべきだ」と答えた比率は日本55.1%，アメリカ37.9%，イギリス37.6%であったことと合わせて考えれば，SRIについての意識は 3 か国であまり大きな違いがないと言ってよい。

こうした国際的文脈のなかで野村証券（野村ホールディングス）のような奇妙な事態も生じている。野村証券の女性差別をめぐって起こされた裁判で，東京地裁は2002年 2 月，「野村証券のコース別人事制度は違法」という判決を出した。ILO は野村証券労働組合からの申し立てを受けて，日本政府に女性差別の是正勧告を行った。くわえて，ヨーロッパの SRI 格付け会社のGES は，2003年12月，野村証券を「女性差別で投資不適格」とした。2004年の野村ホールディングスの株主総会では，この問題に関する質問があり，いまは投資不適格企業から外れているという説明があったようであるが，女性差別の是正に関して CSR が問われている状況には変わりはない。それでいながら，2004年 5 月には野村証券自らが「野村グローバル SRI 100」という SRI ファンド（信託）の運用に乗り出した。これは「社会的責任に関する基準に合致する世界の企業を対象とした指数」とされる "FTSE 4 Good Global 100 Index"（イギリスの株価指数プロバイザーである FTSE グループ

によって構築された指数）に採用されている（または採用が決定された）銘柄の株式を主要投資対象とするものであるという。そうであれば，野村自身が「社会的責任に関する基準に合致する世界の企業」として評価されることが先決であろう。

V　株主オンブズマンの株主提案活動

　Friends of the Earth という「世界最大の環境団体ネットワーク」を自称する NGO がある。その HP に収録された「株主権の行使に直面する会社──社会派株主活動ハンドブック」は，株主提案を「企業の透明性と民主主義の道具」として位置づけ，その意義と手続きについて詳しく説明している。それによれば，株主提案は「株主ないし株主グループが会社の政策に関して会社とその取締役会に対して特定の行動をとらせる」手段である。

　日本でも株主ないし株主グループは，商法232条の2によって，一定の事項を株主総会の議案にすることを「株主提案」のかたちで請求することができる。念のためにいうと，取締役会によって提案（要求）が受け入れられた場合は取り下げられる。受け入れられなかった場合は，株主による提案理由とともに，取締役会の反対理由が付されて株主総会の議案となる。

　日本では，電力会社における原子力発電所設置反対の株主提案を例外とすれば，株主提案，とくに社会派株主から「企業の透明性と民主主義」を求める株主提案が始まったのは最近のことである。株主オンブズマンが最初に株主提案に取り組んだのは，1996年の日本住宅金融の株主総会であった。政府の税金投入による不良債権処理に絡んで，住宅債権管理機構への営業譲渡と会社解散が議題になった総会では，株主オンブズマンは営業譲渡反対，真相究明・責任追及委員会の設置など5つの株主提案を行い，営業譲渡反対の提案には3割近くの賛成を集めることができた。マスコミは，このときの株主総会に向けての市民株主の動きを「株主の反乱」と報じたが，この投票結果も，市民株主による株主提案としては，前例をみない規模の「株主の反乱」であった。

株主オンブズマンが行った株主提案で画期的な成功を収めたのは，2002年の雪印乳業の株主総会に向けての取り組みであった。2002年1月に，雪印乳業の子会社の雪印食品で，BSE（牛海綿状脳症）対策の国産牛肉買い上げ事業を悪用した偽装・詐欺事件が発覚した。雪印乳業は，2000年の牛乳集団食中毒事件につづくこの不祥事で，消費者の信頼を失い，会社存亡の危機に立たされた。こういう状況を前に，株主オンブズマンは，雪印乳業に対して，違法行為の再発防止と会社再生を願う立場から，39名，110万2000株の株主の連名で株主提案を行った。内容は，「消費者団体の推薦を受けて安全担当の社外取締役を選任し，そのもとに安全監視委員会を設置する」というものであった。会社はこの株主提案を株主総会に先立って全面的に受け入れ，食品の安全・品質・表示問題に消費者の立場から一貫してかかわってきた全国消費者団体連絡会・前事務局長の日和佐信子氏を社外取締役に迎えることになった。その後，雪印乳業では，日和佐氏を責任者とする企業倫理委員会のもとで，法令遵守と食品の安全確保のための先進的取り組みを進めている。市民株主団体が消費者代表を社外取締役に送り込むことに成功したのはこれが最初である。

　日本企業の透明性と民主主義という点で大きな問題を抱えているのは役員報酬の決め方である。ほとんどすべての国内企業では，役員（取締役および監査役）の報酬と退職慰労金は株主総会に開示されず，株主のチェックが届かない密室で決められて，次期の附属明細書で支給人数に応じた総額が示されるだけである[4]。

　こうした状況を打破するために，株主オンブズマンは，2000年6月の住友銀行の株主総会をまえに，同行の73名，45万株の株主の名で，「役員の報酬と退職慰労金の個別開示」を求める株主提案を行った。同行の取締役会は，株主提案への賛成株数は3.1％（翌年は7.2％）であったにもかかわらず，株主の声を無視できず，総会の場で，役員報酬について最高額は4500万円，平均額は3000万円であることを明らかにした。また従来は翌年の附属明細書で発表していた役員の退職慰労金について，該当取締役4人で約8億円，監査役3名で約1億8000万円であることを明らかにした。

2002年には，ソニーに対して役員報酬と退職慰労金の開示を求める株主提案を行った。ソニーは，株主提案に対して，取締役と監査役の別に，報酬と退職慰労金の総額を株主総会の招集通知に添付される営業報告書に記載すると回答してきた。しかし，株主オンブズマンはあくまで個別開示を求めて，投票に持ち込んだ。その結果，投票総株数の27.2％の賛成を得ることができた。また，同時に提案した女性取締役選任の議案に対しては，17.5％の賛成を得ることができた。後者の提案に関しては，翌年の総会で橘・フクシマ・咲江氏（日本コーン・フェリー・インターナショナル社長）がソニー初の女性社外取締役として選任された。

　2003年にはソニーとトヨタに，役員の報酬と退職慰労金の個別開示の株主提案を行い，それぞれ30.2％と15.3％の賛成を得ることができた。トヨタでは合わせて総会開催日を株主が参加しやすい日に変更することを求める株主提案を行ったところ，議決権行使株数の12.8％の賛成があり，2003年は集中日の1日前の準集中日に開いた総会を，2004年は6月29日の集中日より6日早く総会を開くことになった。

　しかし，ソニーとトヨタに対する役員の報酬と退職慰労金の個別開示の株主提案については，2004年には，ソニーで31.2％，トヨタで19.6％の賛成を得たにもかかわらず，2005年4月現在，実現されていない。このことは日本企業の情報開示の遅れを示すものであって，「グローバル・プロキシー・ウオッチ」という世界の議決権行使情報のメールマガジンは，2004年6月25号で次のように語っている。

　「投資家たちは，今週，日本企業における報酬の秘密主義にかつてなく反対した。問題の多いソニーでは火曜日（6月22日）に株主総会があり，投票の31％以上が，経営陣に公然と反対して，執行役と取締役の個別報酬の開示を要求する株主提案を後押しした。翌日（23日）は業績好調なトヨタで類似の提案に20％の支持があった。どちらの議案も，大阪に拠点をおく小額株主を代表する株主オンブズマン（KO）が提案したものである。いずれの賛成も2003年の数字より増えている。しかし，KOの挑戦を支持するISSの影響もあって，賛成投票をしたのは主に外国人投資家である。過

去5年間に,オーストラリア,フランス,南アフリカ,香港などの市場が,アメリカやイギリスに合流して,報酬の透明性を義務化した。日本はそれを拒んでいる。外国人保有比率の高い日興コーディアルと東京エレクトロン,それに小さな改革者のPeopleだけが,現在自発的に個別報酬を開示しているにすぎない。投票後,ソニーの出井伸之会長は,『この問題をさらに検討する』と述べた。彼は逃げられないことを悟るかもしれない」[5)]。

ちなみに,ここに出てくるISS (Institutional Shareholder Services) は,世界の機関投資家に株主総会の議決権行使情報を提供しているサービス会社である。東京に日本支社を置き,日本の主要企業の株主総会について,議案ごとに世界の機関投資家に電子情報で賛成,反対のリコメンデーション(提言)を行っている。このISSが賛成の提言をすることは海外の機関投資家の支持を集めるうえできわめて大きな影響力をもっている。

ともあれ,日本企業を代表するソニーやトヨタが今後も役員報酬の個別開示を拒み続けるとすれば,透明性に背を向けた秘密主義と批判されても致し方ない。取締役の選出を最大の使命とする株主総会で,個々の取締役の報酬を開示しないことは「透明性と民主主義」を否定するものである。2004年の株主総会では,欠陥車を産み続ける三菱自動車や,金融庁から検査忌避などで業務改善命令を受けたUFJ銀行の隠蔽体質が批判された。克服されるべきは,こうした不祥事企業の隠蔽体質だけでなく,優良企業になお残る報酬決定をめぐる根深い秘密主義である。

VI 二つのユニーク代表訴訟——政治献金と障害者雇用

現在の日本では,会社の役員が法令や注意義務に反して会社に損害を生じさせたとしても,証券市場,株主総会,取締役会,監査役会などがもっているはずの経営のチェック機能はほとんど実効性をもっていない。そういうなかで経営を監視し是正するほとんど唯一の方途が,株主が会社に代わって会社のために起こす株主代表訴訟である。

そういう位置づけから,株主オンブズマンは,これまで十指に余る企業の

不祥事や問題行為に関して，関係役員に対する株主代表訴訟を支援し，そのほとんどにおいて再発防止のための企業改革をともなった和解を勝ち取ってきた。訴えの原因となった事件の多くは総会屋への供与と談合であったが，株主オンブズマンはこれらの不祥事とは異なる違法性の疑いのある企業の行為に対して2種類のユニークな株主代表訴訟にも取り組んできた。

　そのひとつは生命保険会社や建設会社の政治献金の違法性を問う株主代表訴訟である。生命保険の場合は，2000年5月，日本生命と住友生命の保険契約者約80名が，両社の新旧の役員を相手どって，過去数年の政治献金の返還と今後の差し止めを求める社員代表訴訟を大阪地裁に起こした（保険契約者は保険会社の社員として，株式会社の株主代表訴訟と同じ形式で社員代表訴訟を起こす権利を有している）。1990年代の10年間に，日本生命は約4億6000万円の，住友生命は約3億6000万円の政治献金を，大部分（最近ではすべて），自民党に対して行ってきた。99年3月時点で，日本生命には約1200万人，住友生命には約940万人の保険契約者がいたが，これほどの多数の契約者が特定政党の支持者であることはありえず，したがって特定政党に献金することが契約者の同意を得た行為や，総意を反映した行為であるはずがない。

　企業の政治献金は国民政治協会をとおして大部分が自民党の組織活動費になっている。問題はそれだけではない。そうして自民党に渡った資金は，それを受け取った国会議員の資金管理団体の収支報告書にほとんど記載がないため，誰によって，何に使われたのかわからない。にもかかわらず，2001年7月に出た大阪地裁判決は，企業政治献金の問題点の検討をいっさい避けて，時代状況のまったく異なる30年以上前の八幡製鉄政治献金最高裁判決から一歩も出ずに，日本生命と住友生命の政治献金を容認する判決を出した。この裁判は，結局，最高裁に持ち込まれたが，一審判決を覆すことはできなかった。

　これとは別に，2001年8月には，銀行から数千億円に上る債権放棄を受けざるをえないような経営危機にあって，政治献金を続けてきたゼネコン（大手総合建設会社）の熊谷組に対しても，政治献金の違法性を問う株主代表訴

訟を福井地裁に提起した。その結果，福井地裁はこの株主代表訴訟の判決で，熊谷組の政治献金の一部を違法と認定し，次のように警告した。

「企業による政治資金の寄附が政党に及ぼす影響力は，企業の有する経済力のゆえに，個々の国民による政治資金の寄附に比して遥かに大きい。したがって，企業による政治資金の寄附は，その規模の如何によっては，国民の参政権を実質的に侵害する恐れがある。また企業献金が特定の政党に集中するときは，国の政策にも決定的な影響力を及ぼすこととなって，過去に幾度となく繰り返された政界と産業界との不正常な癒着を招く温床ともなりかねない。」

この裁判は2005年3月に名古屋高裁金沢支部で控訴審の最終弁論があり，近く高裁判決があるものと予定されている。

もうひとつのユニークな株主代表訴訟は，日本航空に起こした障害者雇用にかかわる訴訟である。投資家が企業を評価するのは，直接に配当や株価に結びつく事業内容だけではない。たとえば，障害者雇用において，企業が法律を守り，社会的責任を果たしているかどうかも株主および投資家にとって大きな関心事である。

ちなみに障害者雇用法は，1998年7月の改訂以降，常用労働者数56人以上の民間企業に1.8％以上の障害者を雇用することを義務づけ，常用労働者が300人を超える未達成企業に対し不足人数1人につき月額5万円の雇用納付金を支払うことを定めている（達成企業には超過人数1人につき月額2.7万円の調整金が支給される）。

株主オンブズマンは，1999年春，上場企業399社を対象に障害者雇用状況の調査を実施し，247社から回答を得た。その結果によれば，実雇用率は1.56％で，70％の企業は法定雇用率を未達成であった[6]。この調査には含まれていなかったが，99年6月の定時株主総会における質問によって，障害者雇用の実態が明らかになった日本航空（JAL）の場合，障害者雇用率は1.29％（航空運輸業の当時の除外率25％による調整後の割合），不足人数に応じて支払われた98年の障害者雇用納付金は4625万円であった[7]。

この事実を受けて，株主オンブズマンの会員である日航の株主3名が，

1999年12月，同社の現旧社長に対して，障害者法定雇用率（1.8％）の未達成とそれにともなう雇用納付金の支払いの責任を追及して，株主代表訴訟を東京地裁に提起した。何度かの口頭弁論の後，この裁判は，2001年5月，日航が法定雇用率の達成に向けて努力し，その進捗状況を同社のHPに開示することを約束したことで和解に達した（2004年6月1日現在の同社の障害者実雇用率1.53％）。この結果は各紙で広く報じられただけでなく，障害者の雇用に関心をもつさまざまな団体と個人に注目され，現在も多くのHPで取り上げられている。

日航障害者雇用株主代表訴訟の和解をうけて，各企業の障害者雇用率等の状況を明らかにするために，2001年4月，株主オンブズマンは障害者団体のDPI（障害者インターナショナル）日本会議・障害者権利擁護センターと共同して大阪と東京の各労働局長に対し，情報公開法にもとづいて企業の障害者雇用状況報告書の開示請求をした。しかし，各労働局は，いずれも障害者雇用状況を明らかにする欄を塗りつぶした「黒塗り公開」，つまり不開示の決定を行った。

2001年5月，株主オンブズマンのメンバーらは，上記の不開示決定を不服として，厚生労働省（旧労働省）に審査請求をおこなった。この請求を受けた厚労省が情報公開法にもとづいて情報公開審査会に諮問した結果，2002年11月22日に同審査会から厚労省が開示を拒否してきた企業の障害者雇用に関する情報を公開すべきだとする答申を出した。これを受けて，厚労省は12月9日，開示請求のあった企業の障害者雇用人数，雇用率，不足人数（法定雇用率未達成の場合）などを公表することを決めた。その後，株主オンブズマンが開示請求をした結果，大阪労働局は本年9月8日に大阪府内に本社がある従業員規模56人以上の企業，5675社の障害者法定雇用率達成状況の一覧表を公開した。

こうした経過は政府機関が把握している企業情報の公開の幅を大きく広げたものとして，また，企業に社会的責任を求めたものとして，障害者雇用行政にとどまらない意義をもっている[8]。そのことを端的に示しているのは先の答申の次の一節である。

「市場参加者の必要とする情報には商品の質,価格,証券発行会社の財務状況についての情報だけでなく,企業が,法規に合致して行動しているか,さらに,いわゆる社会的責任をどれだけ果たしているかについての情報も含まれる。この企業あるいは経営者の社会的責任は,環境汚染の防止,環境負担の軽減,男女共同の社会参画,障害者の自立への協力,その他メセナ活動などその範囲は広い。企業活動が我々個人の日常生活に及ぼす影響が大きい現在,企業がどのような行動をとっているかの情報は,我々が,例えば,商品の購入,投資決定など日常的な決定をしていく上で欠かせない……。企業の行動に関する情報が公開されることにより,市場により,あるいは,世論の力によって企業の行動が社会的に批判され,また,その批判によって企業が,社会的に責任のある行動をとるようになり,緩やかな社会の改革が可能になる。法は,情報の公開によって社会を緩やかに改革していくことを,暗黙裡に前提としている。」

おわりに——日本における株主運動の可能性

　株主オンブズマンが取り組んできた,市民に足場をおいた株主権の行使を通じた企業監視運動は,リターンの追求を必ずしも重視していない点で,CSRとともにリターンを重視したアメリカにおけるSRI運動とは異なる。しかし,その点は別としても,日米の株主運動の違いは大きい。株主総会にアカウンタビリティを求める運動がいつ始まったかを基準に言えば,日本はアメリカより約70年遅れている。また,株主提案の起点を基準にいえば,約30年の遅れがある。

　日本銀行の「資金循環統計」で家計の金融資産の内訳をみると,2003年3月末現在で,現金・預金は,日本56.2％,アメリカ13.9％,株式・出資金は,日本5.9％,アメリカ30.8％,投資信託は日本2.1％,アメリカ12.2％となっている。日本で株主提案を行うには300単元（1000株が1単元で1株が市価500円の株なら,30万株,1億5000万円）以上の株式を保有していなければならないが,アメリカでは市価で2000ドル,約22万円以上の株式を保有していれ

ばだれでも株主提案ができる。株主運動の日米比較に際しては，これらの点も考慮に入れる必要がある。

しかし，こうした事情があるとしても，日本には1000万人近くの個人株主がいる。これらの株主のうち，たとえわずか1％，約10万人の株主でも，企業の社会的責任や倫理的投資の見地から，積極的に株主権を行使し，他の株主に働きかけるようになれば，企業と市民の関係は大きくは変わりはじめるであろう。課題によっては多数の株を保有する内外の機関投資家との連携も可能になるだろう。

日本の労働運動，社会運動においては，企業所有者としての株主を資本家的存在としかみない一時代前のマルクス主義の否定的影響もあって，株主運動を新しい公共性を創造する新しい社会運動，新しい市民運動として位置づける発想は弱い。政府・自治体は，届け出や報告を定めた法律や条例の数だけ，多様な企業情報を握っているが，日本ではそれらの企業情報の多くは依然として非公開である。市民的株主運動の発展のためには，情報公開法（2001年4月施行）を活用した政府・自治体がもつ企業情報の公開が不可欠である。年金や生保や信託の受託者責任（他人の資産を預かって株式で運用している場合の忠実義務と注意義務）をアメリカ並に法律で制度化することも必要である。その他，NPOの財政基盤を強めるためには寄附の非課税措置の導入も欠かせない。

株主オンブズマンの強みの一つは弁護士，公認会計士などの専門家と一般の市民とが共同して，株主権を行使する点にある。このような専門家と市民の共同をもっと広げることも今後の課題である。

最後に，今日のグローバル経済の時代には，労働運動におけると同様に，株主運動においても，北アメリカ，アジア，ヨーロッパ，その他の地域や国との市民レベルの国際連帯を発展させることがますます重要になっている。

注
1) 「ワーキングキャピタル」という言葉は，A. Fung, T. Hebb and J. Rogers, eds., *Working Capital: The Power of Labor's Pensions Capital*, ILR Press, 2001 からとった。通常は運転資本ないし流動資本を指すが，この本では Labor Capital あるいは Work-

er's Capitalと同じく年金基金の意味で用いられている。
2) 日本の労働組合の組織率は2003年に20％台を割って，19.6％になった。同年のアメリカの組織率は12.9％であった。
3) ここにいう「株主行動」は"Shareholder Activism"（「株主行動主義」）と同義である。この言葉は「株主として企業のガバナンスや社会的責任に積極的に関与する思想と行動」を指しており，実践的な文脈においては，活動（Activity）や運動（Movement）と類似の意味で用いられていることが多い。その意味で株主運動と言い換えてもよく，本稿では文脈によって，「株主行動」と「株主運動」を使い分けている。
4) 2003年4月より施行された改正商法にもとづいて「委員会等設置会社」（取締役会に指名委員会，監査委員会，報酬委員会を置く）に移行した会社では役員報酬の総額が株主総会に開示されるようになったが，個人別の開示はなれていない。
5) 2005年の株主総会では，出井伸之前会長が退き，前副会長のハワード・ストリンガー氏がCEOに就き，他の役員も大幅に交代することになった。この総会には報酬額上位5人の取締役の個人別の報酬を開示することを求める株主提案がなされ過去最高の38.8％を得た。
6) 厚生労働省の調査によれば，2004年6月1日現在の民間企業の障害者実雇用率は，常用労働者数56人以上の全規模平均で1.46％，規模1000人以上の平均で1.60％であった。
7) 障害者が就業することが困難とされる職種（除外職）の労働者が一定の割合を占める業種の事業所については，業種ごとに定めた割合（除外率）により雇用義務が軽減されることになっている。除外率は，1960年の障害者雇用法の制定時に除外職種が定められて以来，技術革新による職務内容の変化や労働環境の改善があったにもかかわらず，ずっと据え置かれてきた。しかし，近年，見直しや廃止を求める声が高まり，2004年4月1日より，廃止に向けた段階的縮小の一歩として，すべての業種の除外率が10％ポイントずつ引き下げられことになった。その結果，航空業の除外率は25％から15％に引き下げられた。
8) 政府機関が把握している企業情報の公開に関しては，2003年2月に労働基準オンブズマンが大阪中央労基署に請求した所轄事業所の時間外労働協定（三六協定）の公開をめぐる経緯も重要な意義をもっている。当初，企業名を墨塗りしたかたちで部分開示された約600事業所の協定のなかには，休日労働を除き，年間で1000時間を超える時間外労働を認める例が多数あった。その後，同オンブズマンは，労働者の生命，健康，生活を保護するために三六協定は当該企業名も含め公にされる必要があるとして，大阪労働局を相手どって大阪地裁に訴えを起こした。大阪地裁は，2005年3月，原告の訴えを認めて，企業（事業所）名の不開示を取り消す判決を出した。この判決は国が控訴しなかったので確定した。

参考文献

Lewis Gilbert, *Dividends and Democracy*, Larchmont, N. Y., American Research Council Inc., 1956.

Ralf Nader, *Unsafe at Any Speed: The Designed in Dangers of the American Automobile*, New York Grossman, 1965.

Lauren Talner, *The Origins of Shareholder Activism*, IRRC, 1983.

Friends of the Earth US, "Confronting Companies Using Shareholder Power: A Handbook on Socially-Oriented Shareholder Activism," 2000. http://www.foe.org/

Robert Reich, "The New Power," *American Prospect*, 11, No. 1, November 23, 1999.

Archon Fung, Tessa Hebb and Joel Rofers, eds., *Working Capital: The Power of Labor's Pensions*, Cornell University Press, 2001.

ビル・マホーニー，関孝哉訳『株主の権利と主張——コーポレートガバナンス革命』中央経済社，1997年。

森岡孝二『日本経済の選択——企業のあり方を問う』桜井書店，2000年。

森岡孝二「ニューヨーク通信」2001年，http://www.zephyr.dti.ne.jp/~kmorioka/

ICCR, http://www.iccr.org/

IRRC, http://www.irrc.org/

森岡孝二「社会派株主運動と企業改革——日米比較の視点から」，社会文化学会『社会文化研究』第5号，2002年5月。

ジル・A・フレイザー，森岡孝二監訳『窒息するオフィス 仕事に強迫されるアメリカ人』岩波書店，2003年。

環境省『社会的責任投資に関する日米英3か国比較調査報告書——我が国における社会的責任投資の発展に向けて』環境省，2003年6月。

経済産業省『通商白書』2003年版。

第 4 章　人間発達と公務労働

重森　曉

はじめに

　「官から民へ」「国から地方へ」の新自由主義的構造改革のなかで，人間発達保障労働としての公務労働の変質と解体の危機がせまっている。
　「国から地方へ」の構造改革の一つの柱は，いわゆる「三位一体の改革」である。それは，①国庫補助負担金の削減，②地方交付税の抑制，③国から地方への税源移譲という三つの課題を，2004年度から06年度の間に，同時に達成しようというものであった。しかし，三位一体改革の初年度にあたる2004年度予算では，国庫補助負担金の1兆円削減，地方交付税の12％の削減など，国から地方に再配分される財源の削減が先行し，国から地方への税源移譲はわずかに6500億円だけがきわめてあいまいなかたちで行われたにすぎなかった。このように，国から地方に再配分される財源の削減が進むなか，各地方自治体は，国民の生存権・発達権を保障するためのナショナル・ミニマムの維持ではなく，地域ごとの受益と負担を一致させるローカル・オプティマムの実現をせまられ，自治体行政のスリム化や民営化などへの動きをさらに加速させられようとしている。
　「国から地方へ」の構造改革のもう一つの柱は，地方分権の受皿づくりのための市町村合併である。「市町村合併特例法」の期限が切れる2005年3月末を目途に，多くの自治体が地方交付税の合併算定替えの特例や合併特例債などの財政的優遇措置が受けられるうちにと，合併への動きを進めた。市町村合併には，住民参加や住民自治の発展，公的サービスにおける社会的効率性，地域経済の内発的発展などの観点からさまざまな問題があるが，最大の問題の一つは，合併によって確実に進むのが自治体職員の削減であり，自治

体行政における人件費の抑制だということにある。また,「かけ込み型」の市町村合併に与せず,あくまでも自立への道を選択する自治体も少なくないが,その場合でも,小規模自治体としての財政を維持するためには,自治体職員の抑制,公的施設の統合や民営化,住民団体への補助金の削減など,自治体行政の簡素化のための努力を余儀なくされるというのが実態である。

「官から民へ」の構造改革は,中央政府レベルでは道路公団や郵政三事業の民営化などを軸に進められてきた。地方行政においては,これまで,保育・学校給食・清掃などいわゆる現業部門における民間委託や民営化,総合計画策定や合併問題にかかわる財政シミュレーションといった企画・計画部門における民間委託などを中心に進められてきた。行政と民間の共同出資によるいわゆる第三セクターの多くが巨額の借金をかかえて失敗に終わると,今度は,PFI(Private Finance Initiative:公共施設等の建設・維持管理・運営等を民間の資金・経営能力および技術能力を活用して行う手法)や,地方行政法人化(研究調査機関や病院など民間化しにくい施設の運営を,行政管理部門から切り離して独立した行政法人として運営する手法)などが進められようとしている。また,最近では,指定管理者制度(保育所・老人ホーム・公民館・図書館・スポーツ施設など公の施設の管理・運営をすべて株式会社をふくむ民間業者に委ねようとする制度)が導入され,実現に向けた動きが各地で進められている。

これら一連の新しい動きは,日本版 NPM(New Public Management)と称されている。NPM は一般に,①顧客主義(住民志向),②業績主義(成果志向),③市場原理の活用,④行政組織の簡素化・分権化を原則にするものとされている。NPM には,市場原理の導入を優先させようとするアングロサクソン型と,公共部門の役割を重視するヨーロッパ型があるとされるが,わが国のそれは,地方行政の効率化・簡素化・民営化をめざす行政改革の延長上に位置づけられ,行政の民営化・営利化・市場化をさらに推し進める手法としての性格が強い。

このような日本版 NPM が進むなかで,自治体職員の削減,短期不安定雇用化,非公務員化,民間との人材交換など,公務員労働者の雇用と労働が大

きく変質させられようとしている。

われわれは、旧著『人間発達の経済学』（青木書店、1982年）において、公務労働を人間発達保障労働として位置づけ、労働人口の賃金労働者化にともなう地域共同体や家族の解体、産業や労働能力のたえざるスクラップ・アンド・ビルドと生存競争の激化という状況のもとでは、社会的消費やコミュニケーション・ネットワーク（社会的物質代謝）を担う公務労働の存在が、人間発達保障にとって不可欠の条件となることを明らかにした。同時に、公務労働をめぐっては、①労働者・住民を自立・自助の方向に追いやり、貧困化を一層促進するのか、公務労働に支えられて全面的に発達する個人へと向かわせるのか、②公務労働を縮減・統制して受益者負担と営利産業化を進めるのか、それとも、住民の身近なところに配置される公務労働の拡充をはかり、人間発達保障労働としての専門性と総合性を確立するのか、③公務労働の担い手に画一的・技能的業務を押しつけ低賃金・無権利を強いるのか、それとも彼らに専門的能力と同時に民主主義的な力量を身につけさせ、権利保障労働にふさわしい待遇を保障するのか、という対抗関係が見られることも指摘した[1]。こうした対抗関係は、今日の新自由主義的構造改革、日本版NPMの進行とともに、ますますきびしさを増しつつある。そこで、あらためて、公務労働とは何か、人間発達と公務労働の関係はいかにあるべきかについて、考えてみることにしたい。

I　人間発達保障労働としての公務労働

1　社会的共同業務と公務労働

わが国において公務労働をめぐる論議が活発に展開されたのは、1970年代のことであった。そのきっかけをつくったのは、哲学者の芝田進午であったが、彼は、国家と公務とを歴史的・論理的に区別すべきであると主張し、マルクスのいわゆる「あらゆる共同体の本性から生じる社会的共同業務」を担うのが公務労働の本質であるとした[2]。あらゆる共同体（人間社会）は、たとえば、①水田稲作共同体における潅漑・排水などのような生産のための共

同業務，②子育てや教育，福祉や医療など生命の生産と再生産を直接担う共同業務，③共同体成員同士の紛争を処理し，他の共同体による攻撃から成員をまもるための共同業務，そして，④災害を防止し，人間のくらしと自然との循環を調整するための共同業務，などを遂行することなしには維持・存続することができない。いいかえれば，これらの社会的共同業務は，共同体成員の生存と発達を保障するため不可欠の条件だといえる。

　このような社会的共同業務としての公務労働は，共同体成員の間に格差がなく，社会成員の共同性が強く，社会全体の共同利益が実感できる社会においては，私的な生産的労働や個人的消費活動との明確な区別はつきにくく，社会成員の間で平等に分担されてきた。それは，A・トクヴィルが描いたように，19世紀初頭のアメリカ北東部のタウン・シップで，課税・徴税，治安，貧民保護，火災監視，収穫監視など19の公務を，住民がかわるがわる担うといった，地域コミュニティの姿にも見られるところである[3]。

　ところが，社会成員の間に格差が生まれ，その格差が階級的な対立にまで発展し，社会の共同性と共通利益が失われると，これらの社会的共同業務は社会から切り離され，社会成員の自主的活動からはずされて，一部の支配的集団によって独占されるようになる。そうした社会的業務の独占を基礎に，支配的階級による政治的支配が貫徹されるようになるのである。ただし，封建国家や絶対王制国家など，近代市民革命以前のいわゆる家産国家においては，社会的共同業務の支配層による独占は存在したが，国家の行う公務と支配者による私的活動との区別は明確ではなく，また，公務の遂行は社会から完全に切り離されることなく，一部は社会との一体性を残していた。

　近代市民革命によって，私有財産権が確立し，私的所有と社会的分業にもとづく市場経済が最高度に発展すると，人間の労働力までもが商品化され，共同体の解体と社会の諸利害集団への分裂が決定的となる。そうすると，この社会的共同業務は，社会から完全に切り離され，社会成員の自主的活動からはずされ，より高い，普遍的な社会の共通利益として社会と対立させられ，政府の活動の対象となる。それはもはや社会的共同業務とはいえず，「社会的共同業務の解体の上に形成された国家業務」[4]とでも規定すべきものとな

る。そして，それは，こうした国家業務を担う特殊な人間集団としての官僚機構，すなわち，「徴税権と行政手段の独占によってささえられて，社会の上に特権をもって聳え立ち，社会の諸利害集団の特殊利益を一般利益として実現するために，工場式分業と集権化された体系によって組織された一機構」[5]にゆだねられることになる。

ここで，資本主義国家において，社会的共同業務は包摂されるのか，それとも解体されるのか，をめぐっての論争があった。もし，前者のようにいうならば，現代国家は，階級支配のための国家業務と，あらゆる共同体に共通の社会的共同業務との二重の役割を担うことになる。それに対し，後者のように表現するならば，資本主義国家は，もはやあらゆる社会に共通の社会的共同業務を担うことはなく，私的所有と社会的分業によって分断された社会における国家業務だけを担うことになる。これは，現代国家をどうとらえるかにつながる重要な問題であった。ただ，この論争は，さきに「包摂論」をとなえた芝田進午が，次のように述べることによって，ほぼ決着したといえる。

「こうして，自治体から全社会的規模にいたるまで，社会の公務，共同業務は，自治体住民ならびに全国民の手からきりはなされて，国家に包摂される。この場合，ブルジョアジーとその国家の目的は，階級支配の維持・強化であり，また，公務とそのための租税に寄生して利潤を追求することにある。この目的のためにかれらは，軍事的・官僚的機構をいっそう肥大化させるとともに，公務をゆがめ，破壊し，再編成したのであって，公務を合理的に編成し発展させたのでないことは，はっきり確認しておかなければならない。」[6]

2 公務労働の二重性について

わが国における公務労働論の最大の成果の一つは，公務労働の二重性にかんする議論であった。現代国家における社会的共同業務の「包摂か，解体か」をめぐる問題も，公務労働の二重性問題と深くかかわっていた。

公務労働の二重性にかんしては，いろいろな説明の仕方がある。

たとえば，公務労働者は「役人であり，同時に労働者である」といった説明である。これは，公務員労働者が，一面では官僚機構の一環に組み入れられた「役人」であるとともに，他面では，普通の労働者並みの賃金で国家や自治体に雇用された「賃金労働者」であることを示したものである。これは，賃金や権利をめぐる公務労働者の運動に理論的根拠をあたえるものとしての意義があった。ただ，後には，公務員の賃金労働者としての性格を一面的に強調するあまり，人間発達保障労働としての公務労働の役割を軽視し，公務労働者と住民との連帯への道をふさぐ結果にもつながった。

また，公務労働者を，労働者階級一般と行政を担う専門労働者との二重性をもつ存在としてとらえる見方もあった[7]。遠藤晃はまた，自治体労働者は客体的・主体的という二側面を同時に持っているとして，労働力として働かされる労働者としてではなく，主体的労働者として，仕事の改革＝住民要求の実現と自らの発達とを統一的に進めることが必要であるとした。これは，いわゆる「仕事論」を重視する立場である。この規定は，公務労働者として住民要求をうけとめ，その実現のために仕事を改革すると同時に，自らの人間的な発達欲求をも追求することを強調したものとして評価できる。ただ，労働者一般と専門労働者，客体的労働者と主体的労働者といった規定は，公務労働者のみならずその他のあらゆる物質的生産労働者や精神的労働者にもあてはまることであって，公務労働者だけに固有の二重性とはかならずしもいえない。

われわれは，公務労働者の二重性は，国家（あるいは地方自治体）に雇用された賃金労働者としての公務労働者の労働内容そのものの二重性にあると考えてきた。すなわち，「今日の公務労働者は，一方では官僚機構のもとで官治的・営利的な大企業本位の行政を担わされ，他方では民主主義的法律と労働運動・住民運動に支えられて住民による社会的共同業務の民主主義的再建を担おうとしている。ここに公務労働の二重性がある」[8]と。すなわち，公務労働者の労働内容そのものが，一面では，官僚機構の一環に組み込まれた国家業務であり，他面では，住民の生存や発達を保障するための社会的共同業務の現代的再生を担う労働である，ここに公務労働の二重性があるとし

たのである。

　ただし，公務労働がこのような二重性をもつようになるには，いくつかの具体的条件が必要である。

　第一に，国民主権，基本的人権，平和主義，地方自治などを規定した民主主義的憲法の存在である。わが国の憲法には，「公務員を選定し，及びこれを罷免することは，国民固有の権利である。すべて公務員は，全体の奉仕者であって，一部の奉仕者ではない」（第15条）と規定されている。このような憲法の存在を抜きには，社会的共同業務再生を担う労働としての公務労働の存在はありえない。

　第二に，資本主義経済発展のもとでの住民の貧困化と，それによって引き起こされる社会的共同業務再建への要求が，労働運動や住民運動の発展を促し，住民の社会的権利の確立とそれを保障するための社会的制度を生みだすということである。

　ここで，住民の貧困化とは，①人間の潜在能力を実現するための諸条件すなわち生産手段・生活手段（その根源的なものとしての土地）から労働者が切り離され，②その結果として，私有財産と営業の自由を前提とした自立と発達の条件が失われ，地域共同体や家族といった生活世界が衰退すること，③賃金労働者として雇用される人々の労働が一面化・部分化・細分化されるとともに，長時間労働による自由時間の剥奪，たえざる移動や配転，解雇や転職・失業といった不安定な状態におかれることを指している。このように，資本主義経済の発展は，一面では，人々の生存と発達の条件を狭め，歪め，不確実なものとする。

　しかし，他方では，資本主義経済の発展は，人間発達の新たな可能性と必要性をも生みだす。なぜなら，資本主義的商品経済は，生産手段・生活手段と労働者の直接的結びつきを解体することによって，さまざまな職業に従事する無限の可能性と，新たな欲求充足と発達への物質的条件をつくりだすからである。また，地域共同体や家族などの生活世界の衰退は，一面では人間が生命を生産し再生産する力を失うことを意味するが，他面では，生産や生活における社会化を推し進め，より広い範囲で人々が交流し，連携し，刺激

しあうことを，人間的生存と発達の不可欠の条件としていくからである。すなわち，保育・教育・福祉・医療・保健などにかかわる社会的共同消費，交通電信・コンピュータネットワーク・金融・保険などの社会的物質代謝システムなしには，人々は生存と発達を続けることが不可能となる。

このような貧困化と生産・生活の社会化を背景として，労働運動・住民運動が発展し，民主主義的法律がつくられ，これらの発達条件が制度として確立されることをとおして，公務労働は社会的共同業務の現代的再生を担うという性格をおびることになるのである。

第三に，公務員の賃金労働者化とともに，公務員自身の諸権利を守り労働条件を改善するための公務員労働組合運動が存在し，発展することである。国民の生存と人間発達を保障する労働としての公務労働がその役割を果たすためには，公務労働者自身の人権が保障されなければならず，また，公務員が自らの仕事の内容を改善し，自らの人間発達を保障するような行政職場の民主主義的条件がなければならない。また，職場における民主主義的条件を基礎に，公務労働者と住民とのたえざる交流，連携，協働が必要となる。

以上のように，民主主義的憲法，社会的共同消費や社会的物質代謝のための民主主義的法律とシステムの確立，行政職場の民主主義と公務労働者と住民との共同が存在してはじめて，公務労働の二重性を云々することが可能となり，社会的共同業務の現代的再生を担う労働として公務労働を位置づけることが可能となる，というのがわれわれの主張であった。

3　福祉国家と新しいタイプの公務労働

このような，労働運動・住民運動の発展と，その成果としての民主主義的法律にもとづいて，国民の生存と発達を担う公務労働の原型を，われわれは，19世紀中葉のイギリスにおける工場法と工場監督官に求めた。この点は，人間発達と公務労働の関係を考える上での最も主要な論点の一つとして，前著『人間発達の経済学』（第6章「人間発達を保障する労働」など）において詳細に論じられたところである。

イギリス工場法は，工場における1日の労働時間を制限するための標準労

働日の設定を中心的内容とするものであり，同時に，女性の深夜労働や児童労働を制限し，工場の衛生状態や作業環境の改善を命じるといった内容をふくんでいた。労働者が資本のもとでの従属的労働から一部解放され，一定の自由時間を確保できるようになること，また，子どもたちが過酷な労働を強いられることなく，適正な教育を受ける権利を保障されることは，資本主義社会における人間発達の最も基本的な条件の一つである。工場監督官は，こうした内容をもつ工場法を実施するために，工場への立ち入り調査権，規制・命令権などの強い権限をもつ公務員として配置された。それは，①資本の無制限な営利活動を規制するための一般的・民主主義的法律にもとづき，②労働者とその家族の生存と発達を保障するために，③強力な権限と専門性をもつ公務を遂行するという，まったく新しいタイプの公務労働の誕生を意味した。この工場監督官は，今日の日本では，さしずめ労働基準法にもとづく労働基準監督署の職員ということになるであろう。

このような，労働運動・住民運動の結果として制定されたさまざまな民主主義的法律にもとづく新しいタイプの公務労働は，その後，広い範囲の各分野に拡大していった。それには，①道路・鉄道・港湾・空港・ダム・電力・ガスなど社会全体の生産の一般的諸条件の整備，公営住宅・生活道路・上下水道・都市交通・公園・都市計画など住民生活の一般的諸条件の整備などを担う公務労働，②保育・教育・文化・社会教育・福祉・医療・保健など人々の社会的共同消費を支援するための社会的サービスを提供する公務労働，③警察・司法・課税・徴税・消防・選挙・議会など，社会の秩序を維持し紛争を処理するとともに，民主主義制度を維持するための公務労働，④防災・治山治水・清掃・廃棄物処理・公害防止・環境保全など人間と自然との正常な物質循環を調整するための公務労働などが含まれる。

こうした分野における公務労働は，20世紀に入り，先進資本主義国家がいわゆる福祉国家への道を歩み始めるにしたがって，さらに発展し，拡大した。それは，まさに，あらゆる共同体（社会）が存続するために必要な社会的共同業務を，現代的に再生するための労働を意味するものであった。ただし，これらの公務労働は，同時に，資本主義国家の官僚機構の一部に組み込まれ，

資本の営利活動に奉仕し，官僚的支配の一翼を担うという性格を完全に払拭したわけではなかった。一面では社会的共同業務の現代的再生を担うかにみえる新しいタイプの公務労働も，他面では，官僚機構の一環に組み込まれ，官治的・営利的国家業務を担わざるをえないという側面をあわせもたざるをえなかった。それは，軍事・警察・徴税などのいわゆる権力的業務にかぎられたことではなく，教育・福祉・医療などの非権力的業務においても同様にみられることである。民主主義的法律の存在，それを現実の住民生活に生かすための労働運動・住民運動の発展，公務労働者と住民との連携と交流などの条件が欠落するならば，こうした非権力的分野，福祉国家における新しいタイプの公務労働の分野においても，それが，国民の生存権・発達権を保障するどころか，それを阻害し，歪め，押しとどめることにつながりかねないからである。

II　福祉国家の限界と公務労働

1　新自由主義の台頭と公務労働

　わが国で1970年代に公務労働にかんする論議が高まった背景には，いわゆる革新自治体の発展と，それに対応した公務労働運動の高揚があった。しかし，1970年代は，同時に，2度にわたるオイル・ショックを契機とした経済・財政危機を背景に，福祉国家の限界が指摘され，これまでの「大きな政府」にかわって「小さな政府」を実現し，市場原理を優先させるべきであるという新自由主義的主張が強まる時期でもあった。この新自由主義的傾向は，1980年代のグローバリゼーションの進展のなかでさらに強まり，ソ連の崩壊を迎えた1990年代以降さらに拍車がかけられた。こうした動きが，公務労働および公務労働論にも大きく陰を落とすことになる。

　1970年代の半ば，第一次オイル・ショックによるスタグフレーションと国・地方の財政危機を背景にして，革新自治体に対する「ばらまき福祉ではないか」「公務員の人件費が高すぎる」「中央の財源にたよりすぎ」などの批判が，財界筋を中心に巻き起こった。1970年代の後半になると，これらの主

張は「現代都市経営論」として理論化・体系化され，行政の守備範囲論（民間部門と公共部門の守備範囲を明確にし，民間でできるものはできるだけ民間に委ねるべきである），行政の効率論（行政においても民間企業と同様の経済的効率を追求すべきである），受益と負担の一致論（住民は行政から受ける利益に応じて負担をすべきである）といった主張が強まることになる。

さらに，1980年代に入ると，「増税なき財政再建」をめざし，「国際社会への積極的貢献」と「活力ある福祉社会の建設」を2大目標とする「臨調行革路線」が進められ，「選択と自由」の名のもとに国民の自立・自助と生存競争を当然視する風潮は一段と高まった。われわれが，旧著『人間発達の経済学』を世に問うたのは，まさにこうした公務労働の縮小と自立・自助路線が強まろうとする時期であった。1980年代の後半には，いわゆる「地方行革」が始まり，国から地方への補助金の削減，地方公務員の定数管理の徹底，民間委託や下請化の推進，受益者負担の強化が進むことになる。

1990年代に入り，バブル経済が崩壊し，「失われた10年」といわれる長い不況期に入ると，一方では，グローバルなメガ・コンペティション（大競争）のなかで生き残るための減税と国家経費の削減への要請がいっそう強まるとともに，他方では，「景気対策」のための公共投資が肥大化し，それがさらに財政赤字を拡大して，「小さな政府」への圧力を強めるという悪循環が発生した。このようななかで，新自由主義的構造改革を前面に押しだす小泉内閣が登場し，人間発達保障労働としての公務労働，社会的共同業務再生を担う公務労働は，縮小と再編の危機に立たされることになる。

2　グローバリゼーション・脱工業化と公務労働

もともと，公務労働は，商品経済の枠外におかれた，脱商品化した存在である。公務労働は，一般にサービス労働であり，物質的財貨を生産せず，利潤も生まない不生産的労働である。ただし，現代資本主義経済の特徴は，その不生産的労働である公務労働の存在が資本蓄積と再生産の基本的条件となっているところにある。ところが，公務労働が利潤を生まない不生産的労働であることにはかわりはなく，利潤を求め資本蓄積を進める企業にとっては，

公務労働が利潤追求と資本蓄積に役立つかぎりではその有用性を認めはするが，その範囲を超えて過剰と感じられた場合は，「生産上の空費」として削減されるべき対象となる。福祉国家が成熟し公務労働が増大するにしたがって，資本の側からの「生産上の空費」への圧力は強まることなる。さらに，経済のグローバリゼーションによって，低コストを求めた海外への生産拠点の移転，地球規模でのメガ・コンペティションが起きると，こうした「生産上の空費」の削減と企業の租税負担の軽減への圧力も地球規模で展開することになる。

　他方では，資本蓄積が進み，経済におけるサービスや情報の比重が高まり，脱工業化の傾向が強まると，従来公務労働が担ってきた分野が資本にとっての新たな投資対象となり，資本への開放圧力も強まることになる。

　鉄道・港湾・空港などの大規模なインフラストラクチャーの整備は，大きな資本力が必要であり，いわゆる懐妊期間も長く，利潤の上がりにくい分野である。したがって，これらの建設や管理は国家をはじめとする公的部門に委ねられてきた。しかし，資本蓄積が進み，民間資本の技術水準と経営能力が高まるにしたがい，また，過剰資本の規模も大きくなるにしたがい，こうした分野をも民間資本の投資対象とする動きが強まってくる。

　また，福祉・教育・医療・文化などの分野は，人間対人間のコミュニケーション労働としての性格をもち，標準化・規格化がむずかしく，労働投入の量と質によってサービスの質が決定される。したがって，サービス生産における人件費の比重が高くなり，より短い時間で大きな効果を生むという意味での生産性を上げることが困難となる。さらに，大きな外部性と社会的価値をもち，社会の共有財産としてそのシステムやノウハウが蓄積されていくという性格を強くもっている。こうしたことから，これらの分野の運営や管理は，公務労働として公的部門に委ねられてきた。ところが，資本蓄積が進み，脱工業化の傾向が強まるにしたがって，サービス部門における民間資本の経験が蓄積され，これらの分野においても，民間資本なりの規格化・標準化，サービスコストの節約，生産性の向上が進む。さらに，投資の行き先を失った過剰な資本が生じるにともなって，こうした分野を新たな投資対象として

民間資本に開放せよという圧力が強まるのである。

「小さな政府」と市場原理の優先，民間活力の活用と公的部門の市場開放を主張する新自由主義の主張は，このようなグローバリゼーションを背景とした資本の願望を代弁するものであるといってよい。

3 中央集権的福祉国家の限界と公務労働

1970年代以来の公務労働論の高揚とその停滞を考えるうえで，欠かすことのできないもう一つの論点は，中央集権的福祉国家の限界という問題である。

福祉国家の理念は，すべての国民の生存権と発達権を国家の責任において保障することにある。そのために，福祉・教育・医療・保健などの社会保障制度を確立し，地域における道路・住宅・上下水道・公園等の社会資本を整備しなければならない。先にもふれたように，先進各国において福祉国家政策が浸透するにしたがって，人間発達保障を担う新しいタイプの公務労働者の数が増大した。これは，福祉国家の積極面を示すものであった。しかし，そこで，共通して現れたのが，歳入の中央集権化と歳出の地方分散化という現象である。

年金・医療・失業などの保険制度は別として，福祉・教育・医療などの公的サービスの提供や，道路・住宅・公園・上下水道などのインフラストラクチャーの整備は，当然のことながら住民生活の身近に存在する地方政府（自治体）の役割となる。そこから，公的部門の歳出規模，公務労働者の配置においては，中央政府よりも地方政府（自治体）の方が比重が高くなる。ところが，福祉国家におけるこのような公的サービスの提供とインフラストラクチャー整備をまかなう財源を確保するための租税収入は，中央政府に集中する傾向にある。というのは，地域間をたえず移動する企業と家計の経済活動を的確に捕捉し，法人税・所得税・付加価値税などの基幹税を確実に課税・徴収できるのは，地方政府（自治体）よりも中央政府の方が有利だからである。したがって，地方政府（自治体）はもっぱら中央政府から再配分される一般・特定補助金に依存して仕事をするという結果となった。こうして，歳入の確保や政策決定は中央政府が行い，個々の施策の実施は中央政府からの

財源配分に依存した地方政府（自治体）が行うという，歳入の集権化と歳出の分散化が生じ，政策決定と実施の乖離，いわゆるアカウンタビリティの欠落が生じることになる。

先にもふれたように，福祉国家における公務労働の増大は，それがただちに社会的共同業務の再生につながるわけではなく，一面では，官僚機構の一環に組み込まれ，官治的・営利的国家業務を担うことにもなりかねない。歳入の集権化，歳出の分散化を特徴とする中央集権的福祉国家においては，この傾向はいっそう顕著となった。

ここで，中央集権的福祉国家の限界は次のような諸点に現れた。

第一に，政策決定と行政執行との乖離が進むことによって，公務の内容を決定する権限が，地域住民から遠く離れた中央政府とその官僚機構にゆだねられるということである。ここから地域の実情や個性を無視した官僚的・画一的公務の遂行が蔓延することになる。

第二に，政策決定と行政執行の分離が進むことによって，行政運営における財政責任と効率性への意識がうすれ，ムダな財政支出や非効率を生みだしたということである。とくに，わが国の場合，公共土木事業と経済成長を優先させるという「土建国家型」の特徴を強くもっており，歳入の集権化・歳出の分散化という集権的分散システムが，ムダな公共事業と財政非効率の傾向をいっそう助長した。

第三に，政策決定と行政執行の乖離によって，公務の遂行が住民から切り離され，住民の実質的参加が後退するということである。公務の遂行が社会的共同業務の再生につながるためには，民主主義的法律の存在とともに，公務労働者と住民との間のたえざるコミュニケーション，フィードバック・システム，協働が必要となる。ところが，集権的分散システムのもとでは，こうした公務労働と住民の関係を構築することが困難であり，公務労働者は単なる公的サービスの提供者，地域住民は単なる公的サービスの享受者という関係になる。かつての地域共同体におけるように，地域住民こそが公務の形成と実行の主体であり，社会的共同業務の最終的な担い手であるという関係からはほど遠い状況が生まれることになる。

4　行政の民営化・営利化・市場化と公務労働

　新自由主義による福祉国家批判は，中央集権的福祉国家における官僚的・画一的公務の遂行，財政赤字と非効率の蔓延，住民参加の後退といった弱点をつくかたちで展開されてきた。しかし，それは，福祉国家の弱点を是正し，前向きに改革するのではなく，福祉国家が生みだした生存権に基礎をおく公共性を，財産権と市場原理に基礎をおく19世紀型公共性へと後退させる危険をはらんでいる。新自由主義による行政の民営化・営利化・市場化は，公共部門の本来的役割を空洞化し，公務労働を根底から変質させることにつながりかねない。

　第一に，行政の民営化・営利化・市場化は，生存権・発達権など国民の基本的権利の保障という公共部門と公務労働の役割を否定し，国民の生存と発達を能力ある普通の市民による自己責任の世界に押しもどすことを意味する。

　土地や財産からの自由，地域共同体からの自由という二重の意味で自由な労働者とその家族にとって，自らの生存や発達を保障するうえで，保育・教育・福祉・医療などの社会的サービスと，住宅・道路・上下水道・公園などのインフラストラクチャーの整備は，不可欠の条件となる。福祉国家は少なくともそれを公的部門と公務労働の役割と考えてきた。それは，これらの社会的サービスやインフラストラクチャーからの恩恵を，国民が自らの生存と発達のために享受する権利として認めることを意味した。

　ところが，行政の民営化・営利化・市場化は，これを国民の私的領域に押しもどし，市場における自由な私的契約関係におきかえることを意味する。市場における自由な契約関係の世界は，貨幣の力を媒介にして人々が自由に競争する世界である。そこではかならず成功するものと失敗するもの，勝者と敗者が生まれる。貨幣の力による格差が生じ，脱落者がでてもやむをえないという世界がひろがる。貨幣的負担能力のあるものは民間企業の提供する追加的サービスを享受することができるが，負担能力のないものはそこから排除されるしかない。こうして，生存権・発達権を保障するための社会的サービスが必要に応じて提供され，その費用負担（税負担）は国民の支払い能力に応じて課せられるという，福祉国家型社会とまさに正反対の関係が発

生する。

　そこでは公共部門と公務労働は，社会のセーフティ・ネット（落ちこぼれたものの救済）という狭い領域に押し込められ，福祉行政は救貧行政に後退することになりかねない。そして，民営化・営利化・市場化された公務は，人々のくらしを維持するために必要な社会的共同業務，国民の生存権・発達権を担う労働としてではなく，市場原理で動く世界における単純なサービス労働へと後退するのである。

　第二に，行政の民営化・営利化・市場化は，公務労働における意志決定機能と業務執行機能との分離，公務労働の細分化と規格化を前提としている。公共事業においては，鉄道・道路・空港からテーマパークや観光施設にいたるまで，社会サービスにおいては，保育・学校給食・清掃から総合計画の作成や公的施設の管理運営にいたるまで，公的部門の民営化・営利化・市場化が進む前提には，公的部門における意志決定と業務執行機能が分離され，個々の部門が細分化され，標準化・規格化された業務に分解されるという現実がある。

　こうして，公務労働における総合性が解体される。社会的共同業務の再生としての公務は，それぞれの業務が互いに補いあい，関連しあい，依存しあうという総合性をもっている。保育という公務ひとつをとってみても，その公務労働の遂行は，まちづくりの状態や地域経済の動向，保健行政や医療行政などと深く関連している。清掃という公務をとってみても，その公務の実行は，分別収集の状況，リサイクル社会への市民の意識，地球環境問題への地域全体の取り組みなどと広くかかわっている。こうした公務の総合性は，行政における意志決定と業務執行とが一体化し，相互の緊密な連携があってはじめて発揮される。ところが行政の民営化・営利化・市場化は，こうした公務の総合性を解体し，その相互補完関係と連携を切断してしまう。

　こうして，また，公務労働における専門性が解体される。人間発達保障労働としての公務労働の多くは，人間対人間のコミュニケーション労働としての性格をもっている。コミュニケーション労働としての専門性を高めようとするならば，いわゆる公務員試験で求められるような教養や専門・法律等の

知識だけでなく，現場での一定期間にわたる経験と熟練が必要となる。また，先輩から後輩への経験と熟練の継承が重要となる。そのためには，雇用の安定性と一定水準以上の労働条件は必要なことである。ところが，行政の民営化・営利化・市場化は，公務労働を画一化・単純化された単なるサービス労働に転化し，派遣職員やパートなどの短期雇用労働者に切りかえ，低賃金と不安定雇用を拡大することによって，こうした公務労働に求められる専門性をしだいに解体することにつながりかねない。

　第三に，行政の民営化・営利化・市場化は，公務労働と国民との間の民主主義的関係の空洞化を意味する。

　少なくとも福祉国家の理念型においては，国民と公務労働者との関係は，憲法や民主主義的法律をベースとした，主権者としての国民と「全体への奉仕者」である公務労働者との関係であった。主権者である国民の声や要望は，首長や議員の選挙をとおして，またその他の直接民主主義の諸制度をとおして，公務労働のあり方に反映する道がつくられている。しかし，行政の民営化・営利化・市場化は，国民がサービスの単なる享受者・顧客となり，主権者として公務のあり方について「異議申し立てをする機会」を失うこと意味する。すなわち公共性を形成する民主主義的プロセスが空洞化することになる。このように公共性を形成する民主主義的プロセスが欠落した場合，公務を形成し，規制し，そのあり方を変革する主体としての市民の姿が消え，市民が公務へ参加し協働するようにみえる場合も，それは単なる行政の下請け，安上がりの労働の活用でしかないということにもなりかねない。こうして，公務労働は，地域住民の生活世界から再び切り離されて，一方では，貨幣と商品による市場システムへ，他方では，権力と支配による官僚システムへと包摂されることになる。これはまさに，社会的共同業務の現代的再生とはまったくの逆方向といわなければならない。

Ⅲ 新しい市民的公共性と公務労働

1 新しい市民的公共性とは

　現代の公務労働が，福祉国家における公務労働のように，生存権や発達権など国民の基本的権利を担う専門的・総合的労働としての性格を維持し，さらに，ポスト福祉国家における新たな市民的公共性を担う労働となるためには，どのような改革が必要なのであろうか。

　公共性とは，①公共性を形成する主体とその権利内容，②私的・公的領域の区分，③公共性を形成するプロセス，④公共性を保持するための制度を四つの構成要素として，たえず歴史的に変遷し，構造転換をとげていくものである[9]。

　ここで，新しい市民的公共性とは，第一に，財産権に基礎をおく19世紀の市民国家型公共性や，生存権に基礎をおく20世紀の福祉国家型公共性を超えて，生存権を中心とする社会権にくわえて，自ら地方自治を担い，民主主義的で効率的な公共部門をつくる権利をふくめた新社会権[10]に基礎をおき，地域生活者としての市民を主体とする公共性である。国民主権，基本的人権，平和主義，そして地方自治を基本原理とする日本国憲法の存在は，新しい市民的公共性を構築するうえでも中核的な価値をもつものとなるであろう。

　第二に，新しい市民的公共性は，社会的な共同業務としての公的領域を，生産の一般的条件としてのハードなインフラストラクチャー整備だけでなく，生命の直接的生産と再生産を担う人的・社会的サービスの分野へと重点移動させるとともに，住民参加や住民自治などの民主主義的諸制度の拡充，地球の持続可能性を保障するための人間と自然との物質代謝調整の分野へと，さらに拡大していくものとなるであろう。ジェンダー，エスニシティ，児童，環境，文化など人権概念が豊富となるにしたがって，市民的公共圏は拡大し，社会的公平の概念もローカルからナショナルへ，ナショナルからインターナショナルへ，さらにグローバルな視点をふまえたものとして発展していくであろう。

第三に，市民的公共性を形成するプロセスとして，議会での論議，マスコミを通じた世論形成，企業の広告・宣伝活動などは，これからも無視することのできない力をもつであろうが，新たな市民的公共性においてより重要なことは，地域社会（生活世界）における市民による自由な民主主義的討論と市民の共同学習のプロセスを意識的につくりだすことである。何が互いの生存権・発達権を保障するための社会的共同業務となりうるのかを決定するのは，最終的には多数の市民の合意と，その合意を生みだす市民の評価能力であり，そうした市民合意と評価能力が形成されるのは，市民にとって最も身近な地域生活圏においてである。日常生活圏における体験と実践にもとづく自由な発言，市民による共同学習のひとつとしての地域調査，客観的データと情報の公開，議論を通じた共通の価値観と利害の確認，このようなプロセスをとおして，また，こうしたプロセスを地域や国境を超えて意識的に組織することをとおして，新しい市民的公共性が形成されていくことになる。

　第四に，新しい市民的公共性を維持する制度としては，中央集権型の福祉国家システムではなく，分権型の福祉社会システムへの再編が必要となる。中央集権型の福祉国家の限界を克服するためには，税源の大幅な地方移譲と自治体課税権の拡大を基本とする分権型社会を構築しなければならない。地域生活圏で形成される新しい市民的公共性は，こうした分権的システムによって維持・継続されることになるであろう。

　ただし，国民国家の役割がまったく失われるわけではない。中央政府によるナショナル・スタンダード保障のための全国的な財政調整システムは依然として残されるべきである。さらには，地球規模でのグローバル・ミニマムを保障するためのなんらかの国際的機構の確立が必要となる。新たな市民的公共性を維持する上で，ローカル・ナショナル・グローバルという三つの次元での政策統合とガバナンスの確立が必要となる。しかし，そのなかでも，ローカル・ガバナンスとその中心的存在としての地方政府（自治体）の役割は最も重要となる。地方政府は，公共サービスの提供者（provider），地域社会の規制者（regulater），そして指導者（leader）として，市民的公共性を維持するうえでの決定的役割を担うことになるであろう。

2 公務労働の課題

このような新しい市民的公共性を担う労働としての公務労働に課せられた課題は何であろうか。

第一に，新しい市民的公共性を形成する主体としての市民と，その公共性を担う公務労働者との連携・交流をさらに強めることである。新自由主義的な公共部門再編の最大の問題点は，主権者としての国民と公務労働との民主主義的関係を断ち切るところにあった。そうさせないためには，公的部門に雇用される公務労働者の身分を守るという消極的立場ではなく，これまで以上に公務労働者と市民との共同・連携を強めることが求められる。

芝田進午は，「自治体労働者の任務の一つは全人民を民主主義の活動に，つまり公務に引き入れ，組織することにある」[11]と述べている。単なる公的サービスの享受者・顧客としての市民ではなく，公共性の再生を担う主体としての市民とともに歩み，市民との共同をとおして，公務の質を高めることが公務労働者に課せられた最大の課題だといえる。

槌田洋は，近著のなかで，公的保育所無用論に抗して取り組まれてきた，大阪府吹田市における育児教室の開催をはじめとする子育て支援事業の活動を総括して，次のように述べている。「こうした経験は，子育て世帯相互の交流をとおして親の感性を磨き，子供との共感能力を引き出すようなコミュニケーション関係を形成することが，現代子育て問題に対応した公共政策の基本的役割の一つであることを示している」と。さらに一般化すれば，「生活の社会化とこれに並行して進む地域社会の解体と孤立化のなかで，住民の自主的で意識的な共同的関係の形成に向けて，公共サービスが重要な役割を果たすこと」，さらに，「住民の自主的で意識的な共同的関係を媒介する公共サービスが，住民自治の主体形成に向けた基盤としての役割を果たすことを示すものである」[12]と。ここには，公務労働の役割が，貧困化し孤立化する住民に社会的サービスを提供するだけのものではなく，住民との共同・交流をとおして住民の潜在能力を顕在化させ，住民自治の主体としての発達を促すところにあることが見事に示されている。

さらに，これからは，こうした住民自治の主体としての市民を，個々の市

民としてだけでなく，一定の財政力と組織力と専門性をかねそなえた集団として，すなわち民間非営利団体（NPO）などの集団として，どのように育成していくかが課題となる。つまり，新しい市民的公共性の担い手のひとつとして，公務労働の重要なパートナーとしての市民組織をどのように育成していくかが，これからの公務労働の重要な課題となるであろう。

　第二に，新しい公共性とそれを担う公務労働の分野を拡大し，公務労働における柔軟性・総合性・創造性を高めることである。新しい市民的公共性の基礎には生存権・社会権・新社会権など市民の諸権利がある。これらの市民の諸権利の内容は，グローバル化，少子高齢化，情報化などの社会構造の変化のなかでたえず変化し，多様化・複雑化していく。ジェンダー問題，エスニシティ問題，情報プライバシー保護，子どもの虐待防止，環境文化権など，新しい公共性を構成する権利内容は多様な分野に広がり，また，地域的・全国的・国際的な重層的な展開を見せている。こうした新しい課題に取り組んでいく柔軟性・総合性・創造性が，公務労働に求められているのである。

　これまで，こうした柔軟性・総合性・創造性とはまったく逆のことが公務労働の特性であると市民の目には映ってきた。すなわち，硬直性（お役所仕事），セクショナリズム（縦割り行政・たらいまわし），保守性（前例主義・ことなかれ主義）など。こうした公務労働に固有の硬直性・セクショナリズム・保守性を打破するような改革を，安易な民営化や市場化とは異なる手法でいかに達成するかが課題となる。

　槙田洋は，先にもふれた子育て支援事業について，そのポイントは，「保育士が父母の悩みや力量を捉える観察力の鋭さであり，園児との交流や親同士の交流を媒介として親の意識や関心の変化と発展を促すという，働きかけのスタイルにある」と述べ，これはコミュニケーション労働としての公務労働の特徴が発揮されたものであるとしている[13]。二宮厚美は，公務労働をコミュニケーション労働としてとらえ，「コミュニケーション労働としての公務労働は住民発達保障と人権保障を同時に担わざるをえない」[14]ことを強調している。公務労働が柔軟性・総合性・創造性を発揮するためには，公務労働が，このようにコミュニケーション労働としての力量を発揮するうえで，

豊かな人権感覚，住民の潜在的発達要求を発見しそれを「共受」する能力[15]をもち，さらにそれを普遍化して公務として位置づけていく力量をたくわえ，その公務を総合的に遂行するためのシステムづくりへと発展させる組織的な力量を培うことが求められることになる。

第三に，新しい公共性を担う公務労働の発展のためには，一方では，公務労働それ自身が地域的な個性や文化性を発揮する必要があり，他方では，地域をこえた都市と農村の交流と連携，さらに国際的な連帯を広げることが求められる。

中央集権的福祉国家の限界を克服し，分権型福祉社会を構築するためには，地域住民に最も身近な存在としての基礎的自治体の公務労働者の役割が重要となる。政府や地方制度調査会などは，分権化の受皿としてより規模の大きい自治体が必要であるとして，市町村合併や府県合併，さらには道州制を進めようとしている。しかし，新しい市民的公共性を地域生活圏から再生させ，それを担う公務労働を発展させるためには，むしろ小さな規模の基礎的自治体の役割を高めることが必要であろう。国主導の市町村合併に抗して，自立への道を歩もうとしている多くの「小さくても輝く自治体」の姿が，それを示している。

長野県栄村（人口2600人），泰阜村（2200人），京都府美山町（5200人），和歌山県南部川村（6600人）など，すぐれた村おこし活動を進めているところに共通する特徴は，①自治体行政が地域のくらしの実態を深く広く把握し，地域住民の要求を正確に理解していること，②しかも，その解決のために行政がすべてを請け負うのではなく，実践的住民参加を促し，住民の創意工夫を引きだしていること，③地域固有の資源や伝統文化を重視し，その現代的再生や活用に工夫をこらしていること，④それぞれの地域と都市市民との交流・連携を広げていることなどにある。このようなすぐれた自治と地域づくりの経験は，人口1万人以下の小規模自治体なればこそ可能であったとも考えられる。人口数十万の大都市では，おそらくこのように個性的で豊かな取組みを持続的に進めることは非常に困難をきわめるであろう。新しい市民的公共性の形成とそれを担う専門的でかつ総合的，個性的でかつ文化的な公務

労働の姿は，きびしい財政困難のなかで自立への道を選択し，実践的住民自治を発展させようとする，山間の小さな自治体の経験に学ぶところから生まれてくるのかもしれない。

注
1) 基礎経済科学研究所編『人間発達の経済学』青木書店，1982年，第6章を参照。
2) 芝田進午編『公務労働の理論』青木書店，1977年。
3) A・トクヴィル（井伊玄太郎訳）『アメリカの民主政治（上）（中）（下）』講談社学術文庫，1987年。
4) 重森曉『地域と労働の経済理論』青木書店，1981年，144ページ。
5) 池上惇『現代国家論』青木書店，1980年，主に第2章を参照。
6) 芝田編，前掲書，20ページ。
7) 遠藤晃「官僚制と公務労働」，島恭彦・池上惇・遠藤晃編『自治体問題講座1』自治体研究社，1979年。
8) 重森曉『現代地方自治の財政理論』有斐閣，1988年，248ページ。
9) 詳しくは，重森曉「市民的公共性の再生と公務労働」，『大阪経大集』第53巻第2号，2002年7月などを参照。
10) 池上惇『財政学』岩波書店，1990年などを参照。
11) 芝田進午編『公務労働』自治体研究社，1970年，32ページ。
12) 槌田洋『分権型福祉社会と地方自治』桜井書店，2004年，42ページ。
13) 同上，47ページ。
14) 二宮厚美『自治体の公共性と民間委託』自治体研究社，2000年，99ページ。
15) 同上，96ページ。

第5章　現代の国民生活とナショナル・ミニマムの意義

成瀬龍夫・二宮厚美[*]

はじめに——ナショナル・ミニマムの出発点としての憲法

　現代の公共経済学の課題は，国民の暮らしからみれば，ナショナル・ミニマムをどのように設定し，保障するのか，という点にあるといってよい。ナショナル・ミニマムとは，国民すべてに最低限これだけはどんなことがあっても保障されるという生活水準のことである。したがって，ナショナル・ミニマムとは国民生活に対する最低限保障の基準を意味する。

　現代日本で，このナショナル・ミニマムを謳ったものは，言うまでもなく，憲法第25条である。その第1項は，「すべて国民は，健康で文化的な最低限度の生活を営む権利を有する」と規定している。この条文は，文字通り，国民生活のナショナル・ミニマム保障を謳ったものにほかならない。この条項は，ただし，現行憲法の原案となったGHQ憲法原案にはなかったものである。ナショナル・ミニマムを規定したこの条文は，戦後新憲法を審議した衆議院のなかで，日本側から提示された文言であった。

　この条文を直接に提案したのは，当時の衆議院議員森戸辰男（社会党）であった。といっても，その発案は森戸個人からでてきたものというわけではない。森戸を含む憲法研究会（高野岩三郎・鈴木安蔵等）が1945年12月に発表した新憲法案には，すでに，この条文に近い「国民は健康にして文化的水準の生活を営む権利を有す」という条文が盛り込まれていた。森戸はこの憲法

---

　[*] 本章はもともと成瀬の執筆予定であったが，原稿にとりかかる過程で成瀬が滋賀大学学長に就任することになり，激務の公職のなかで執筆することは極度に困難となったために，研究会での成瀬報告および討論をもとに二宮がいわば代筆し，それを後に成瀬が点検するという形ででき上がったものである。

研究会案にそって、上記の条文を提案したのである。

憲法研究会の考えはどこからきたか。これは、後に森戸自身が「ひとくちに言って、ドイツ・ワイマール憲法の影響が非常に出ている」と語っているように、第一次大戦後（1919年）のワイマール憲法の思想を継承したものであった[1]。ワイマール憲法は世界史上初めて生存権を織り込んだ憲法として有名であるが、そこでは経済生活全般が「人間に値する生存を保障するという目的をもった正義の諸原則」（第151条）に従うべきことが謳われていた。ただし、GHQによる憲法案にも、当初から、この生存権思想は受け継がれていた。というのは、GHQ案は、「法律は、生活のすべての部面につき、社会の福祉並びに自由、正義および民主主義の増進と伸張を目指すべきである」となっていたからである。ここでは、社会福祉と自由・正義・民主主義とが同格におかれ、その双方が同時に全生活部面において生かされなければならない、とされていたのである。

では、現憲法の第25条とワイマール憲法およびGHQ憲法草案の生存権思想は、同一線上のまったく同じ性格・内容のものかというと、必ずしもそうとはいえない。その違いは、GHQ案をもとにして憲法制定国会に提出された「帝国憲法改正案」（1946年のいわゆる4.17案）を見れば理解できる。生存権条項にかかわる「改正案」は次のようになっていた。

「法律は、すべての生活部面において、社会の福祉、生活の保障及び公衆衛生の向上及び増進のために立案されなければならない。」

この条文案は、現憲法第25条2項の「国は、すべての生活部面について、社会福祉、社会保障及び公衆衛生の向上及び増進に努めなければならない」にほぼ同じである。このことは、森戸辰男らの日本側の発案による条文が現憲法の第25条1項に採用されたために、GHQ案の生存権条項が2項にまわったということを意味する[2]。だから、現憲法とGHQ憲法案とは、こと生存権に関するかぎり、まったく同じものとはいえない。

両者の違いはどこにあるか。それは、第25条の1項と2項の主語の違いに注目すれば、ただちに理解される。第1項の主語は「すべて国民は」となっている。つまり、これは国民の生存権そのものを高らかに宣言したものにほ

かならない。これにたいして第2項の主語は「国は」となっている。GHQ案でいうと，主語は「法律は」である。第2項は，国家や法律の義務，すなわち第1項で規定された生存権を保障する国家の義務を述べたものにほかならない。したがって，日本の憲法は，その第25条において，まず第一に国民の生存権保障を明記し，そのうえで第二に生存権保障のための国家の義務を明示したという点で，国家の努力義務やいわゆる生存権保障のプログラムを主張するにとどまったワイマール憲法やGHQ草案よりも，一段と発展した内容をもつといわなければならない。

現代の公共経済学に問われるナショナル・ミニマムは，この憲法による生存権保障を出発点にして検討されなければならない。この点を確かめておいて，以下，その具体的検討に入っていくことにしよう。

I　ナショナル・ミニマム概念の三側面

1　最低限保障としてのナショナル・ミニマム

一口にナショナル・ミニマムといっても，その中身に立ち入ってみると，その概念は，いくつかの構成要素を含んでいることがわかる。たとえば，ナショナルというのは，さしあたり民族国家的ないし国民国家的という意味である。だから，ナショナル・ミニマム保障という場合にも，国民とは認められない人，国籍をもたない人は，そこから排除されるということになる。ところが，何をもってナショナルなものとするのかは，相当にやっかいな問題を含む。また，ミニマム保障といっても，何をもって最下限とするのか，議論は分かれるところだろう。健康で文化的な最低限度の生活といっても，何を最低限の基準にするかは，一義的には決まらない。

したがって，現代的なナショナル・ミニマム保障の課題を検討していく場合には，その内的諸要素または諸側面を分析し，それぞれの内容の争点と課題を明らかにしていかなければならない。ここでは，ナショナル・ミニマム概念を三つの面に分け，それぞれの争点や課題を見ていくことにしよう。

まず第一は，何をもって最低限保障とするのか，その最低限の決め方にか

かわる問題である。憲法にそくしていうと，国民の権利としての「健康で文化的な最低限度の生活」(minimum standards of wholesome and cultured living) が決まれば，その保障のために，国家は義務を負うことになっている。その公的責任・義務の範囲は，最低限の生活水準をどこに設定するのか，これによって決まってくるということになるだろう。

「人間裁判」と呼ばれた朝日訴訟は，まず何よりも，ナショナル・ミニマムとして保障されるべき生活水準を問うものであった。朝日訴訟は，直接には，当時（1950年代半ば）の生活保護基準が果たして「人間に値する生活」水準を保障するものであるかどうかを問う裁判であったが，第一審の「浅沼判決」は，国民生活のナショナル・ミニマム水準は科学的・客観的に確定できるものであり，一人ひとりの国民は具体的にその保障を国家に請求し得る権利であること，一言でいえば憲法第25条は画餅ではないということを明らかにした。これは，国民の生存権保障において国家がどこまで公的責任を負うのか，朝日訴訟はその公的守備領域を確定する意味をもっていた，といいかえることができる[3]。

建物にたとえていえば，ナショナル・ミニマムとは公的責任のもとで保障される一階部分をさす，ということになるだろう。ここでは，ナショナル・ミニマムを超える水準の文化的生活は自助努力の世界，すなわち私的責任ないし守備範囲として区分され，それは二階以上の高層部分に位置づけられることになる。一階部分は福祉国家的公共圏であり，二階以上の部分は市民社会的自助圏である。

福祉国家的公共圏を律するのは公共原理であり，市民社会的自助圏を律するのは，基本的には，市場原理である。公共原理の筆頭は人権保障にあるから，国民生活全般の豊かさを決める公共原理は，生存権をどのような水準において評価し把握するのかが，福祉国家のなかの国民生活を規定する決定的な指標となる。福祉国家的公共圏の埒外におかれた二階部分は公的な課題ではなく私的な課題，つまり私事の世界において処理されることになる。私事の世界とは，市場社会である。なぜなら，資本主義の土台は市場機構にあり，資本主義的市民社会に生きる人びとは，なにごとも私事として市場原理に委

ねる世界に包摂されるからである。

　ナショナル・ミニマムの保障は，こうして，現代では，公共原理と市場原理の守備範囲をどのように区分するのか，福祉国家的公共圏と市民＝市場社会的自助圏との仕切りをどのように設定するのか，という争点と不可分の関係にたつといわなければならない。この点をいまここで強調しておくのは，後にみるように，市場原理をふりかざす新自由主義的潮流が，現代社会では，「公共原理 vs. 市場原理」，「福祉国家的公共圏 vs. 市民社会的自助圏」「公的責任 vs. 自助責任」といった対置のなかで，後者の市場原理に依拠した公的守備範囲の見直しに殺到しているからである。

2　ナショナル・ミニマムの三つの柱建て

　第二は，ナショナル・ミニマム保障がどのような生活領域に適用されなければならないのか，その領域設定にかかわる問題があるということである。この問題が起こるのは，国民の生活が多彩・多様な広がりをもった側面・領域から成り立っているためである。国民生活は，日常の衣食住をはじめとして，文化・娯楽，教育や社会参加，医療・福祉・介護など，多彩な機能・側面をもって営まれている。この多様性をもった国民生活にナショナル・ミニマムの思想を適用する場合，いかなる組み立てでナショナル・ミニマム保障を構想しなければならないか，という問題がでてくるであろう。

　ナショナル・ミニマム概念は，それ自体をとりだすと，最少限とか最低限という意味を持つミニマム用語の語感にあらわれているように，これは多寡大小の量的基準を示す言葉である。だからこそ，上で述べたように，ナショナル・ミニマムは建物の一階部分，自助責任部分は二階部分，という高低の比喩が可能だったのである。だが，ナショナル・ミニマム保障が適用される国民生活は，多様な質・領域にまたがる諸要素から成り立っており，たとえば，食生活と住生活，また読書生活等を単純に同質のものとみなすわけにはいかない。異質なものを比較して，その最低限水準を一元的に保障するなどということはできない相談だから，一口にナショナル・ミニマム保障といっても，その適用領域を整理し，確定しておかなければならないのである。

この問題は，実は，ナショナル・ミニマム保障に対する国家の責任を領域的に規定した憲法第25条2項の解釈にかかわっている。その条文は，再度引用しておくと，「国は，すべての生活部面について，社会福祉，社会保障及び公衆衛生の向上及び増進に努めなければならない」となっていた。一読して明らかなように，ここでは具体的に，社会福祉・社会保障・公衆衛生の三つの手段・領域を通じたナショナル・ミニマム保障が謳われている。現憲法は，これらの三つの舞台を媒介にして，ナショナル・ミニマム保障にたいする公的義務を主張しているわけである。

　このことは，先の建物の比喩を使っていうと，ナショナル・ミニマム保障の住居一階部分の，いわば間取りを示したものにほかならない。すなわち，国民の暮らしのナショナル・ミニマムは，社会福祉・社会保障・公衆衛生という三つの間を持つ平屋部分でまず保障される，憲法はこれを謳っているのである。国民は，さしあたり，これらの三つの間を自在に使いこなしていけば，日々最低限の暮らし向きは保障される，と理解すればよい。社会福祉と社会保障，そして公衆衛生という三つの公的空間＝間取りを必要に応じて使いこなすことができれば，少なくとも「人間に値する生存」が国民すべてに保障される，このような考え方がナショナル・ミニマム保障の思想なのである。

　ただし，ここでやっかいになるのは，社会福祉・社会保障・公衆衛生の三つの間取りは，いかなる基準によって間仕切りがなされているのか，この問題がでてくるということである。これは，社会福祉・社会保障・公衆衛生を理論的にどのように区別するのか，ということにかかわる。いまここでやっかいといったのは，これら三つを理論的・体系的に区分する論理整合的な説明が見あたらないからである。だが，ここは，そういういわば「純研究的な課題」にこだわる場ではない。それらは将来の解決課題として残しておいて，いまここで重要なことは，ナショナル・ミニマム保障の部屋を間仕切りするときの考え方，その時に必要になる柱だてのほうである。ここでは，紙数の関係もあるので，簡単に結論を述べる[4]。

①現金給付型の所得保障

　まず第一の柱は，現金給付型の所得保障の仕組みである。現代社会は市場

を土台にして成立しているから，人びとの生存に必要な財貨・サービスはことごとく商品の形態をとる。国民すべてがこれらの生活必需品・サービスを獲得するためには，貨幣所得が必要になる。貨幣所得は，国民多数にとって，一部の財産所得を別にすれば，勤労所得と非勤労所得に分かれる。勤労所得は賃金であるが，この賃金は再び直接賃金と間接賃金に分かれる。これらの所得形態に対して，ナショナル・ミニマムの基準を適用して，最低限所得保障をはかること，これが第一の柱になるだろう。

　ただし問題なのは，勤労所得と非勤労所得，直接賃金と間接賃金の四つにたいして，最低限の所得保障を考える場合の基準のとり方である。ここでは，典型として，直接賃金に適用される最低賃金，間接賃金としての年金，非勤労所得としての生活扶助という三つの貨幣所得範疇が浮かび上がる。そうすると，最低賃金，年金，生活扶助という三つの分野の最低限所得保障をどのような相対的バランスをもって，いかなる水準に設定するか，これが問題になるだろう。やっかいなのは，この問題にたいする一義的な解答はいまのところ示すことができないということである。そこでここでは，その考え方について，いくつかの点を指摘しておきたと思う。

　その一つは，最低限所得保障の基準を設定する場合の出発点は生活扶助の水準にあるということである。生活扶助（生活保護）は，朝日訴訟が示したように，また憲法の生存権規定からみて，所得保障のあり方を決める場合のスタートラインの意味を持つ。ただし，生活保護制度は，次に見る現物給付型の社会サービス保障を含むために，その水準は，現金給付と現物給付の両者のバランスのなかで設定されなければならない。したがって，生活扶助の所得水準は一義的には決まらない。

　次に，勤労所得としての最低賃金は，生活扶助の水準以上に設定されることになる。これは，同じ最低所得保障といっても，勤労所得と非勤労所得とでは，後者に比して前者が高くなるのは当然だという社会通念的常識によるが，勤労者には，それだけ多くの生活費が必要になるということにもよる。ただ，問題なのは，最低賃金にせよ，生活扶助にせよ，最低所得保障を個人単位で考えるのか，それとも世帯単位で考えるのか，という基準のとり方次

第で，その相対的水準に違いがでてくるということである。生存権という人権は，そもそも国民一人ひとりに保障された人権だから，時代の趨勢が個人単位に向かうことは，おおむねのところ，承認されるだろう。だが，夫婦関係にせよ，親子関係にせよ，さらにまた事実婚関係にせよ，現実の生活はすべて個人単位で進行するわけではなく，後にもみるように，生存権保障のあり方をいっさいがっさい個人単位で律するというわけにはいかない。この点がここでは考慮されなければならない。

残る年金水準はどういうことになるか。これも一義的には決まらない。なぜなら，現在までのところ，先進国の年金制度は，最低所得保障としての国民基礎年金と勤労世代期の所得を反映した所得比例部分との二つに分かれ，最低所得保障一本の年金制度にするのか，それとも最低所得プラス所得比例型の二階建て年金制度にするのかで，最低所得保障としての年金水準に違いがでてくるからである。そのうえに，年金は，勤労者からみれば，社会的間接賃金に該当する。したがって，最低限所得保障としての年金も，最低賃金の水準をどう設定するかによって，上下に動くということになるだろう。

このようにみてくれば，ナショナルミニマムとしての最低所得保障を考える場合には，さまざまな諸要因を考慮しなければならないことが理解できよう。ただし，ここは事態の複雑さを強調して，解答の困難性を主張する場ではない。むしろ重要なことは，考え方の筋道をはっきりさせることである。端折っていえば，所得保障では，「生活扶助→最低賃金→年金水準」の順にそって検討されなければならないこと，ただしその場合には，現金給付と現物給付との関係，個人単位か世帯単位かという基準のとり方，直接賃金と間接賃金のバランス関係，これらを並行して検討していかなければならない，ということである。この点を確かめておいて話を急いで移さなければならない。

②現物給付型の社会サービス保障

ナショナル・ミニマム保障の第二の柱は，現物給付型の社会サービスを保障する課題である。

社会サービスとは，保育・教育・福祉・医療・介護等の具体的な対人サービス労働のことである。現物給付というのは，これらの対人社会サービス労

働を現物の形で国民に提供すること，これを公的に保障することである。したがって，現物給付型社会サービス保障とは，教育・医療・福祉等の受給関係を市場機構に委ねるのではなく，市場とは別の公共的世界において考えるということにほかならない[5]。

憲法第25条にいう社会福祉・社会保障・公衆衛生は，保育・介護から医療，保健等を含むために，ナショナル・ミニマム保障には，当然，これらの対人社会サービスが包含される。とはいえ，もちろんここでも，たとえば保育におけるベビーホテルやベビーシッター，教育における学習塾や予備校，医療における自由診療や売薬などにみられるように，公的保障領域をはみでた私的領域が存在する。二階建ての比喩にそくしていえば，一階部分のナショナル・ミニマム保障の上に，二階部分の市場的取引にまかされるサービスがあるわけである。

したがって所得保障の課題と同様に，社会サービスのナショナル・ミニマムを保障する場合にも，公私間の守備範囲の線引きをどこに置くのか，という問題が生まれる。いまここで重要なことは，社会サービスの公的保障領域は，社会サービスの持つ特性に照らして検討されなければならず，所得保障のときとは異なる基準が必要になる，ということである。社会サービスの特性とは，本書最終章で見るように，その労働が人と人とのコミュニケーションを媒介にして進むという点に求められる。教育・医療・福祉等の労働は，相手とのコミュニケーションを媒介・方法にして進められるために，現場の裁量権や自治保障が不可欠となり，それゆえ，それらの専門的労働そのもの，つまり社会サービスの現物給付が可能なかぎり高い水準で保障されなければならない。

③人権保障の公的規制・ルール

第三は，ナショナル・ミニマム保障に向けた各種の公的規制やルールである。この規制・ルールは主に市場原理に課せられる。たとえば労働市場では，最低賃金，労働時間，安全・衛生基準，解雇規制，児童労働制限等がその例である。医療・福祉・保育等でも施設定員，職員配置，運営基準等に規制・ルールが適用され，いわゆる最低基準の充足が求められる。

現代の生存権には環境権やアメニティ権が含まれるために，環境保全のための規制やアメニティ確保のためのルールも不可欠である。公害防止，公衆衛生，食品安全，建築基準，廃棄物処理等の規制・ルールもナショナル・ミニマム実現には欠かせない。これらは市場の自由，営業の自由に委ねると生存権が危うくなる諸課題に対する公的規制・ルールを意味するだろう。

以上のように，一口にナショナル・ミニマムといっても，その領域ないし柱建ては所得保障，社会サービス保障，公的規制・ルールの三つから成り立っている，ということを本節ではおさえておくことにしよう。

3 ナショナル・ミニマムで問われる平等性

ナショナル・ミニマムは，人権一般がそうであるように，全国民に公平・平等概念で保障されるものである。これはあらためて確認しなくてもよいほどに自明なことであるが，それを承知のうえで，ここであえてふれるのは，現代日本では，国民のなかで不平等・格差問題がとくに深刻になっているからである。それはたとえば，90年代後半以降，「機会不平等の到来」「中流崩壊」「格差社会日本」「希望格差社会」といった問題が論壇の話題を呼んできたことにあらわれている[6]。

ただし，平等・格差問題をとり扱うときには，一般的に，A・センが力説したように，「何の平等か」をまずとりあげなければならない[7]。なぜなら，平等概念はそもそも同一線上に並べたものの相対的比較にかかわることであり，何を基準にして平等・不平等を問うのかを，まず明らかにしておくことが肝心だからである。たとえば，人の大きさの平等を問うときには，体重を基準にするのか，身長を基準にするのか，この基準（センの用語では焦点変数）のとり方次第で，比較は異なってくる。

このことは，逆にいうと，一定の平等基準を選択し国民生活の平等化をはかろうとすると，他の基準ではかった不平等が生まれざるをえない，ということを意味する。たとえば，ナショナル・ミニマムの領域のうち，個人を単位にした最低所得水準の平等化だけを選択すると，他の領域，つまり医療水準や教育水準を基準にした個人の不平等はそのまま容認されることになる。

最低限所得保障では平等だが，教育・福祉・医療等の社会サービスの水準からみれば，国民相互に格差・不平等が発生してしまうというのでは，ナショナル・ミニマムとしての生存権が保障されたとはいえないであろう。

この視点からみると，しばしば問題にされる「機会の平等か，結果の平等か」という問題の立て方は，平等概念からみて適切とはいえない。なぜなら，機会の平等と一口にいっても，機会そのものは，教育機会，就業機会，昇進機会，営利機会等さまざまな基準があり，結果の平等でも，能力・所得・地位・資産などさまざまな指標があるからである。「何の平等か」の基準を鮮明にしないと，機会にせよ結果にせよ，平等が実現しているかどうかは確かめられないのである。

後の議論のために，ここであらかじめ述べておくと，現代のジェンダー・エクィティ推進論は，男女間の人格的平等を基準にして社会構造の見直しをはかろうとする議論である。ナショナル・ミニマム概念にそくしていえば，ナショナル・ミニマムの保障は男女間に不平等があってはならないという思想である。したがって，このジェンダー・エクィティ概念はナショナル・ミニマム概念に合致し，その一要素を形成する。だが，ジェンダー・エクィティ論そのものは，ナショナル・ミニマムの概念内容全体を導きだすものではない。なぜなら，それはジェンダー・エクィティという一つの平等基準，焦点変数を設定して，その実現をめざすものにすぎず，他の基準ではかった平等を導きだすものではないからである。

そうすると，ナショナル・ミニマム概念で問われる平等性とは何か，ということがあらためて問題になってくるだろう。ここでの仮説的結論はこうである。すなわち，その最低限保障が公的責任とされる所得保障，社会サービス保障，公的規制・ルールを基準にして，男女を問わず全国民に適用されるべき平等性，これがナショナル・ミニマムで問われる平等概念にほかならない。したがって，「何の平等か」という問いにたいするナショナル・ミニマム概念の回答は，上記の三つの柱を基準にするために，多元的なものにならざるをえない。

ただし，多元的ということは，三つがバラバラに併存しているということ

を意味するものではない。多元的なものを統一する根っこがあるはずである。その根っこは，結論先取り風にいえば，人間発達概念である。だが，ここで結論にいきなり向かうのは短兵急にすぎる。ここでは，現代社会において，以上のようなことが問題になる背景や時代構造に目を向けておかなければならない。

II　グローバル化のなかの福祉国家とナショナル・ミニマム

1　押し寄せるグローバリゼーションの波

　現代社会でナショナル・ミニマム概念を再評価するのは，それなりの理由がある。その理由は，簡単にいうと，1990年代以降の世界史がナショナル・ミニマムの解体・再編に向けた歩みを強めてきた点に求められる。

　ナショナル・ミニマムの見直しを促した決定的事情は，経済のグローバル化であった。1990年代以降のグローバリゼーションは，①世界の市場化，②全世界への多国籍企業の進出，③情報・通信技術の変革をともなって進行したために，世界各国をメガ・コンペティション（大競争）の渦に巻き込んだ。そのなかで，先進諸国の支配的資本は，貨幣・商品・生産資本のいずれをとわず，多国籍企業の形態をとるようになり，各国民国家は主要な多国籍企業の競争手段として位置づけられるようになった。先進資本主義の諸国家は，いわゆる「国民的競争国家」として再編成されることになったのである[8]。

　多国籍型大企業は，伝統的国民国家の諸側面をスクラップ・アンド・ビルドのふるいにかける。新しく構築され強められなければならないのは多国籍企業の蓄積を支援・後見する側面であり，縮小・廃棄されなければならないのは，多国籍企業には足枷となり，重荷となる側面である。ビルドの代表は情報・通信技術を核にしたハイテクの開発，スクラップの代表は福祉国家ということになる。

　そこで，先進諸国の多国籍企業は，いっせいに，自らにとっては足枷ともなり，高費用の負担を招く福祉国家の切り崩しに向かうことになった。福祉国家見直しの武器は新自由主義のイデオロギーに求められる。新自由主義と

は，この場合，公共原理の世界を市場原理の世界に置き換えること，つまり福祉国家に市場原理を徹底して適用することを意図したイデオロギーのことである。これによって，世界各国では，公私間の守備範囲の見直し，公共部門の民営化・自由化，公的規制の緩和・撤廃，民間活力路線，NPM（New Public Management）の導入といった動きが活発になった。

　いまここで重要なことは，グローバリゼーションが国民国家の役割を消滅させたのではない，ということである。グローバル化が国民国家に及ぼす影響については，一方で「国民国家の黄昏」説の延長線上でグローバルな「帝国」の出現を捉える見解があり，他方で逆に「資本の国家」として国民国家が純化していく過程を捉える見方がある。いまこの論争に立ち入ることはできないが，A・ネグリらの「帝国論」に典型をみる前者の脱国民国家論では，国民国家が新自由主義的な再編に向かい，多国籍企業の利害にそったという意味では「資本の国家」として純化の道に向かう過程が十分に把握されないことを指摘しておこう[9]。

　ただし，グローバリゼーションが伝統的国民国家の諸機能のいくつか，たとえば金融政策や租税政策，為替・通貨管理，社会政策等の諸機能を麻痺させていくことは確かである。なぜなら，グローバリズムのなかで各国とも新自由主義のウィルスに冒され，従来のケインズ主義的国家が有していた政策的諸手段は麻酔をかけられるようにして眠りこんでしまうからである。福祉国家の面からこの国民国家再編成の動きを見る場合，最も重要なことは，所得再分配構造の転換にあった，と考えられる。

　伝統的なケインズ主義国家は所得再分配を手段として成り立つものであった。所得再分配構造が肥大化すれば，そこには「大きな政府」ができあがる。新自由主義はさしあたりこの「大きな政府」を「小さな政府」に転換することをねらいにして登場したものであるが，そこでは，まず第一に所得再分配構造そのものの縮小がめざされる。第二に，所得再分配の構造そのものの転換が意図される。一言でいえば，垂直的所得再分配構造の水平化，これが新自由主義の合言葉になったのである。

　垂直的所得再分配とは，上位の所得階層から下位の階層に向けて所得の再

分配が行われることである。これを可能にする税制は応能負担原理にたつものである。福祉国家は応能原理による垂直的所得再分配を基礎にして発展してきた，といってよい。ナショナル・ミニマムとは，最底辺に位置する生活水準を意味するから，垂直的所得再分配の際の絶対的基準としての意味をもってきたのである。

これにたいして，垂直的所得再分配の水平化とは，所得再分配の構造を応益負担原理にそって見直そうとする動きを意味する。垂直的所得再分配が上位の負担と下位の受益を呼び起こすのにたいして，水平的所得再分配とは，負担と受益の単位をできるだけ直結させようとする再分配構造である。したがって，ここでは厳密な意味での所得再分配は縮小せざるをえない。

負担と受益を直結するのは応益負担原理である。これが赤裸々に貫徹する場所はどこにあるか。言うまでもなく，それは市場原理の世界である。市場は等価交換の原則にそって，文字通り個別的な受益者負担主義，応益負担原則の世界を繰り広げる。市場原理の徹底をめざす新自由主義は，こうして，応益負担原則を掲げて，垂直的所得再分配を基礎にして成り立ってきた戦後福祉国家の切り崩しに向かったのである[10]。

2　新自由主義的攻勢によるナショナル・ミニマム概念の揺らぎ

新自由主義による戦後福祉国家の解体戦略は，完全には成功しない。なぜなら，先進福祉国家ではすでに憲法上生存権が明記されており，ナショナル・ミニマムの公的保障が確立しているからである。したがって，「福祉国家解体戦略としての新自由主義」はさしあたり福祉国家の屋台骨に鉈をふるい，その館の縮小再編に向かうことになる。これをすでに上で指摘したナショナル・ミニマムの三側面にそくしていうと，次のようなことになる。

まず第一は，新自由主義がナショナル・ミニマムの限定化に向かうことである。福祉の二階建て構造のイメージに照らしていえば，一階部分の公的保障領域を限定・縮小し，二階部分の市場に委ねる領域を拡大することである。ナショナル・ミニマムの限定化を進めるときの武器は，応益負担原則である。この場合，応益負担原則は自立自助，自己責任，自己決定，また相互扶助等

第5章　現代の国民生活とナショナル・ミニマムの意義　175

のイデオロギーをまとって，その力を発揮する。

　第二は，ナショナル・ミニマム保障に不可欠な先述の三支柱，すなわち所得保障，社会サービス保障，公的規制・ルールの三支柱のすべてに，この限定・縮小化が及ぶことである。

　まず公的規制・ルールには市場原理が対置され，市場メカニズムの自由な作動に背くような規制・ルールは，撤廃・廃止されるか，または極力緩和される。デレグ（deregulation）と呼ばれるものがこれである。

　次に，所得保障・社会サービス保障の両領域にたいして，その二階部分はもとより，一階部分についても可能なかぎり応益原理が適用される。所得保障の例でいうと，年金では最低所得保障年金部分に保険主義を強化する，租税をあてる場合には消費税のような応益原則にそった財源を充当する，というやり方である。生活扶助では，いわゆるワークフェア原理（勤労促進的政策）を強めて，扶助の適用を厳格にする。社会サービスでいうと，保育・介護・医療等における受益者負担主義を強める，というのがその例となる。

　こうした動きが合流しあうと，社会保障は「所得保障一元化」の傾向に向かうことになるだろう。これは，国民一人ひとりに最低限の所得を保障する以外，残りすべての課題はいっさいがっさいを市場に委ねるという傾向のことである。新自由主義の代表的論者M・フリードマンは，かつて，社会保障の課題を「負の所得税」に一本化する案を提示したが，これは典型的な所得保障一元化論であった[11]。なぜなら，「負の所得税」のもとでは，所得比例部分の年金も，保育・教育・医療・福祉等の諸サービスも，すべて私事化・民営化され，緩やかな規制のもとでの市場取引に委ねられることになるからである。現代日本の新自由主義者が，保育・教育・福祉等でバウチャー制の導入にこだわるのは，それがフリードマンのこの構想に近いからにほかならない。

　いまここで重要になるのは，こうした新自由主義的なナショナル・ミニマムの見直し策が，「個人単位―応益原理―市場原理」という三つの論理から出発しているということである。言うまでもなくこのトリアーデは，市場は個人を単位にした受益者負担の場である，というところから導きだされるも

のである[12]。

　第三は、ナショナル・ミニマムに問われる平等概念が崩れるか、変質を遂げていくことである。「個人単位―応益原理―市場原理」の世界が広がれば、ナショナル・ミニマムが限定化され、さらに個人を単位にした応益原則の場である市場の作用が強まるから、そこでは自由な競争によって生まれる不平等・格差が強まる。福祉国家の国際比較では第一人者のエスピン-アンデルセンが、福祉国家の最大の問題として、グローバル化のなかの不平等・格差の拡大をあげたのは偶然ではない[13]。

　問題なのは、市場原理が呼び起こす格差・不平等の根源はどこにあるのか、ということである。結論をいえば、市場原理の世界で競争上の勝敗・優劣を決めるのは狭義には能力、広義にはパワーの差異である。パワーの差異は、個人間ではその能力の差異に還元されるから、要するに能力主義的競争の貫徹が不平等・格差を拡大するのである。これを労働市場にあてはめると、自由な労働市場において売買されるのは労働能力という商品であるから、労働能力の差異が労働市場における優劣の格差を拡大するわけである。

　以上のように、「福祉国家解体戦略としての新自由主義」は、福祉国家を瓦礫にすることはできないまでも、ナショナル・ミニマムに大きな揺らぎを呼び起こす。ナショナル・ミニマムの現代的意義は、この揺らぎを克服して、新たな理念を獲得するときに蘇ってくることになるだろう。このことを検討するまえに、福祉国家論にかかわって、この現代日本において考えておかなければならない論点を、上で述べた三つの論点にそくしていま少し検討しておくことにしたい（ただ、以下は、紙数の関係上、ごく圧縮した議論になることを断っておきたい）。

3　ナショナル・ミニマムの三側面をめぐる理論的争点

①新自由主義の評価をめぐる争点

　まず第一は、「福祉国家解体戦略としての新自由主義」をどう評価するか、という問題である。

　現代福祉国家論の多くが依拠するエスピン-アンデルセンの福祉レジーム

論は，新自由主義的動向を福祉国家解体戦略としてではなく，福祉レジームの一類型として把握する。福祉国家を現代資本主義の危機管理システムとして把握する見解も，新自由主義は福祉国家の解体戦略ではなく，適応戦略として把握する[14]。両者に共通するのは，福祉国家を市場・家族・国家の三つのシステムから構成される国家形態として把握する方法論にある。

　エスピン-アンデルセンの福祉レジーム論にそくして言うと，国民の生活・福祉の主要な担い手を市場・家族・国家に割り振れば，そこに福祉レジームの自由主義モデル，保守主義モデル，社会民主主義モデルの三類型が浮上する，というのが要点であった。ここでは，新自由主義の台頭は自由主義モデルへの福祉レジームの移行としてしか捉えられない。危機管理システムとして福祉国家を捉えようとする見解も，これと同様に，新自由主義の戦略は，欧州型タイプから英米型タイプへの移行を物語るものにすぎない，と把握する。つまり，新自由主義は福祉国家を切り崩し，圧縮し，あわよくば水に流してしまおうとする野望を秘めたものとしては，捉えられない。

　だが，こうした見方は，そもそも現代の新自由主義がグローバル化のなかの多国籍企業型資本蓄積に根ざす戦略として登場してきたことを見逃した見解だと言わなければならない。福祉国家は，資本の蓄積様式と国家の関係，したがって資本の蓄積過程から不可避的に発生・発展する階級闘争や「民主主義闘争」，また国民運動（そして歴史的妥協）から生まれ，発展してきたものであって，機能システムの単なる類型というものではない[15]。このことは，実際に，「民主主義闘争」や階級間の資源動員を問題にしたエスピン-アンデルセンが，福祉レジーム類型論を展開する一方で，事実上，現代における福祉レジームの歴史的位置を，「保守主義モデルの福祉レジームが，自由主義モデルに向かうのか，それとも社会民主主義に向かうのか」の岐路にある，と把握していることにあらわれている。

　つまり，エスピン-アンデルセンは福祉レジーム三類型を提示するにとどまらず，実際には，福祉レジームの発展法則および発展構想を，保守主義モデルから社会民主主義モデルへの移行として把握し，この流れに逆行するものとして自由主義モデルを対置しているのである。この視点を，現代の福祉

国家とナショナル・ミニマムのあり方を考える際には生かさなければならないだろう。

②応益負担原則への妥協をめぐる問題

第二は，新自由主義のなかにある応益負担原則をどう評価するか，という問題である。

現代日本では，応益負担原則に立脚しつつ，福祉国家ではなく，福祉社会の実現を志向する見解が多く見られるようになった。その典型は，神野直彦・金子勝氏らの見解に見ることができる[16]。この議論のポイントは，グローバリゼーションの進行過程で，応能負担原則による財源調達はきわめて困難になった，そこで応能負担原則に立脚するナショナル・ミニマム保障はできるだけ絞り込んで，あとはすべて応益負担原則に合致した福祉社会の実現に向かうべきだ，という点にある。

ただし，この種の議論は新自由主義とは一線を画して，福祉国家の擁護・防衛に向かう。問題なのは，グローバル化の進展のなかで従来の「ナショナル・ミニマム保障プラス応能負担原理」にたつ福祉国家が維持できなくなっているという主張を，そのまま承認することである。ここでは福祉国家の役割は，生活保護や国民基礎年金の保障といった一部に限定されざるをえない。残りは，受益者負担原理が貫徹する地域社会に委ねられる。ここに登場するのが，分権型福祉社会構想である。

分権型福祉社会構想のポイントは，社会サービスを地域単位の受益者負担主義のもとにおくということである。神野氏らは，保育・介護・福祉等の社会サービスを地域単位の「ワークフェア原理」のもとにおくことを提案する。この場合の「ワークフェア原理」とは，通常使用される意味とは異なり，家族代替型社会サービスにたいする費用を住民がその勤労稼得によって負担する原則をさす。つまり，地域単位の受益者負担原則で社会サービスを支えるという構想である。

ここでは，現物給付の形で支給される社会サービスは，教育・医療を含めて，原則として地域単位の応益負担原則のもとにおかれ，ナショナル・ミニマムの世界からは外されることになる。そこで，小泉構造改革のもとで進め

られる「三位一体改革」や分権化は基本的に承認される。保育・介護・医療等の社会サービスの背後にある生存権保障の考え方は薄められることになるだろう。また，社会サービス労働の持つ固有の専門性を公的に保障する視点も後景に退く。したがって，ナショナル・ミニマム保障に不可欠な三本柱の一角が崩れる，ということにもなるだろう。

③新たな不平等・格差問題とジェンダー・エクィティ

　第三は，新自由主義が呼び起こす新しい不平等・格差にどう対応していくのか，という問題である。

　新自由主義は，先に指摘したように，労働能力に対する支配関係を強め，また能力主義的競争の組織化のなかで，能力主義にもとづく不平等・格差を拡大する。これはいいかえると，新自由主義が人間の属性にもとづく不平等・差別扱いを形式上撤廃し，そのかわりに能力主義的不平等を拡大する，ということを意味する。これを労資関係に照らしていえば，資本の論理による労働支配がむきだしの形で貫徹するということにほかならない。なぜなら，資本はもともと，人格的属性を支配するのではなく，商品としての労働能力を支配するものだからである。

　いまここで注意しておかなければならないことは，支配関係と差別関係とは異なるカテゴリーだということである。支配概念は，AがBを支配するという場合を考えてみればわかるように，二項関係ないし二項対立関係を表現する概念である。これにたいして，社会関係としての差別概念は，たとえばCがAを優遇し，Bを冷遇するという場合を考えてみれば明らかなように，三者関係のなかで成立する概念である。男女差別をとりあげていえば，企業や行政という第三者が男女を差別的に取り扱うのである[17]。

　こうした支配概念と差別概念の違いに留意していえば，現代の新自由主義は，資本による労働支配を能力主義的競争関係を強化しながら進め，そこで労働者内部の差別関係も，性差や年齢差・人種差といった属性によるのではなく，能力主義的差別を強める方向に向かう，ということである。この新たな能力主義的支配および差別関係に対抗して，ナショナル・ミニマムの平等概念を守っていくには，ジェンダー・エクィティの思想だけでは，明らかに

不十分である。

　この20年ばかりのあいだにジェンダー・エクィティ論の果たした平等概念にたいする貢献は特筆すべきものがあったが，新自由主義との対抗で問われる平等は，従来のジェンダー論のエクィティ観だけでは不十分である。その理由は，大きく二つに分かれる。

　まず第一は，従来のジェンダー論の多くが，男女間のジェンダー・ギャップを「近代家父長制」から説明してきたことである。だが，これは誤りである。なぜなら，先の言葉でいうと，近代家父長制とは家父長による妻子に対する支配関係を問題にした概念であって，現代社会の性差別を説明する概念ではないからである。それに，資本主義のもとでは近代家父長制は，比喩的意味で使用することには目をつむるにしても，成立のための社会的・物質的基礎を持たない。実際に，現代の新自由主義が示していることは，資本の論理をむきだしにして，各種の属性差別を形式上撤廃する方向に向かう，ということである[18]。

　第二は，新自由主義が社会の不平等・格差の拡大を能力主義的に再編していることである。従来のジェンダー論は，この能力主義的差別に歯止めをかけるというよりは，ジェンダー・エクィティの達成に焦点を絞るあまりに，むしろ能力主義的潮流に迎合する傾向をもっていた[19]。

　もちろん，こういったからといって，ジェンダー・エクィティ達成の重要性をなんら軽視するものではない。むしろ，ジェンダー・エクィティの実現のためには，新自由主義的能力主義に対抗できる福祉国家とナショナル・ミニマム概念，したがって新たな平等観が必要だといっているにすぎない。そこで，本章の最後に，この新たな平等観についてふれてしめくくりをつけておくことにしたい。

おわりに——人間発達とナショナル・ミニマム

　ナショナル・ミニマム概念で問われる新たな平等性とは何か。すでに本稿では，A・センの議論に拠りつつ，平等概念ではまず「何の平等か」の基準

を明確にすることが重要であり，ナショナル・ミニマムで問われる平等の基準とは所得保障，社会サービス保障，公的規制・ルールの三つが領域にわたる，ということを確かめておいた。公的・規制ルールが全国民にたいして無差別・平等に適用されることは，ここであらためて指摘することもない。最低限の所得保障は，本書最終章でもとりあげるように，センの議論を借用していえば，ロールズ的世界の平等基準，すなわち，社会的基本財の平等保障を意味する。

　従来の福祉国家は，ロールズ的平等を擁護するエスピン-アンデルセンも主張するように，どちらかといえば，この所得保障中心型の社会保障から成立したものであった。エスピン-アンデルセンの福祉レジームでいうと，保守主義モデルを起点にした西欧型福祉国家は所得保障中心の，それゆえ社会サービス保障に不十分さを残した構造を持つものだったのである。エスピン-アンデルセンは，社会民主主義型（北欧型）レジームの保守主義レジームにたいする優位性を社会サービスの充実に求め，将来の福祉国家の発展ビジョンをこの北欧型モデルの延長線上に描こうとした。

　他方，センはロールズ的基本財の平等保障の不十分さを説き，福祉（well-being）の基準を潜在能力（capabilities）の発達・発揮に求めた（この点については，本書最終章を参照）。一言でいえば，潜在能力の発達保障の平等化をこれからの福祉理念としたのであった。センの潜在能力とは，万人がもつ基本的諸機能を選択的に組み合わせて実現する能力のことである。言葉をかえていうと，人類史が一人ひとりの人間に宿した諸能力を各自自由な組み合わせのもとで実現・発揮する力のことである。したがって，この潜在能力は生命活動そのものから文化・芸術・社会活動までの全般に及ぶ能力であると考えてよい。この潜在能力の発達保障を可能なかぎり平等化すること，これがセンの主張する平等論であり福祉論であった。

　このセンの視点を今後のナショナル・ミニマム概念に生かすとすれば，発達保障のためのルール，制度，そして何よりも発達保障を担う労働を公的に位置づけることが必要になるだろう。なぜなら，潜在能力の発達保障はそれを担う労働を保障することぬきには実現しないからである。では，発達保障

労働とはなにか。これこそは，エスピン-アンデルセンが北欧型福祉国家の優位性の根拠とした社会サービス労働にほかならない。

社会サービス労働とは，保育・福祉・介護・教育・医療を典型として，人間の人格・能力両面に働きかける労働である。センの言葉でいえば，潜在能力に働きかける労働である。この社会サービス労働が平等に保障されるときに，人はそれぞれの潜在能力の発達を平等に享受することができる。そのときには，所得保障の平等化も，潜在能力の発達保障の平等化を担うものとして再評価されることになるであろう。

いうまでもないが，保育・教育・福祉・医療等の社会サービス労働の公的保障は，ジェンダー・エクィティを充足する形で行われなければならない。というよりも，社会サービス労働が男女平等に公的に保障されれば，それがジェンダー・エクィティの水準を格段に高める。さらにまた，潜在能力の発達を平等に保障する思想は，新自由主義がふりかざす能力主義競争に対抗する福祉国家を築く力になるだろう。かかる意味において，現代のナショナル・ミニマムに問われる平等理念は，発達保障の平等化にあるといわなければならない。

注
1) 中村睦男・永井憲一『生存権・教育権』法律文化社，1989年，32ページ。ちなみに，GHQ案の人権条項の原案作成にあたってGHQ内「人権に関する委員会」の三人のうちの一人，ベアテ・シロタも，原案起草にあたって「ワイマール共和国とスカンジナヴィア諸国の憲法と法律が，最良の指針となった」と回想している（古関彰一『新憲法の誕生』中央公論社，1989年，110ページ）。
2) この間の経過については，たとえば竹前栄治・岡部史信監修『日本国憲法 検証資料と解説 第1巻 憲法制定史』および同『第4巻 基本的人権』小学館，2000年を参照。
3) 新井章『体験的憲法裁判史』岩波書店，1992年，朝日訴訟記念事業委員会編『人間裁判』大月書店，2004年を参照。
4) この論点については，成瀬龍夫「ナショナル・ミニマムと社会保障改革」，池上惇・森岡孝二編『日本の経済システム』青木書店，1999年，二宮厚美「福祉と生活保障」，岸本幸臣編『生活のための福祉』コロナ社，2004年をあわせて参照。
5) 現物給付と現金給付の区別と関係については，二宮厚美『日本経済の危機と新福祉国家への道』新日本出版社，2002年を参照。
6) たとえば，佐藤俊樹『不平等社会日本』中公新書，2000年，苅谷剛彦『教育改革

の幻想』中公新書，2002年，斎藤貴男『機会不平等』文藝春秋，2000年，橋本健二『階級社会日本』青木書店，2001年，橘木俊詔編著『封印される不平等』東洋経済新報社，2004年。
7) A・セン，池本幸生ほか訳『不平等の再検討』岩波書店，1999年。
8) J・ヒルシュ，木原滋哉・中村健吾訳『国民的競争国家』ミネルヴァ書房，1998年。
9) A・ネグリ／M・ハート，水島一憲ほか訳『〈帝国〉』以文社，2003年，A・ネグリ，小原耕一・吉澤明訳『〈帝国〉をめぐる五つの講義』青土社，2004年，E・M・ウッド，中山元訳『資本の帝国』紀伊國屋書店，2004年を参照。またこの論点については，二宮厚美「現代の経済民主主義と新福祉国家のかたち」，『日本の科学者』2005年5月号を参照。
10) 新自由主義のもとでの所得再分配構造の転換については，関野満夫『日本型財政の転換』青木書店，2003年，林建久・加藤榮一・金沢史男・持田信樹編『グローバル化と福祉国家財政の再編』東京大学出版会，2004年，二宮厚美「新福祉国家建設と平和構想」，渡辺治・和田進編『戦争と現代 5 平和秩序形成の課題』大月書店，2004年4月を参照。
11) M・フリードマン，熊谷尚夫ほか訳『資本主義と自由』マグロウヒル好学社，1975年。
12) 二宮厚美「現代日本の年金改革の争点と焦点」，『賃金と社会保障』1375・1376合併号 2004年8月をみよ。
13) G・エスピン-アンデルセン，渡辺雅男・渡辺景子訳『ポスト工業経済の社会的基礎』桜井書店，2000年，同，渡辺雅男・渡辺景子訳『福祉国家の可能性』桜井書店，2001年。
14) たとえば，武川正吾『社会政策のなかの現代』東京大学出版会，1999年。
15) 機能的システム論の典型は，富永健一『社会変動の中の福祉国家』中公新書，2000年。これに対する批判は，二宮，前掲『日本経済の危機と新福祉国家への道』を参照。
16) 金子勝・神野直彦編『「福祉政府」への提言』岩波書店，2000年，神野直彦『システム改革の政治経済学』岩波書店，1998年など。これに対する批判は，二宮厚美「方法的市場主義による『市場の限界説』の限界」，『ポリティーク』第2号，2001年9月を参照。
17) 二宮厚美「新自由主義のもとでの民主主義・人権抑圧を考える」，『部落問題研究』No.164，2003年4月を参照。
18) 二宮厚美「ジェンダー視点の社会政策と資本主義の解剖」，佛教大学総合研究所編『ジェンダーで社会政策をひらく』ミネルヴァ書房，1999年。
19) その典型は，伊田広行『シングル単位の社会論』世界思想社，1998年，安川悦子『フェミニズムの社会思想史』明石書店，2000年。

第6章 持続可能な発展と環境制御システム

植田和弘

はじめに

人間社会の環境制御システム[1]は,環境立法・環境司法・環境行政の枠組みを構築することを通じて発展してきたが,その本格的な始まりは法と行政機構という面から見れば,欧米や日本においても1960年代であった[2]。その後環境政策は公共政策の一領域として認知されてはいるけれども,対症療法的な枠組みをなかなか超えられず,近年は十分な成果があがらなくなってきている。地球環境問題にも見られるように,開発や発展の理念そのものを見直すことなしには,「成功した環境政策」[3]がありえないことは明らかである。

これまでの経済発展パターンは,経済的な富を大きくはしたけれども,自然の持続可能性(sustainability)や社会の持続可能性を低下させるものであった。その反省をふまえて,今後における経済や社会の発展のあり方として,持続可能な発展(sustainable development)という新しい概念が提起された。国連の「環境と開発に関する世界委員会」(通称ブルントラント委員会)が1987年に発刊した報告書 *Our Common Future* においてである[4]。持続可能な発展の理念は環境的持続可能性を重要な構成要素として含むものであり,環境制御システムも持続可能な発展戦略に位置づけられる必要がある。持続可能な発展論を具体化していくうえで,環境と開発を包括的・統合的に扱った環境制御システムおよびその担い手はいかにあるべきかが問われている。

環境制御システムの形成過程は,今後においては持続可能な発展の実現を目的としたガバナンスを構成するものであるが,環境という固有の領域を対象とする制御システムは,環境問題に関する科学的知見と環境の価値評価を基礎におくことになる。そのため,環境制御システムの構造や機能を論ずる

には,システムを担う主体が有する環境についての認識と評価の問題を避けて通れない。本文では,現代環境問題の諸特徴を概括した上で,持続可能な発展論のための環境制御システムと人間社会とのかかわりについて,環境認識と環境評価の問題に焦点をあてつつ検討していきたい。

I 環境問題の新しい質とその構造的把握

環境問題を,人間と,人間にとっての外界,すなわち環境とのかかわりにおいて生じる生存と発達の条件に関する諸問題と定義するならば,人類の誕生とともに人間は環境問題に直面してきたといえる。一般に環境問題の様相は,環境と人間との関係の時代的特徴を反映し歴史的特質を持つものであり,歴史的に変化してきた。環境制御システムの構築という観点からみたとき,現代環境問題の特徴はいかに把握されるべきだろうか。

人間はさまざまな技術を編み出し自然を改造する能力を高めることで,人間にとってより良好な環境をつくりだす努力を積み重ねてきた。それは裏返してみれば,自然の状態を人為的に変えることを自然破壊と呼ぶとすれば,自然破壊の歴史であったということもできる。人間社会が最初に行った大規模な環境破壊は,自然改造という意味では,農業であろう。森林の農地への転用,大規模な灌漑や水稲耕作はそれ自体自然改造であるが,同時にその過程で水害や塩害など新たな環境問題を引き起こしていた。しかし農業は基本的に自然の恵みを基礎にし土地に固着した営みであることから,エコロジーの制約に適合しなければならない側面を有していた。ところが産業革命以降の工業社会において,自然改造能力を急速に高めた人類は,一面では,自然の制約を克服する技術的基盤を確立してきたが,他面では,技術のアンバランスな発展によって,人間の生存そのものを脅す環境問題を生み出してきた。

現代の環境問題は基本的に工業社会の環境問題の特徴を引き継いでいるが,いくつかの点で注目すべき現代的特徴を有している。

第1に,技術の対象領域が拡大するとともに技術の有する自然改造能力が発達してきたことに伴い,逆に自然や生命を根底から破壊する危険性が現

実のものになってきたことである。地球の気候のように，人間社会にとっての与件的な外部条件で自然史的変化しか考えられなかった領域においても，人為的影響がはっきりと見られるようになっている。また，遺伝子操作など生命をより直接的に扱う技術が発達し，自然や生命という自然的法則に従ってきたものが，人為によるその根本的改変が可能になろうとしている。そのことが何をもたらすのか，それに伴いいかなるリスクがどの程度生ずるのか，という点について現在我々が有している知識はきわめて乏しいといわざるをえない。環境リスク，健康リスク，エコロジカルリスク，そして生命リスク，そのいずれもが現出しているリスク社会に我々は生きている。にもかかわらず，そのリスクの大きさを計算することは難しく，きわめて不確実な状況下で意思決定していかなければならない。

　第2に，環境影響の空間的・時間的スケールが拡大したことに伴う問題である。技術の発達は大規模な自然改造を容易にしたが，その改造がもたらす環境影響は特定の地域という範囲を超えて地球的規模の空間的スケールを持つようになった。地球温暖化問題などの地球的規模の環境問題が出現し，地球的規模での制御を考える必要が出てきている。同時に，地球温暖化や環境ホルモン問題などはその影響が時間軸上において超長期に及ぶと考えられており，環境制御において考慮すべき時間的視野も大幅に拡大している。こうした環境影響の時間的・空間的スケールの拡大は，環境影響の原因者とその影響を被る主体との時間的・空間的乖離を生みやすい。このことは環境影響をめぐる因果関係の立証や対策の合意形成を難しくしがちであり，環境制御システムに新たな困難を持ち込む可能性がある。

　第3に，環境問題が多様化・複雑化するとともに，その統合的把握が不可欠になったことである。空間的にみても地球環境問題だけでなく，国境を越える広域環境問題，ローカルな地域環境問題が重層的に相互作用的な関係を持ちつつ，複合的に発生している。また同じ地域環境問題といっても，成長期の開発に伴う環境問題に加えて，経済や産業構造の転換期や停滞期に起こる環境問題が同時点で生じていることも特徴的である。その背景には，世界経済の統合化・グローバリゼーションが進み，産業や生産施設の再配置や再

編成が大規模に進行していることがある。重厚長大産業の衰退や海外移転に伴って工業用地が放棄されたままになったり，跡地に土壌・地下水汚染が見つかるといったことは，その典型例である[5]。

さらに，工業地域の再編だけでなく，世界的レベルで見れば，貧困と環境破壊が原因になった環境と経済の同時破綻メカニズムが顕著に現れている地域も広範に存在する。たとえば，累積債務問題の深刻化ともかかわって熱帯雨林の破壊，土地の荒廃，砂漠化の進行等生態系の崩壊が進んでおり，こうした地域では共通して，それまでの地域社会では存立していた自然環境と地域資源，それに見合った人口規模と生活スタイルというバランスとその基盤たるリージョナル・コモンズの地域・コミュニティレベルでの管理システムが崩壊している。

地域環境問題はそれぞれ地域固有の原因で起こり多様な形態をとるが，問題相互の間に共通性や関連性がある場合が多い。多国籍企業が主導する世界経済の拡大とグローバリゼーションは，地域の不均等発展をつくりだしているが，地球環境問題だけでなく世界各地でさまざまな様相を帯びて生じる地域環境問題も，そのダイナミズムの表れという側面を持っている。したがって，世界各地のさまざまな環境問題とその発生メカニズムを統合的に把握することは，グローバルなレベルで環境制御システムを構想していくうえでの前提となる。

第4に，環境問題が個別的な対症療法では解決しがたい，いわば構造的に生ずる問題になってきたことである。個々の発生源で対策を採ることはいわゆる環境技術が進歩してきたこともあってある程度可能になってきたが，それだけでは石油と自動車の工業文明そのものに由来する環境問題を解決することはできない。大量生産・大量消費・大量廃棄といわれる生産や生活の様式を転換することなしに廃棄物問題を解決することはできないし，都市構造や交通体系を改革することなしには自動車公害をなくすことも難しいであろう。こうした社会経済システムの構造改革なくして解決しえない問題が中心になってきた段階における環境問題の特質を，環境問題の構造化と呼んでおこう[6]。もう一つの環境問題の構造化と呼べる現象は，別の社会問題との

統合的取り組みなしには解決しがたい環境問題が普遍化したことである。環境問題の重要性があらゆる領域において認められるにつれて，また社会経済システムとの相互関係が深まるにつれて，領域を横断した包括的なシステムの構造改革が求められるようになっている。

現代環境問題の新しい特徴とその構造を以上のように把握するならば，環境制御システムの構築にあたっては，少なくとも以下の三つのことに留意しなければならない。第1に，環境制御システムの空間的次元は地球的規模から地域的規模までさまざまなスケールで重層的な関係を持ったものになるであろうということである。この点で，人間活動を環境保全の観点から適切に制御しうる社会経済システムをローカル・リージョナル，ナショナルそしてグローバルなレベルでつくるという課題が切実になろう。

第2に，環境問題への事前的対処が求められてくるが，それに伴う新しい問題も生じるということである。回復不能で不可逆的な被害や絶対的損失[7]を生じさせないためには，環境問題への事前的な対処が必要になる。具体的に被害が生じてからではなく，事前に起こるかもしれない問題に対処するためには，それに伴ういくつかの困難を解決しなければならない。そのなかでも以下の二つが重要である。一つは，環境への影響を事前に予測・評価しなければならないところからくる不確実性の問題である。もう一つは，技術や地域の開発行為そのものの理念や成果を測る尺度が問い直され，開発プロセスの見直しが課題になることである。環境被害が生じてからの対策や補償ではなく，被害が現実には生じていない段階であるから，環境破壊が生じる根本的な原因である経済行為とりわけ技術や地域の開発行為自体を問い直すことが必要になる。事前であるから実際に開発のあり方を変更することが可能になるが，そのため，開発とは何か，開発が成功であったと判断する基準は何か，が問われるであろう。

第3に，以上の点とも関係することであるが，環境制御システムが内包する基本理念や基本パラダイムの明確化が求められているということである。たとえば，世代間衡平性や後述する環境的持続可能性の定義や具体的適用の方法が明らかにされなければならない。

II 持続可能な発展

 20世紀の末は，開発の理念が問い直された時代として今後とも記憶されるであろう。マクロな国民所得水準のみを指標にして成果を図ろうとする経済成長一辺倒の開発論の限界や問題点が明らかになり見直しの方向が提示されている。GDP単一指標に代わる開発の目標や開発プロセスのあり方として，人間開発（human development）や社会開発（social development），そして持続可能性の概念が提示された。さらに，開発の主体や進め方に関連して内発的発展が提唱され，世界や日本の各地で具体的な実践が積み重ねられている。

 現在持続可能な発展は，開発における環境と経済のかかわりを考える場合につねに立ち返る指針になっている。持続可能な発展の概念は魅力的で世界的に普及しているが，多義的に扱われてきたことに注意しておかなければならない。ブルントラント委員会の報告書では，「将来の世代が自らのニーズを充足する能力を損なうことなく，今日の世代のニーズを満たすこと」であると定義されている[8]。この定義は将来の世代を含めた長い目で見た利益に配慮することが開発には必要なことや現在世代と将来世代との世代間衡平性の重要性を明確にしている点では，持続可能性概念の本質を時間軸上の側面から言い当てている。

 ただ，持続可能性概念はその後この定義を超えて，より広がりのある領域を包含して定式化されるようになった。持続可能性が環境と開発のあり方を考える際の指針になるには，持続可能な発展の概念に二つのルーツがあることを正確に理解しておくことが重要である[9]。一つは，国際自然保護連合の世界保全戦略[10]に見られるように，人間社会は自然との関係において，自然を維持しながら持続可能な形で利用する（sustainable use）という自然利用における規範的意味である。もう一つは，開発のプロセスと成果を測る尺度を転換し，環境的にだけでなく社会的，経済的にも持続可能な発展パターンという意味である。最も基本的な人々のニーズ（basic human needs）が満たされるとともに，人間開発，社会開発，内発的な発展という理念に合致す

る開発にいかに転換していくかが課題になっている。したがって，持続可能な発展論は，環境的な持続可能性を前提にしながら，経済的な持続可能性と社会的な持続可能性を統合して包括的に持続可能性を論ずる必要がある。

　I・サックスが中心になって作成された1991年の国際自然保護連合の文書では，社会的，経済的，エコロジカル，空間的，文化的という五つの領域においてそれぞれの持続可能性が定義されている[11]。ここにいう空間的持続可能性は，国土空間における都市と農村のバランスに対する配慮，人間居住環境と経済活動の地域的配分の改善である。文化的持続可能性では，環境重視の開発という規範的概念を生態的，文化的，地域的な解決という多元的なものに具体化することとされている。やや羅列的で地域・環境政策の目標としては総合性も操作性も不十分だという批判もできるが，サックスによれば，この定義は開発計画において考慮すべき持続可能性の次元を整理し，その内容を具体的に定式化したものである。サックスのように空間的持続可能性や文化的持続可能性を定立することは，こうした領域のもつ独自の重要性を明確にすることになり大きな意義をもつ。ただこうした領域は経済的持続可能性や社会的持続可能性との関連も深いのでそれぞれの内容と相互の関係を明確化する必要があろう。

　都留重人によれば，持続可能な発展の意味するところは，次の三つの課題を実現する発展パターンである[12]。第1に，環境や資源への配慮，第2に，南北間・世代間の社会的衡平，第3に，生活の質や豊かさへの貢献という次元を組み込むとともに将来世代をも含めた長い目で見た社会的効率である。社会的衡平と社会的効率という目標は将来世代を含む概念に拡張されてはいるけれども，従来からの開発論においても実行はともかくとして議論はされてきた目標である。したがって，新しく提起された持続可能な発展論の重要性は，まず第1に，環境や資源へ配慮することを，発展パターンが具備すべき条件，すなわちエコロジカルな環境的持続可能性として明確化したことにある。つまり，今後のあるべき発展パターンは，社会的衡平と社会的効率の達成を目指しつつ，同時に人間と自然との交流を調整して，環境や資源を社会発展の基盤として永続的に維持するような人間と自然との間の物質代謝の

関係が持続するものでなければならないというのである。そして第2に，そうした環境的持続可能性を確保できる経済や社会のどのようなあり方が，社会的衡平や社会的効率という視点から見ても望ましいのか，という問いを投げかけたことであろう。

持続可能な発展論には，検討されるべき理論的実践的課題が数多く提起されている[13]。ここでは，環境的持続可能性を達成するための環境制御システムのあり方を構想する上での最も基本的な検討課題である，環境認識と環境評価の問題，および環境的持続可能性に基づいた意思決定上の課題，に限定して検討することにしたい。

Ⅲ 環境認識と環境評価

持続可能性の定義それ自体，何の持続可能性を問うのかをはじめとして，きわめて論争的である。仮に人工物の世界を人工資本とみなし，環境を自然資本と定義することで，両者を資本として同列に扱うことを認めたとしても，持続可能性の定式化については二つの考え方がある。一つの立場は，総資本ストックが持続可能であればよいとする考え方であり，弱い持続可能性（weak sustainability）と呼ばれている。この場合には，理論的には人工資本や自然資本だけでなく人的資本やいわゆる社会関係資本などあらゆる資本[14]が含まれ，その集計値としてのストック量が問題にされる。この背後には自然資本が減耗したことによる機能の低下は人工資本等によって補われ，それらで機能は代替可能であるとの想定がある。これに対して，他の資本には置き換えられない自然資本の有する固有の貢献を重視する立場からは，総資本ストックだけでなく，自然資本のストックもそれ自体として持続可能でなければならないとされ，強い持続可能性（strong sustainability）と呼ばれている。この論争は，自然「資本」やエコロジーの絶対性や固有性の評価問題と深いかかわりを持っている。いずれの立場からも，自然の変貌という事実認識からこれまでの人間活動を評価し直す必要性が指摘されている。その場合に損傷を受けた環境に固有の価値とは何か，そしてその評価システムはいかにあ

るべきかが問われている。

　そもそも自然や環境が変化したことを，人間はどう認識し，いかに評価してきたのか，また評価すべきなのだろうか。この問題を経済学の立場から最初に本格的に取り上げたのはK・W・カップであろう[15]。

　現代資本主義は社会的費用を累積させていくシステムであるとカップは考える。ここでの社会的費用とは，原因者が費用不払いにすることによって第三者または社会が被る社会的損失のことであるが，資本主義のもとでつくりだされた制度がそうした損失を生み出す機構になっていることをカップは重視していた[16]。そしてカップはそうした制度を改革する契機に着目して，過去150年の歴史は民衆による社会的費用に関する認識が発展してきた歴史であると把握する。カップによれば，環境問題も社会的費用の一種であるが，価格のつかない価値物たる環境の社会的評価とそのシステムのあり方を問題提起しているのである。

　人間の環境についての認識や評価の問題は，人間が環境と取り結ぶ関係の仕方そのものと深い関連を有する。この問題を考えるにはカップが物理学の概念から取り入れた相補性という概念が重要である[17]。相補性とは，人間と環境は分離できず，かつ環境へのある一つの関係の仕方はその要素についての情報をよく伝えるが別の要素についての情報をなくしてしまうので，環境に関する情報を尽くすことは単一の体系では不可能であり，異なる体系どうしが相補い合ってはじめて可能になるということを意味する概念である。新古典派の経済理論では一つの閉じた体系のなかでのみ議論が進められ，その体系に収まる情報だけが取り入れられ，そうでない情報は排除されてしまうのに対して，カップは，人間と環境のかかわり方をメタレベルから考え，開かれた態度で複数の観点から現象を捉えなければならないと主張する。環境現象を多次元で評価する枠組みが必要であると指摘されており，ここからは，多基準をもつ評価システムが示唆される。

　そもそも環境評価は人間の環境問題に対する認識という行為の産物である。環境の状態や変化を評価することは効用に還元できず，環境評価という行為の大部分は総合化である。したがって既存の経済理論の適用にもとづく環境

評価[18]は評価の一面を示すものではあっても環境評価そのものとはいえず, 多様な評価基準にもとづく評価と, 評価基準間の対立と調整を可能にする情報の共有化とコミュニケーションのプロセスが, 評価の信頼性や安定性を高めるためにも不可欠となる。新たな自然科学的知見の獲得や他者とのコミュニケーションや討議の過程[19]を通じて環境認識が進化する動態的プロセスにも留意しておかなければならない。

Ⅳ 環境的持続可能性と意思決定問題

持続可能な発展の理論を人間社会が直面する環境問題に対する意思決定のあり方への指針として具体化するには, 少なくとも二つの問題を検討しておかなければならない。課題の一つは, 環境的持続可能性の定義にかかわる問題である。もう一つは, 自然やエコロジーに関する知識が不完全である, さらに人間の側から制御可能な自然と少なくとも現段階では制御不可能な自然があることをふまえたうえでの意思決定のあり方や評価基準を確立するという課題である。

持続可能性の定義をめぐる論争のキーワードの一つは自然資本であり, その固有の性質をいかに理解するかが問題にされ, 他の資本との代替可能性に着目した議論が展開されてきた。強い持続可能性論と弱い持続可能性論との論争では, 自然資本と人工資本の代替性を認めるか否かが焦点になっているが, いずれの論においても自然資本の有する機能が所与のものと考えられている点では変わりがない。しかし少なくとも現状においては人間社会は自然生態系の構造と機能を完全に理解しているわけではなく, 自然資本の機能についても今後自然科学的知見が増加することにより, 新しい機能が発見されていくであろう。エコロジー経済学[20]は自然の持つ固有の機能を強調するのであるが, その固有性は自然に本来備わっているものであると同時に, 自然科学的知見の発展と人間の認知行動によってその固有性が発見・理解されていくものであるといえる。

人間はつねに環境条件に制約されており環境に規定されている存在である。

人間にとっての環境は究極的には自然に依拠しており，自然の法則に従うという意味で自然的限界という環境制約があることは確かである。しかし同時に人間はその精神活動を通じて自然の新たな性質や可能性を発見・活用することで環境制約を克服してきた。その意味で人間は環境自体をつくりかえ環境を創造していく主体でもある。また自然的限界を認識することで，それに適合する生産や消費，都市のあり方を探求してきた。さらに，人間にとっての環境は自然だけでなく，人間社会が生み出してきた人工物や精神生産物が，人間にとっての生活環境や文化環境を構成する要素としてそれ自体重要性を高めていることに留意しなければならない。それとともに重視すべきは人間社会が，自然に加えて，人工物や精神生産物を含む人間にとっての総合的な環境をより良好な状態に維持・創造するための社会的制度を進化させてきたことである。環境アセスメントを例にとれば，実質的に開発計画が確定してから行う公害事前予測調査として日本のアセスメントは始まったが，現在では計画のできるだけ早い段階で戦略的に行うべきであるとされ，アセスメントの対象も広がってきている[21]。この過程は人間社会の環境制御システムが構築されていくのに伴って，対象となる環境がより総合的に意識化され，制御のために必要となる知識の蓄積とその活用システムが構築されだしたことを示している。

環境的持続可能性は，自然と人間の関係をいかに定式化するか，また人間社会が生みだしてきた産物がつくりだす環境をどう位置づけるかによってその対象と内容は大きく変わるであろう。

第2の問題，環境的持続可能性に関して不確実性が大きい場合の意思決定問題に移ろう。ここでは意思決定問題に焦点を当てるために，環境的持続可能性の問題を自然資本の維持問題に限定して議論することにする。

自然資本の劣化に対して社会はどのような認識を持っているのだろうか。どの程度の認識段階にあるか，その状態はリスク（risk），不確実性（uncertainty），無知（ignorance）という用語で表現されるが，それぞれの状態に直面した場合にいかなる意思決定，すなわちどのような自然資本をどのくらい保全すべきか，どういう根拠にもとづいて決めるべきか，という問題が生じ

る[22]。リスクとは，起こりうる事象の集合，その確率分布，結果の利得が客観的に知られている状況をいう。地球温暖化問題のような場合は起こりうる事象の確率分布や結果の利得などはわかっていないので，我々の認識段階はリスク計算が可能な状況とはいえない。不確実性とは，起こりうる事象，その確率分布，結果の利得についての客観的な情報はないが，個人が起こりうる事象の確率分布や結果の利得について主観的な信念を抱いている状況をいう。地球温暖化問題に対する人間社会の認識はこうした状況にあるといえる。より多くの正確な情報を得るために調査研究に投資がなされているが，まだ不確実性の状況からリスク計算可能な状況への変換はできていない。無知とは，起こりうる事象，その確率分布，結果の利得，に関して何もわからない状況をいう。生物多様性に関する我々の知識は，不確実性というよりも，現状では無知に近いといってよいであろう。

　直面する環境問題に対して我々がリスク，不確実性，無知のいずれの状況にあるのかを判断するという問題は，広い意味での環境評価の問題である。地球温暖化や生物多様性の問題を念頭に考えてみると，新古典派経済学からのアプローチでは，環境評価の伝統的手法を拡充して，オプション価値（将来にその環境資源を使用する選択肢を残しておくことの価値）や準オプション価値（より正確な情報を得て，将来においてより正しい意思決定をくだすために，不可逆的な環境破壊を遅らせることの価値）を計測し，その結果を組み入れることで費用便益分析の修正を図ろうとする。しかし，計測手法の問題も含めて，実際にそうした価値を計測できるのか，という疑問が出されている。代替的な意思決定の基準や考え方として，予防原則（precautionary principle）と最小安全基準（safe minimum standards以下，SMSと略す）が注目される。

　予防原則とは，事前配慮義務の考え方であるがその具体的内容としては，因果関係の科学的証明がはっきりしないことを行動しないことの理由にしてはいけないということ，および被害者が因果関係を証明しなければならないという従来の挙証責任の考え方を転換することが，その根幹である。すでに予防原則の考え方は，アジェンダ21や気候変動枠組み条約をはじめとしてい

くつかの国際環境法の理念として取り入れられており,一般的な原則としては確立しつつある。現在課題になっているのはこの原則を実際に適用する場合に生じる問題を解決することであり,不可逆的な被害は防止するとして,許容できる環境変化の水準はどの程度か,また被害や変化を防止するためにどれだけのコストがかけられるべきか,さらにどういうタイプの予防的行動が実行されるべきか,といった原則適用の際の操作性にかかわる問題である。

　SMSは,アメリカの資源経済学者シリアシィー・ワントラップが最初に提唱した概念である[23]。要約的にいえば,ある行為に伴って不可逆的な環境損害が生じる場合には,その行為を避けるための社会的費用が許容しがたいほど大きくなければ,その行為を回避すべきであることを述べたものである。自然資源ストックはある最低限の水準を下回ると,そこからは莫大な社会的費用が発生するクリティカルな水準があり,その水準は閾値(ワントラップの用語では臨界ゾーン)と呼ばれているが,この効果を意思決定問題に持ち込んだものである。当初は単一の種の保存について導入された概念であるが,今日では生態系全体を守ることの重要性が指摘されている。しかし,多くの種において生物学的生態学的な意味で正確な最小安全基準というものは確立されていない。また,許容しがたい費用の大きさは経済計算によって導かれるものではなく,倫理的・政治的判断の問題であることにも留意しておかなければならない。

V　環境制御システムのデザイン——おわりにかえて

　ある環境問題に対して社会が不確実性や無知の状況にあるもとでは,最適な意思決定を行うための確固とした理論はまだ確立されていないというべきであろう。ニューメイヤーは,持続可能性に関する経済学的な議論の到達点を整理・確認するなかで,弱い持続可能性と強い持続可能性のいずれも現在得られている知見からでは科学的にその正しさを論証することはできないとしている。両者の考え方はすでに述べたように,自然資本の代替可能性や技術進歩の可能性に関する基本的理解が大きく異なっているが,自然資本の状

態，劣化のメカニズム，そして復元の可能性に関する不確実性と無知のために，どちらの議論についても肯定すべきか否定すべきか確定することはできないのである。したがって，いずれの考え方を採用すべきか判定できず，具体的な意思決定に資する政策的含意を導くことはできないという。

このことをふまえてニューメイヤーは自然資本一般ではなく自然資本の形態別特徴による類型化を行い，それにもとづいて適用する理論を峻別する必要を説いた。すなわち，生産における資源インプットとしての自然資本は代替可能性があるのに対して，シンクの機能や気候，オゾン層，生物多様性などの基本的な生命維持機能においては代替可能性がないので，そうした自然資本についてはそのストック自身を直接的に保存対象にすべきであると主張する。

この見解を環境制御システムのデザイン問題に敷衍するならば，以下のようになろう。従来自然資本として一括して論じられていた対象についてその状態や変化過程を日常的に調査しデータベースを構築するとともに，類型ごとにその不可逆性，回復可能性，閾値の有無等に関する科学的分析を行う環境サーベイランスシステムが基盤システムとして構築されなければならない。その結果をふまえつつ，市場の適切なルール化を図ることで内部化し市場財として扱うことが可能な自然資本と非市場財として社会にとっての富ないし基盤としてそれ自体の維持・保全を制度化する必要のある財に区分したきめの細かい制御システムがデザインされなければならない。

こうした環境制御システムは自然科学的知見の充実に基礎を置くものであるが，同時にそれでも残る不確実性のもとでの意思決定のあり方が問題となろう。そこには現実に生じている環境変化から得られるシグナルから学習し意思決定を柔軟に修正[24]するとともに，経済計算のみならず倫理的・政治的要素を加味した公共的意思決定とは何かが問われている。

注
1) 環境制御システムとは，舩橋晴俊によれば，「環境問題の解決を担当する行政諸部局と，環境問題の解決を第一義的に思考する環境運動とを制御主体とし，社会内の他の諸主体を制御の客体として，両者の相互作用の総体からなる一つの社会制御シ

ステム」である．舩橋晴俊「環境制御システム論の基本視点」，『環境社会学研究』10号，2004年，54-74ページ．ただ，環境制御システムは本来環境行政には限定されず，基本的人権の定義や民主主義の成熟とも深くかかわる社会機構全般を環境制御の視点からシステム的に把握した概念であると考える．この点については別稿で検討する機会を持ちたい．

2) 植田和弘「地球環境問題と国際公共政策」，進藤栄一編『公共政策学への招待』日本経済評論社，2003年，39-53ページ．

3) 成功した環境政策の議論に関しては，さしあたり M. Jänicke, H. Weidner, *Successful Environmental Policy*, Edition Sigma, 1995. 長尾伸一ほか訳『成功した環境政策』有斐閣，1998年，参照．

4) World Commission on Environment and Development, *Our Common Future*, Oxford University Press , 1987. 大来佐武郎監訳『地球の未来を守るために』福武書店，1987年．

5) 以下，現代環境問題の特徴づけについては，植田和弘「持続可能な地域社会」，同編『持続可能な地域社会のデザイン』有斐閣，2004年，1-16ページ，もあわせて参照されたい．

6) 同上書，4ページ．

7) 環境破壊に伴う絶対的損失については，宮本憲一『環境経済学』岩波書店，1989年．

8) 大来佐武郎監訳，前掲書，66ページ．ただし訳文はかえている．

9) 持続可能な発展論のルーツに関する以下の記述については，植田和弘「持続可能性と環境経済理論」，慶應義塾大学経済学部編『経済学の危機と再生』弘文堂，2003年，66-82ページ，もあわせて参照されたい．

10) IUCN, *Caring for the Earth: a Strategy for Sustainable Living*, 1991. 世界自然保護基金日本委員会訳『かけがえのない地球を大切に──新・世界環境保全戦略』小学館，1992年．

11) Sachs, I., *Transition Strategies towards the 21st Century*, Interest Publications, 1993. 都留重人監訳『健全な地球のために──21世紀へ向けての移行の戦略』サイマル出版会，1994年．

12) 都留重人，同上監訳書，訳者序文．

13) Pezzey, J. C. V. and M. A. Toman eds., *The Economies of Sustainability*, Ashgate, 2002, および諸富徹『環境』岩波書店，2003年．

14) この場合の資本の定義とは何か，また何をそうした資本に含めて四以下については議論すべき点が多い．別稿を期したい．

15) Kapp, K.W., *Social Costs of Private Enterprise*, 1950. 篠原泰三訳『私的企業と社会的費用』岩波書店，1959年．

16) こうした視点は，法と社会的費用の関係に着目していた E・J・ミシャンにもみられる．Michan, E. J., *Growth: The Price We Pay*, Staples Press , 1969. 都留重人監訳『経済成長の代価』岩波書店，1974年，参照．

17) カップの社会的費用に関する認識論的把握については，山根卓二の一連の研究が参考になる．本文もそれに多くを負っている．山根卓二「K. W. カップの社会的費

用論——その認識論的側面」,『経済論叢』第166巻第5・6号, 93-108ページ。
18) 環境評価については, 鷲田豊明『環境評価入門』勁草書房, 1999年, および北畠能房・吉田文和編『環境の評価とマネジメント』岩波書店, 2003年, 参照。
19) 言い換えれば, その過程によって個々人の選好や評価も代わりうるのである。Sen, A., "Rationality and Social Choice," *The American Economic Review*, Vol. 85, No. 1, pp. 1-24.
20) Daly, H. and Farley, J., *Ecological Economics: Principles and Applications*, Island Press, 2004.
21) 日本において環境アセスメントが導入されはじめた初期における問題点については, 植田和弘「環境アセスメント」, 加藤邦興ほか編『環境工学概論(第2版)』オーム社, 1991年。最近までの動向については, 原科幸彦『環境アセスメント(第2版)』放送大学出版会, 2000年。
22) Neumayer, N., *Weak Versus Strong Sustainability: Exploring the Limits of Two Opposing Paradigms*, Second Edition, Edward Elgar, 2003.
23) Ciriacy-Wuntrap, *Conservation Economics*, 2nd edition, California University Press, 1962.
24) Boulding, K. E., *Towards a New Economics: Critical Essays on Ecology, Distribution and Other Themes*, Edward Elgar, 1992.

第7章 ディープ・ピース
―― 平和の担い手を育む社会経済システムの探求 ――

藤 岡 惇

　　　「にんげんの　にんげんのよのあるかぎり
　　　　くずれぬへいわを　へいわをかえせ」(峠 三吉『原爆詩集』より)
　　　「経済のない道徳は寝言である
　　　　しかし道徳のない経済は犯罪である」(二宮尊徳)[1)]

I　「ディープ・ピース」とは何か

1　「核の時代」の平和

　中東の石油資源への支配権を再建するために，アメリカのブッシュ政権は，宇宙の覇権的支配をテコとして「テロリズムとその支援国家の絶滅めざす地球戦争」を開始した[2)]。これに対抗して「自爆テロ」が激化し，民間人や子どもまで巻き込みつつある。憎悪と暴力の悪循環がさらに進むと，世界に350基ある原子炉や原子力施設さえ攻撃目標とされる時がくるであろう。日本海を囲む日本・韓国には，すでに60基を越える原子炉が操業している。チェルノブイリ級を越える大型炉が多いのが特徴だ。放射性物質を撒きちらす放射能兵器，さらには核兵器の使われる日がくるかもしれない。55年前にB・ラッセルとA・アインシュタインが共同声明で警告したように，「核の時代」――戦争が人類を滅ぼすか，人類が戦争を滅ぼすか以外の中間的選択肢が消えていく時代に，われわれは生きている。

　広島で被爆した峠三吉は，自死の直前に「にんげんのよのあるかぎり　くずれぬへいわを　へいわをかえせ」とうたったが，「核の時代」の真実をリアルに見すえたばあい「くずれぬ平和」をつくりだす以外に，人類生き残り

の道はない。

「平和」とは何だろうか。「国家間で戦争をしていない状態」——これが常識的な答えであろう。しかしたとえ国境線は平穏であっても，金儲けのために次の戦争の準備をしているような国，あるいは国民の間で相手国への復讐心が渦巻いている社会では，「くずれぬ平和」が確立されたとはいえまい。

平和な国際関係とは樹木のようなものである。人間活動の多様な領域——すなわち(1)大地・地球に根をおろし（地球との平和），(2)社会・コミュニティに根をおろし（地球のうえの平和），(3)個人の心身へも根をおろし（個人の平和），これら三様の深い根によって安定的に支えられたときに「健康な社会」が形成され，「くずれぬ平和」（ディープ・ピース）が建設されていく。

2　暴力とは何か

個々人には，人間の本来性に根ざした肉体的精神的発達の可能性がそなわっている。ある時代・ある社会の文明や生産力の水準にもとづけば，ここまでは実現できるという一定の水準があるはずだとノールウェイ出身の平和学者のヨハン・ガルトゥングはいう。その際，なんらかの人為的な妨害が働いて，この可能性の実現が妨げられたばあい，そこに暴力が存在するとみるべきだ。「暴力とは，潜在的なるものと現実との，可能であったものと現にあるものとの格差の原因」なのだ，と。

暴力には三つの形態があるとガルトゥングは続ける。第一に「直接的暴力」——軍事力を使った戦争やテロリズムのばあい。このばあい意図的な殺傷が行われるので，加害者を特定しやすいが，戦時の栄養失調や原爆被爆のばあいのように，慢性的な症状を呈しつつ早死にいたることもある。

第二は，「構造的暴力」——政治力や経済力を使った抑圧や搾取の結果，意図しない殺傷が行われるケース（たとえば平均余命が75歳の社会で，40歳で過労死したケースや公害病のばあいなど）。いわば社会構造に組み込まれた暴力（発達障害の発生）であるために加害者は特定しにくい。

第三は，「文化的暴力」——上の直接的暴力・構造的暴力を正当化する宗教や芸術・科学の働きのことである[3]。

直接的暴力であれ，構造的ないし文化的暴力であれ，理不尽な暴力というものは，被害者とその遺族に「怒り」のエネルギーを蓄積し，加害者の側には復讐されるのではないかという「恐れ」を蓄積していく。「怒り」と「恐れ」の悪循環がある臨界点をこえたとき，戦争がぼっ発するのであろう。

国家間や社会集団の間で見解が異なったり，論争・紛争が生じるのは避けられない。しかしこのような事態になっても，非暴力的な手法を用いてこれをコントロールし，紛争レベルの低減をはかっていける健康な社会——これがディープ・ピースな社会なのである。

3 「人間の安全保障」の提唱

敵国が侵攻してきても，その侵略を撃退できる軍事力を整備しておくこと——これが，古いタイプの平和維持論の核心であった。国家をアクターとする軍事的安全保障こそが，平和を維持する基軸だというわけである。しかしこの「理論」によっては，二つの世界大戦のぼっ発を阻止できなかった。そこで国際連合が設立され，日本国憲法が制定された。国連の設立文書を引くかたちで日本国憲法は，その前文で「全世界の国民がひとしく恐怖と欠乏から免かれ，平和のうちに生存する権利を有することを確認する」と謳った。圧政の「恐怖」を心配しなくてもよいし（民主化），「欠乏」を心配しなくてもよい状況（経済繁栄）を築くことこそが，くずれぬ平和の基礎となるという革新的な平和思想が，ここには脈打っていた。

この流れを引き継ぐかたちで，「国境線偏重の安全保障から国内の全住民を重視した安全保障」に，「軍備による安全保障から『持続可能な人間開発』による安全保障」に転換し，民衆個々人の「人間の安全保障」を増進させる必要があるという提言を1994年に国連の開発計画局が発表した[4]。その背景には，(1)人間を不安に陥れる多くの非軍事的な問題が生まれており，これらの解決抜きには，平和はありえなくなったこと，(2)国家の安全だけでなく，国民が安心して生活できる条件をつくることこそが，くずれぬ平和を支える土台であるという考えがあった。世界の平和学者と運動家のつくりあげてきたアイデアが，このようなかたちで国連文書に反映されたのである。「人間の

安全保障」重視の考え方は，1995年にデンマークで開かれた社会開発サミットの基調報告に盛り込まれ，その推進役を日本の小淵恵三首相（当時）が買ってでるまでになった[5]。

4 人間発達の経済的基盤を問うことの大切さ

これまでマルクス経済学系の文献では，変革主体の形成（人間発達）の必然性は，経済学の理論からは説きえないので，経済理論からは切り離すべきだという主張（主体形成の主観主義＝宇野弘蔵氏の理論）と，資本主義のもたらす貧困化は必然的に変革主体の形成をもたらすという主張（主体形成の客観主義＝正統派）に分かれていた。ただし後者のばあいも，ロシアや中国の革命をモデル視する傾向が強く，生活の窮乏化が，即，革命をもたらすといった「窮乏化革命」論を唱えるだけの論者が多かった。軍隊的な組織原理に準じて革命政党を建設したこととかかわって，階級や民族は問題にするが，個々人の人間的発達をどう保障するかといった問題を論じる理論的枠組みをもちえない論者も多かった。

これにたいして私たちは，第二次世界大戦後の「修正帝国主義＝修正資本主義」というシステムのもとでは，資本主義のもとにあっても人間発達の手がかりが一定の範囲で生まれうるとみた。主体形成についての先の主観主義と客観主義の見解については，視野を生産力と経済の枠内に限定したために生まれたあだ花であり，ともに一面的な見解だと考えた[6]。主体形成を論ずるばあい，視野を工場法や政治・文化の領域にまで拡張する必要があり，どのような質の民主主義，どのような質の生産力があるばあいに，主体形成＝人間発達を促進しやすいのかを具体的に探究すべきだと，私たちは提唱した。この点は，経済学を前進させる積極的な貢献であった。

ただし今日の時点から振り返ってみると，なおいくつかの弱点を残していたように思われる。最大の問題点は，人間発達を問題にしながら，近代の主流派経済学の前提する人間観を批判し，これを乗り越えようとする作業が十分ではなかったことである。周知のように近代経済学は，人間をエコロジー的な土台や社会・歴史の枠組みから切り離し，類（人類・生物）と累（祖先

と子孫）から孤立した「近代個人モデル」という枠組みのなかで考えようとする。そのために，大地・自然が人間を生みだし，「いのち」（身体）が精神（自我）を生みだしているのに，あたかも人間のほうが大地・自然を所有し，精神（自我）のほうが「いのち」（身体）を所有しているかのように考えてしまう。このような近代個人モデルを前提する経済学では，かつての天動説のように「自我」を軸として宇宙が回っているかのように錯覚したり，経済的損得の刺激だけに反応するという「経済人」モデルが成り立つかのように想定してしまうのであるが，このような人間観にたいする批判が十分ではなかった。そのために「大地と宇宙に根を下ろす」なかで「小我」から「深我・大我」へと向かい，「自己実現」から「自己超越」へと向かう人間発達の大道が見えにくくなっていた[7]。

マハトマ・ガンジーは，ジョン・ラスキンの『この最後の者にも』との出会いを，彼の人生観を転換させた決定的事件として回顧しているが，ラスキンは，この本のなかで次のように書いている。「いかなる人間の行為も損得の原理ではなく，正邪の原理にもとづいてなされるべきである……〔損得勘定にもとづく〕経済原理がはびこるならば，国民的破滅がもたらされるだろう」と[8]。このラスキン＝ガンジーの視点を受け継ぎ，いっそう発展させる必要があることは疑いをいれない。

しかし他方，貧しい人になればなるほど，日々の生活で精一杯であり，損得勘定を離れた行動をとりにくい。「正邪の判断基準」にもとづいて行動しても，生存権が保障される社会の仕組みを整えておかないかぎり，貧しい人の心を動かすことはできない。「徳が得につながる」経済システムを用意しておかないと，江戸時代の「生類あわれみの令」の悲劇を繰り返すだけであろう。

本章では，これらの点に留意しつつ，(1)どうすれば個人のなかに宿った「小我」が「深我・大我」に成長し，「平和の担い手」へと発達できるのか，(2)そのような人間発達を支える社会経済システムとはいかなるものであるのか，という二つの問題を考えてみよう。

II 「人間」とは何か，なぜ尊いのか

> 「海より広いものがある　それは空
> 空より広いものがある　それは人の心」（ヴィクトル・ユーゴ）
>
> 「……私たちが，〔万物の霊長にふさわしい〕雅量をもつようになるとき，……『高貴な身分には義務が伴う』ことを片時も忘れない者のもつ威厳が回復されるでしょう。」
>
> E・F・シューマーハー『スモール イズ ビューティフル』）

1 「いのち」とは何か，なぜ尊いのか

　話は，137億年前といわれるビッグバン直後に飛ぶ。当時の宇宙には，最も単純な元素——水素とヘリウムしか形成されていなかった。核融合を起こして，より複雑な元素をつくりだすためには，大変な高熱が必要だったからだ（水素爆弾の核融合反応に点火するには，原子爆弾の爆発熱が必要だったことを思い起こしてほしい）。

　軽いガスでできた原始星は，内部で核融合反応を起こし，しだいに炭素・鉄といった重い元素を合成し，一生を終えるときに重い元素を含んだガスを放出する。このような固体元素が集まって，第二世代の重く大きな星が形成される。この種の星の最後は，すさまじい「超新星爆発」となるが，そのときに発生する異常な高熱のおかげで，鉄よりも重くて複雑な原子核をもつ元素（金や銀など）が生みだされた。わが身を犠牲にした星たちの大爆発——このすさまじい「宇宙の陣痛」のなかから，私たちの体を形づくる元素が生みだされた。じっさい私たちの体の元素組成比は，超新星爆発直後の元素の組成比とほぼ同じだといわれる。「君たちは，星の大爆発のおかげで産まれたのだよ」[9]と天文学者が説くのには根拠があるのだ。

　いまから36億年近くまえ，地球の「原始の海」のなかに最初の生命体が現れた。私たちは胎児のときには，母親の子宮をみたす羊水のなかに浮かんでいるが，その羊水の成分は，じつは36億年前の「原始の海」の成分と同じだという[10]。生命体誕生から26億年の間は，細胞分裂という無性生殖が繁殖の唯一の方法であった。そこには個体の死は存在しなかった。細胞分裂にもと

づく「永遠の生」を生物たちは満喫していた。およそ10億年前に多細胞生物が出現し，雄と雌とが互いのDNA（遺伝子コード）を交じり合わせ，子を産みだすという有性生殖が本格化し，そのときに個体の死が始まった。高等生物たちは，セックスの歓びを味わう代償として，死の恐怖を味わうようになったのである[11]。

　有性生殖の積み重ねのなかで，子孫に引き継がれるDNAは高度で複雑なものとなり，その最高の精華として人類が誕生する。生物の進化の歩みを手で表したばあい，その最先端の指先のところに「自然が自分自身の意識にまで到達している存在」たる「万物の霊長」＝人間が生みだされたのである。

　一人の人間のなかには75兆の細胞が活動し，癌細胞を例外として，すべての細胞が協力しあって人体の健康をつくっている。心臓は，1日に8万回鼓動し，全長15.4万キロ——地球を4周する長さの血管に毎日2.4万リットルの血液を送りだしている。よく生物学者は，「人間とは36億年のDNAだ」と述べるが[12]，一人のなかに含まれるDNAの鎖の総延長は，1280億キロ——地球と太陽との間を400回往復する長さになる。私たち一人ひとりの「いのち」のなかに宇宙があるというか，宇宙の進化が凝縮されているのだ[13]。

　「いのち」は，なぜ尊いのだろうか。わけても人間の「いのち」は，なぜ尊いのか。75兆の細胞が，1280億キロのDNAに導かれて精妙な協同活動を行い，自らの力で宇宙の最高の精華としての光を発しているからではないか。宇宙自体が自らの姿を捉えるために「宇宙の眼や耳」にあたる存在を，ついに創りだした——その「眼や耳」にあたる存在が私たちだからだ。私たち一人ひとりが，137億年の歳月をかけて，宇宙自身が腹を痛めてつくりあげてきた最高の傑作であり，生きているだけで無条件に尊い存在なのだ。この真実を魂の深層で納得している人は，もはや兵士となって人を殺すことはできないだろう[14]。

2　迷信や非合理主義の落とし穴

　科学的社会主義の創始者の一人たるフリードリッヒ・エンゲルスは，このプロセスを説明して，つぎのように述べた。宇宙の物質進化は「自然がつい

に自分自身の意識にまで到達している存在」たる高等動物を生みだした。「物質がどんなに変転しても永久に物質でありつづけ，その属性のどの一つも失われることはありえない。またそれゆえ，物質系は，地球上でその最高の精華たる「思考する精神」を生みだした後に，消滅させてしまうこともあろうが，そのばあいでも，鉄の必然性をもって，この思考する精神をいずれかの場所，いずれかの時に再び生みだすにちがいない」。「われわれは肉と脳髄ごと自然のものであり……人間はますます自分が自然と一体であるということを感ずるようになる」。その結果，「あの精神と物質，人間と自然，魂と肉体との対立という不合理で反自然的な観念は，ますます不可能になっていくであろう」と[15]。エンゲルスは，不毛な二元論を超えて，物質が精神を生みだし，自然が人間を生みだし，肉体が魂を生みだしたことを認めよ，と説いている。

　人工的に合成された元素を除くと，宇宙には，どこまでいっても水素からウラニウムまでの92の元素とその組み合わせとしての分子以外の物質は存在しないし，光の速さよりも早く伝わる運動も存在しない。死後の世界にも「霊」が残り，生きている人にたいして「祟り」を及ぼすといったことは起こりようがない。かりに「超自然的な存在」が，宇宙の果てからメッセージを送ってきたとしても，137億年たたないかぎり，その「意思」は私たちに伝わりようがない。何か「霊的な存在」（神）が宇宙の外から私たちを操ることで，宇宙の進化発展が進んできたのではない。そうではなく，宇宙の物質系自体が，より複雑で個性的なものに進化発展するパワー，「自己組織化」するパワーを内包しているのだ[16]。自然主体的な唯物論，あるいは唯物論的な「アニミズム」（自然弁証法）にもとづく哲学を再興することは火急の課題である[17]。

III 暴力と戦争の経済的根源

> 起点——自然を敬うこと　終点——自然を見習うこと
> 廃棄物を発生させる唯一の種　それは人間である
> 自然界にはほかに　不用なものを生み出す種などない
> 　　　　　　　　　（グンター・パウリ『アップサイジングの時代に』）
>
> 時は流れているものを　刻むからこそ　無理がでる
> 人は群れて育つものを　刻むからこそ　無理がでる
> 人は「会社人間」になれぬものを　強いるからこそ　無理がでる
> 　　　　　　　　　（BEGIN「竹富島で会いましょう」に補筆）

1　マクロの視点でみると——社会からの国家と市場経済の分離

　36億年の進化の歴史のなかで，生物たちは生存持続のための掟を育んできた。「必要最小限という掟」と「調和・共生という掟」がそれである。動物たちは互いに必要最小限の資源・獲物しかとらず，他の動物たちとの無用の争いを避けてきた。これが「自然の掟」（自然法）であった。

　人間は，500万年ほど前に二本足歩行をするようになり，社会を形成するようになった。1万年ほど前の農業革命の時期に社会からの最初の大分裂が発生した。職業的な兵士と官僚が生まれ，国家・政治というものが生みだされたのである。戦争という組織的な殺戮戦を人類が始めたのは，たかだか1万年前にすぎない。

　500年くらいまえに，社会から第二の大分裂が発生した。「モノづくりと流通」の領域（経済）が社会から分離し，「市場経済」という独自の論理で動く不可思議な魔物が生みだされたのである。脳（精神）が「いのち」をもっており，身体に宿る能力を所有しているという観念論の幻想に，人間は囚われるようになり，自らを自然の外部に置き，自然法とは異なる「社会の掟」をつくるようになった。「不必要最大限という掟」と「競争という掟」がそれである。まさに自然法とは正反対の内容であった[18]。

　国家（政治）と市場（経済）が分離独立してしまった後の「社会」には，消費（人づくり）と余暇（学習・文化）の活動しか残らなかった。マネーを稼げない「影のような仕事」の場に，社会は変質し，格下げされた。以上の

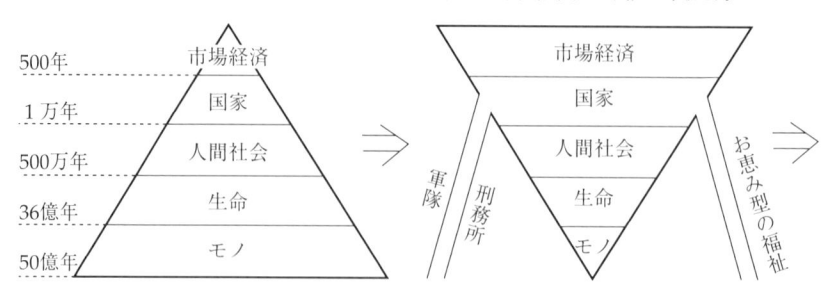

図7-1 モノ・生命・人間社会・国家・市場経済(資本主義)の捉え方

500年	市場経済
1万年	国家
500万年	人間社会
36億年	生命
50億年	モノ

（左側：正三角形）→（右側：中央部逆三角形、外側に軍隊・刑務所・お恵み型の福祉の支え）

プロセスを図示したのが，図7-1の左側の三角形である。

こうしてパワーと資源は自然から社会へ，ついで国家と経済へと吸い上げられ，正三角形の型をしていた人間社会は中央部の逆三角形の型に変わっていった。このような逆三角形の型は肥大すればするほど不安定となり，グラグラしやすくなる。そこで国家による安定装置——軍隊と刑務所，および「お恵み型の福祉」という「つっかえ棒」で支えることとなった。

昔は，豊かな自然資源（自然資本）にたいして人工資本のほうが不足していたので，人工資本の拡充こそが経済発展を主導する要因であった。ところが今日では，人工資本，なかでも民間企業が持つ私的な人工資本はあり余るほどになった。これにたいして「自然資本」（足元の土壌のなかに，どれほどの微生物，どれほどの数のミミズが生きているか）[19]や「社会関係資本」（地域社会や家族の協同能力の高さ），あるいは物的な「社会資本」（道路や港湾施設，学校といった社会の共有する資本。インフラストラクチャーともいう）のほうが枯渇する時代となってきた。このような時代には，自然資本や社会関係資本・社会資本のほうが，経済発展を主導する要因となる[20]。

このようなしだいで自然法と生命体のルールにしたがって，コミュニティ・都市・経済をどのように再設計したらよいのか。市場価格に「エコロジー的な真実」を反映させるには，市場システムを修正しなければならないが，どうすればよいのか。先の図を用いると，不自然な逆三角形を右側の長方形のような安定した形に変える課題に直面しているのだ。

同様のことを沖縄の歌手の喜納昌吉は，こう述べている。沖縄と新大陸の

| 市場経済 |
| 国家 |
| 人間社会 |
| 生命 |
| モノ |

原住民がつくってきたのは，図7-1の正三角形型の社会であった。正三角形型の社会に住む「沖縄とネイティブには自由がないが，平和がある」。これにたいして逆三角形型の社会をつくってきた「アメリカと日本には自由があるが，平和はない。私たちは，この溝を埋めていかねばならない」と。自由と平和を兼ね備えた長方形型の社会を，いかにしてつくりあげたらよいのか——これが新世紀の最重要の課題の一つとなってきたわけである[21]。

2　ミクロの視点でみると——「経済人」モデルの非現実性

「悠久の時空のなか，人は大地に生まれ，育ち，大地に帰ってゆく」——これが「自然の掟」の定める人間像にほかならない[22]。これにたいして主流派経済学——新古典派経済学が想定する人間像（「経済人」ホモ・エコノミカス）というのは，つぎの三つの仮定にもとづく人工的な作品である。

第一に，手から指先を切断するように，人間を「類」（空間軸）と「累」（時間軸）のつながりから切り離し，孤独な「個人」として取り扱うという仮定である。その結果，人間をビリヤードの球のように孤立した実体だと想定することになる。

第二に，人間の孤独な意識（脳）のほうを，身体（いのち・能力）を自在に管理・所有できる主体だとみなす。そのため，人間というのは，どのような行動をとるかを「決定」でき，その結果に「責任」をとれる主体だとアプリオリに前提される。しかし脳から心臓に「止まれ」という指示を送っても心臓は止まってくれないし，逆に心臓麻痺に襲われると，いくら脳から「止まるな」という指示を発しても心臓は止まってしまう。アフリカの貧しい難民キャンプの子どもに生まれるか，米国の大富豪の子どもに生まれるかを，子どもは自己決定できない。意識するまえに，すでに身体が生まれていたからだ。「自己決定」でき，「自己責任」をとれる主体への成長を長期的な発達目標として掲げるのはよいが，これを前提条件にしてはならない。精神障害

者の自立支援組織の実践が示すように[23]，自己決定・自己責任の能力を育むには，相応の条件と基盤——長期にわたるスローな支援の仕組みが必要だからである。

　第三の仮定は，この硬い球は，経済的刺激（損得勘定）にのみ「合理的に反応」するという仮定である。このような人間観では，なぜ自爆テロが敢行されるのか，なぜベトナム戦争でアメリカ軍が敗退したのかを説明できまい。

　主流派の経済学者は，社会的な生き物である人間を孤独な「死に物」（ビリヤードの球）とみなし，ニュートン力学の数式を借用して，球の行方を計測しようとする。このような非現実的な人間観にもとづく経済予測の外れることが多いのは，けだし当然である。

3 「経済人」が人間ピラミッドをつくると，どうなるか

　人間とはビリヤードの球のようなものであり，個人的な損得勘定で行動してよいのだと教えられて，子どもたちが「経済人」に「成長」し，人間ピラミッドをつくるように指示されたとしよう。彼らは下積みの労苦から逃れようと，体力にまかせて上の位置に移ろうと競いあい，いがみあう。その結果，弱いものが下に，強いものが上に，最も強いものが頂点にくるような人間ピラミッドが形成され，そこでいったん「市場均衡」が成立するだろう。底辺には女性・子ども・老人や障害者，発展途上国の民衆が下積みにされ，最底辺に配置された動植物たちは，もだえ苦しみ，「自然資本」の劣化が進む。

　このような均衡は不安定であり，一時的である。富と権力を上に吸い上げる過程が進み，ピラミッドの上部のいっそうの肥大化と下部のいっそうの劣化が進むと，ピラミッドは崩壊せざるをえなくなる。崩壊の経済的表現が「恐慌」であり，政治的表現を「戦争」と呼ぶ。

Ⅳ　平和の担い手となるために個人でできること

> 「生きている人だけの世の中じゃないよ。生きている人の中に死んだ人もいっしょに生きているから，人間はやさしい気持ちをもつことができるのよ。ふうちゃん。」（灰谷健次郎『太陽の子』）

> 「……近代科学の実証と求道者の実験とわれらの直観の一致に於いて論じたい。世界がぜんたい幸福にならないうちは個人の幸福はあり得ない。自我の意識は個人から集団・社会・宇宙と次第に進化する。……正しく強く生きるとは，銀河系を自らの中に意識してこれに応じていくことである。」（宮沢賢治『農民芸術概論綱要』）

1　平和の担い手を育てるために

1947年のインド。そこでは英国からの独立を目前にして，イスラム教徒とヒンズー教徒間の積年の怨念が火を噴き，独立後の国のかたちをめぐって凄惨な内戦が始まった。いっさいの暴力の停止を求めて，マハトマ・ガンジーは単身で無期限の断食に入った。ある日彼のもとに，イスラム教徒を殺したというヒンズー教徒の男が訪れ，殺人を犯した自分にも救いの道があるのかと問うた。ガンジーは，その男にこう答えた。「救いの道がひとつだけあります。イスラム教徒の孤児をあなたの養子にするのです。ただしその子どもはイスラム教徒として育てねばなりません」と。孤児の本来性の尊重こそが，健康な親子関係を紡ぎだすための前提だとガンジーは説いたのである[24]。

2001年の9月11日のニューヨーク。そこでは凄惨な同時多発テロ事件が起きた。犠牲者の家族の一部は「平和な明日のための遺族の会」をつくった。アフガン・イラクの地を訪れ，米軍の攻撃の犠牲者遺族を弔問する旅，悲しみを分かちあい，憎悪と暴力の悪循環を克服する旅を彼らは続けている[25]。

このような人たちを育んでいくには，どうしたらよいのだろうか。

2　二つの「自己実現」を区別する

ミヒャエル・エンデの『モモ』という童話を読まれたことがあるだろうか。「灰色の紳士」たる「時間どろぼう」と闘い，盗まれた時間を人間に取り返してくれた不思議な女の子——モモの物語だ。「灰色の紳士」とは，「経済人」

を人格化したもの。同じ自己実現という言葉を使っても,「灰色の紳士」にとっての「自己実現」とモモにとっての「自己実現」とは,大きく異なる。前者にとっての実現すべき「自己」とは何か。それは,手(社会)と身体(自然)から切断された指先であり,ビリヤードの球(経済人)にすぎず,いのちのない,中身のない「自己」である。したがってこのような「自己」を実現しようとする内発的なエネルギーは生まれてこない。他人(ボス)からの評価(裁き)と競争から脱落するという恐怖心だけが動力源となる。ビジネス書で説かれる「自己実現」とは,このような内容のない「自己」実現であることが多い。

これにたいしてモモのばあいの実現すべき「自己」とは何か。「自己」とは,指先のちっぽけな存在だとしても,手・身体・大地とつながった躍動する生命体の一部である。指先(自我)は身体と結びついており,身体は,土台としての家族と「バイオ・リージョン」(人間と生物・非生物がともにつくりあげる生命循環系の地域)に根ざしている。

モモのような生命力の豊かな子どものばあい,「自己」の範囲は,成長につれて自然と拡張していくものだ。米国の未来学者のヘーゼル・ヘンダーソンが作成した図7-2をみていただきたい。

赤ん坊から幼児の時代には,自己利益にかかわる「自己」の範囲は,文字通り本人一人だけ。要求を貫くために,あたりかまわず泣き叫ぶ赤ん坊の姿を思い浮かべてほしい。通常の人のばあい少年期になると,家族が「自己」利益の範囲に入ってくる。青年期になると,「自己」の範囲がコミュニティや企業団体まで広がってくる。成熟期に入ると,民族や国家まで「自己」の範囲に入り始める。さらに視野が広い人のばあいは,動植物や死んだ人,未来世代,地球の運命までが「自己」のなかに入ってくるだろう。「地球市民」から「宇宙市民」[26]への「自己」の拡張を論じる彼女の議論は,「正しく強く生きるとは,銀河系を自らの中に意識してこれに応じていくことである」とうたう宮沢賢治の境地と通底している。

これにたいして新古典派経済学というのは,幼年期の発達段階の自我(小我)に照応した経済学だと彼女は述べる。幼年期を超えて人間が「自己」を

図7-2 人間発達の視点からみた「自己」の拡張プロセス

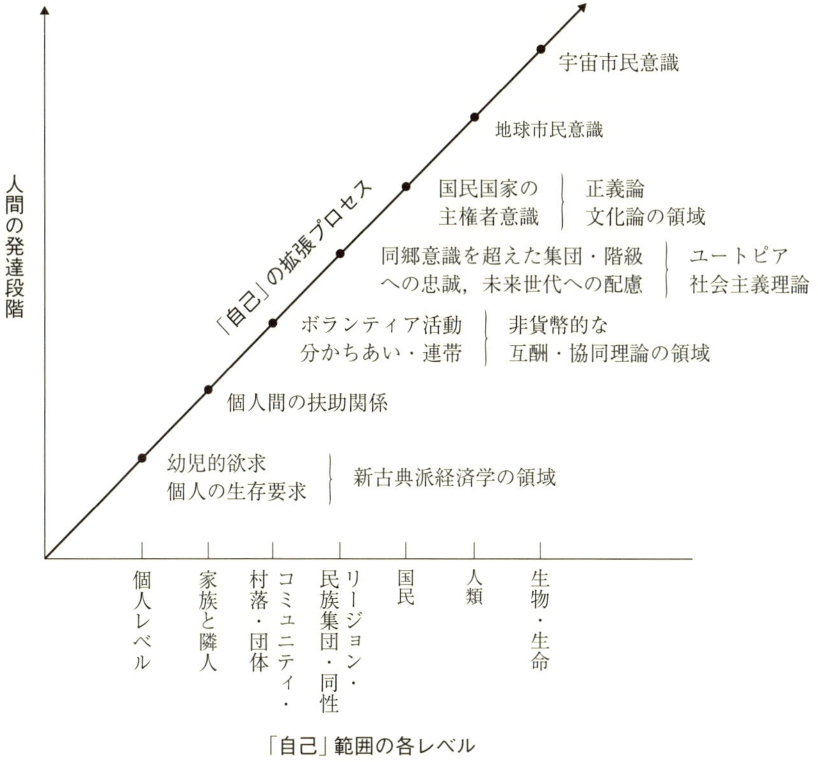

縦軸：人間の発達段階
横軸：「自己」範囲の各レベル

レベル（左から右）：個人レベル／家族と隣人／村落・コミュニティ・団体／リージョン・民族集団・同性／国民／人類／生物・生命

プロセス上の記載（下から上へ）：
- 幼児的欲求／個人の生存要求 ｜ 新古典派経済学の領域
- 個人間の扶助関係
- ボランティア活動／分かちあい・連帯 ｜ 非貨幣的な互酬・協同理論の領域
- 同郷意識を超えた集団・階級への忠誠、未来世代への配慮 ｜ ユートピア／社会主義理論
- 国民国家の主権者意識 ｜ 正義論／文化論の領域
- 地球市民意識
- 宇宙市民意識

出所：Hazel Henderson, *Building A Win-Win World*, 1995, p.154 を一部改作。

拡張し，発達をとげていく展望を閉ざしてしまうからである。

　欲求の階層性という視点から自己実現の理論を深めた心理学者に，エイブラハム・マズローがいる。自己実現の欲求が満たされた後には，人の欲求は，しぜんと自己超越（トランス・パーソナル）のレベルへ向かうとマズローは説く[27]。このような「大我の人」を育てるには，どうしたらよいのだろうか。

3　自然のなかで自己と向きあう——「深我」の獲得

　大地とコミュニティから切り離され，大都会で孤立した生活をしていると，真実の自己に気づくチャンスが乏しくなる。平和の主体に成長していくため

に第一になすべきことは，自己と向きあう空間と時間——プライバシーのための空間と余暇時間を確保することである。結婚後も夫婦は，自己の机，可能ならば個室を確保し，瞑想の時間をもってほしい。

　自己の本来性に気づくために，自然のなかで自己と向きあう機会を増やすことが大切だ。なぜなら「私たちは，頭ではなく，身体で他の生物たちと……つながっている」からである[28]。

　英文学者でタオイスト（道教思想家）の加島祥造さんは，つぎのように書いている。「町にいるときの私は，『料理された』ものなのだ。長いこと煮たり焼いたりされていて，『芯』のあたりだけがようやく生で残っている」と。大都会のなかで，資本主義的な社会関係によって「料理された」自己を癒し，自己の本来性を取り戻すためには，どうしたらよいか。

　大地・自然に抱かれた深い自己（深我）を取り戻すことであろう。そのためには自然のなかにプライバシー空間をもつことが必要だとして，加島さんは続ける。「若いころには詩が少し書けた。……しかし壮年期には詩の泉がとまってしまい，20年が過ぎた。50の声を聞くころここに山小屋を持つようになり，この小屋で過ごす日々だけはまた詩が書けるようになった。伊那谷は涸れかけた私の詩の泉をよびもどしてくれた」。「ここにいることで，いま生きているという意識が鋭くなる」。そのことで「自分の頭の支配から自分の心身を解放するようにな」った。ありのままの自分を受け入れたときに，自然の中のいのちの流れに感応する力が戻ってきた。「するといわば，『むこうから現われる』かのように，新しい美の領域が見えてきた」[29]と。

　なぜ自然のなかで自己と深く対話する場を持つことが必要なのか。人間とは社会的動物である前に自然的動物だからだと，画家の宮迫千鶴さんは述べる。「では土を忘れるとき，私たちの心身はどうなるのか。……土を忘れることによって，『いのち』が生から死へ，死から生へと循環しているものだという自然の原理を私たちは忘れてしまう。たとえば雑木林の落ち葉は，はらはらと落ちて土になり，その土は腐葉土として新しい植物を育てるように，私たちの死は新しい世代の生につながっていくのだが，その『いのちのつながり』が見えなくなると，……『自己の人生を満たされたものとして眺める』

足場がわからなくなるだろう。私たち人間は，社会的動物であると同時に自然的動物でもあるが，この『自己の人生を満たされたものとして眺める』ためには，社会的であるだけでは充分ではなく，むしろどれほど，おのれの中に自然性を見つめたかということが重要になると私は思う。その自然性を見つめるための貴重なメディアが土である。つまり土は『いのちの墓場』であり，同時に『いのちの養育場』なのであるが，そのことを魂の深層で納得している人と，そうでない人の精神の落ち着きには，きっと大きなへだたりがあることだろう」[30] と。

4 「システム思考」のできる人となる

近代経済学の人間観にもとづけば，暴力や戦争などの「悪行」は個人がなした自己決定の所産であるから，個人責任を追及し，処罰すれば事足れりとする傾向がある。しかしこのような個人主義的アプローチは，じっさいには「憎悪と暴力の悪循環」を強めるだけである。戦争や環境といった地球的な問題群に取り組むばあい，「木を見て森を見ない」という「個人主義的アプローチ」ではなく，「森から木を見ていく」という「システム・アプローチ」（弁証法的な思考法）をとることが，いかに重要であるかを，環境ジャーナリストの枝広淳子さんは強調している。何か問題が起こっても，「あなたが悪い」「あいつの責任よ」「世間が悪い」「あの出来事のせいだ」と，特定の個人や個別の事象に責任を帰するのではなく，「問題が起こるのは，システム（構造）のせいだ。だから，たとえ人が交代しても構造が同じならば，同じ問題が起こる」と考えられる人を増やしていくことが大切なのである。

南アフリカではアパルトヘイト犯罪の解決をめざして，デスモンド・ツツ大司教をチーフにして「真実和解委員会」が設立されたが，この委員会が採用したのも，この「システム・アプローチ」であった。数十万人が殺されたこの歴史的悲劇の真実の全側面を明らかにし，二度と悲劇を繰り返させないというのが，「真実和解委員会」の目標とされた。そのために(1)黒人解放運動の内部で犯された暴力事件や腐敗事件の真相も解明する，(2)国家権力の命令を受けて拷問や虐殺に加わった者は，真実を語り，真相究明に協力するな

らば，免罪するという方針がとられた。「罪を憎んで人を憎まず」という格言があるが，「人を攻撃せずに，問題・システムを攻撃」し，「くずれぬ平和」をつくりだしていくカギが，システム思考なのである[31]。

5 自他分離の克服めざす「場」の質を高める

　人間とは進化の系統樹でいうと，先端部の葉っぱのようなものであるが，個人としての人間は，卵のような存在だとも言い換えることができる。生卵は割ると，黄身と白身に分かれる。フライパンの上で，何個かの卵を割ると，フライパンという場が十分に滑らかであれば，黄身の部分は，独立性を保っているが，黄身を支える白身の部分が溶けあって，一つになってしまう。人間も同じであって体と心からできている。体は黄身であり，心が白身の部分にあたる。体だけをみていると，個人個人まったく別もので共通の紐帯などないように見えるが，心が正常に発達してくると，同じ仲間だということが納得でき，連帯できるようになる[32]。そのためには，白身のように滑らかで潤いのある心を育てなければならない。みずみずしい心＝白身をつくるためには，何が必要なのだろうか。

　第一に，白身にもっと水分を補給することだ。そのためには，もっと涙を流す習慣を日本人は復活させる必要がある。自らの体験と生活に即した対話を行えば，涙が出てくるのは自然だ。日本人のとくに男は，涙を流すのは弱々しいことだ，恥ずかしいことだというふうに教えられ，対話のなかで涙の果たす役割を忘れてきた。

　二つ目には，対話のまえには，母なる地球の大地を両足で踏みつけて踊るダンスや合唱，演劇をすることが効果的である。沖縄の人たちが好む「エイサー」や足を踏み鳴らすスペインのフラメンコ・ダンスなどは，自他分離を克服し，トランス状態に入るうえで効果的だ。米国南部のハイランダー民衆学校やデンマークの民衆学校では，スクウェア・ダンスと合唱をして，その後に対話のワークショップに移ることが普通だった。当時の民衆学校は「まず生きいきして，ついで賢くなろう」という標語を掲げていた[33]。

　第三に，白身が混ざりやすくするために「場（フライパン）」の質を高め

ることも大切だ。大地の祖霊が息づいている沖縄のウタキ〈聖域〉のような場所，あるいは被爆記念日の広島・長崎の地を舞台にしてワークショップを行うことができれば，効果的であろう。

6　財の本来の固有価値を見抜く力を育てる

　灰谷健次郎さんは，『太陽の子』という小説のなかで登場人物に「むかしはくだらんものに凝った……人間のくらしに必要なもんとそうでないもんとの区別がつかなんだ。それがわからん人間はわやになるね。沖縄の人はえらいね。そこがちゃんとしとるさかい，人間の中でも上等が多い」と語らせているが，「人間のくらしに必要なもの」とはなんだろうか。この問いに答えるには，科学の智恵・人類の叡智でもって答える以外にない。

　その一つのヒントを日系カナダ人のディヴィッド・スズキが与えてくれる。人類の生命を支える根源的な要素として，古代ギリシア人の強調した4要素──(1)空気（風），(2)水，(3)土壌（食料），(4)火（エネルギー）のほかに，彼は，(5)生物の多様性，(6)愛（家族とコミュニティを担い手とする）という二つの要素をあげ，これら6要素の均衡ある存在が決定的に重要だとしている[34]。これらの6要素は，生命の尊厳（人権）の基盤であり，基本的な人間的欲求であり，最も重要な「サブシスタンス」（個体とその集団が生命を維持し，本来性を発現し，類として永続しうるための諸条件の総体）[35]なのだ。単純に商品視して，市場に任せてはならない。

7　マネーと市場を善用する力を育てる

　マネーとは，電気エネルギーのようなものである。電気を暴走させると，稲妻という形をとって人間に襲いかかり傷つけるが，電気エネルギーを適切に手なずけることができれば，蛍光灯のなかの光に姿を変え，人の役に立つこともできる。作家の司馬遼太郎も同様の見地に立って，次のように書いた。「商利や生産上の利益は，元来が薬効をもつ毒物のようなものである。息せき切って，それを追求すれば，毒に冒されて人格がこわれかねない。また使っている人間たちを利益追求のために鞭打つようなことをした場合，当人も使

用人も精神まで卑しくなってしまう」[36]と。

8 ディープ・ピースの世界へ

　なぜ人を殺してはいけないのだろうか。新古典派経済学の人間観に立ったばあい，「自分が殺されるのは嫌だから，他人を殺してはいけない」という答えに到達するのが精一杯であろう。手の全体を見ず，指先だけから成り立っている狭い・表面的な世界だけを見ているからである。これにたいして，手の全体を観察するナチュラリストは，異なる答えをだすであろう。すなわち「他人を殺すということは，自分を殺すことでもあるから，殺してはいけない。いや殺せるわけがない」と。

　中世欧州の詩人ジョン・ダンも，次のような美しい詩を残している。「誰も，それ自身完全な離れ小島ではない。すべての人間は大陸の一部，本土の一部である。もし土くれが海によって洗い流されると，ヨーロッパはそれだけ少なくなる。それが岬であろうと，あなたの友人の領地であろうと，同じである。いかなる人の死もまた，私を減少させる。なぜならば，私は人類と連帯しているからである。それ故に，弔いの鐘が誰のために鳴っているのかを知るために，人を遣わす必要はない。それはあなたのために，鳴っているのだ」。ファッシズムと闘ったスペイン市民戦争を描いたヘミングウェイの小説『誰がために鐘は鳴る』は，この詩に由来する。

V　ディープ・ピースを支える社会経済システム

　　　　　　　　　　「人々の中に行き　人々と共に住み　人々を愛し　人々から学びなさい　人々が知っていることから始め　人々が持っているものの上に築きなさい　しかし本当にすぐれた指導者が仕事をしたときはその仕事が完成したとき　人々はこう言うでしょう　我々がこれをやったのだと」（晏陽初　中国の地域教育家）[37]

　　　　　　　　　　「いちばん大切なものは　みな　ただ　太陽の光　野や山の緑　雨や川の水　朝夕の挨拶……そして母の愛」（河野　進　詩人）

　スペイン北西部には，孤児たちを集めた「ベンボスタ子ども共和国」がある[38]。ベンボスタ子どもサーカス団の最も人気のある出し物は，「強いもの

が下に，弱いものが上に，こどもがてっぺんに」という掛け声とともにつくりだす人間ピラミッドだ。現存の「弱いものが下に，強いものが上に，最も強いものが頂点にくるような人間ピラミッド」をどのようにして，もっと健康で平和な人間ピラミッドに組み直したらよいのか。

1　平和を生みだす市場経済——アダム・スミスとケインズに学ぶ

　一定の条件の備わった市場経済は道徳律を破壊しないことを証明することで，市場経済に批判的であったキリスト教会を説得すること——これが，アダム・スミスが『国富論』を書いた重要な動機であった。その一定の条件とは何か。(1)独占がなく，企業には機会均等，公正な競争が保障されていること，(2)資本の所有者と経営者とが一致しており，資本が地域経済と密着していること，(3)市場外に及ぼしているコスト（外部不経済）は，すべて内部化され，生産コストに算入されていること，である。このような条件があれば，平等互恵の商取引が行われ，資本家は地域経済の発展にも責任を感じることになるし，公害問題も起こらないであろう[39]。しかしその後，資本主義は巨大な発展を遂げた。今日の市場経済は，アダム・スミスが設けた条件を踏みにじって展開されることが多い。アダム・スミスの設けた条件を，どのように創造的にリバイバルさせたらよいのかを考える必要がある。

　市場経済を制御する必要を唱えたケインズの提言からも，学ぶべきことは多い。1920年代に投機マネーを国際的に野放しにしたため，未曾有の「バブル経済」が生まれ，大恐慌と戦争をもたらしたことを反省して，ケインズはつぎのように述べた。「私は，国と国との経済関係をできるだけ増やそうとする人より，減らそうとする人のほうに共感する。思想・知識・芸術・理解・旅といったものは，本質的に国境に縛られるべきものではないが，モノについては無理のない範囲で国産のものを使うべきだし，何よりも金融を国内にとどめるべきだ」[40]と。彼の提言を受けて，戦後，投機マネーを国家的に管理し，生産的な投資に導くための施策が講じられるようになった。

　これらの点をふまえたうえで，私はつぎのような改革案を公にしている[41]。以下，そのエッセンスを紹介しよう。

2 平和なエコ・エコノミーへの改革案

1. 経済価値と倫理的価値の接近・融合のために。

（1）従来型の生産性の定義（労働の生産性）ではなく，もう一つの定義（資源の生産性）のほうを政策的に重視する方向で，国民合意を形成する。

（2）市場内の経済活動のもたらす市場外への波及効果——社会的・政治的・文化的・エコロジー的コストと便益とをトータルに測定・評価する手法を開発するとともに，GDPに変わる「真の豊かさ指標」ないし「総合的進歩指標」を作成・公表し，これにもとづいて，企業・公的部門の政策と業績を総合的に評価できる仕組みをつくる。

2. 税制改革——税源の重心を資本・労働の果実から，人間をつくりだす命の源たる地球共有・伝承財の利用行為のほうに移し，「大自然の子」としての人類が，「自らを生みだす根源」への敬虔で節度ある態度を取り戻す方向に誘導する。

（1）消費税を廃止し，ぜいたく品を対象にした奢侈物品税のほかに，化石エネルギー・処女資源を対象にする環境（再生不能資源利用）税を創設する。諸外国とも連携しつつ環境税の税率を毎年5％ずつ引き上げ，20年後には100％の税率を課すことをめざす。

（2）市場競争における「機会の均等」を明確にするために相続税の累進税率を引き上げる。相続額の上限（たとえば1人5000万円，ただし自営業の相続のばあいは特例を設ける）を定め，それ以上の相続財産はNPOに寄付するか，国庫に収納する。「一世代個人主義」の精神を明確化することで，蓄積された貯蓄が消費にまわりやすい仕組みをつくる。

（3）企業活動の利潤（投機を除く）への課税を大幅に減らし，「持続可能な資源循環型経済」づくりをめざす創意ある企業活動を奨励する。

3. 人間の尊厳を支え，市民社会を強化するための社会保障制度。

　日本住民（定住外国人も含む）にたいして，一定の市民的義務の遂行（たとえばボランティア活動や統治活動への参加など，予約も含む）を条件に市

民的尊厳を支える最低生存保障＝「市民所得」保障制度を設ける[42]。

　幼児も含めて個人単位に年齢別に年間60万〜100万円を支給し，それ以外の社会保障制度は，高額医療保険，障害者手当，（地震）災害補償制度などを除いて原則として廃止する。財源は，環境税と相続税をあて，天と祖先の恵みは，個人の市民的自立の基盤形成のために用いることを明確にする。

4．労働時間の短縮による雇用の創出。
（1）無償のサービス残業を禁止し，残業労働への割増賃金率を大幅に引き上げることで企業の残業依存体質を改めさせ，新規雇用を促進する。
（2）そのうえでオランダのようにフルタイマーとパートタイマーとの完全な同権を確立し，パート化を推進して，雇用を増やす[43]。また人材派遣業は，労働組合などの非営利団体に制限し，人材派遣業から出発したという歴史的原点をふまえた労働組合の発展を支援する。

5．紛争予防・平和創出型の地域づくり・仕事おこしを促進する。
「良心的兵役拒否国家」としての平和創出のための代替奉仕として，自衛隊の一部を災害救助隊に転換するとともに，自衛隊予算を組み替えて，数万人規模の青年国際災害救助隊・人道支援隊を創設し，海外に派遣する。

6．賃金・人権・環境水準の最底辺への競争を抑える国際的仕組みの開発。
（1）①人間がつくりだすモノ（労働生産物），②人間がつくりだせないモノ（人間をつくりだすいのちの源），③両者の中間領域（生命の維持・発達に直結する労働活動）を区別し，②③については，①と同一基準では，自由貿易の対象にはならないという新しい貿易ルールをつくる。
（2）進んだ賃金・人権・環境基準を設定した国が不利にならない関税調整制度をつくる。世界的な地球市民ミニマムの人権・環境基準の年次改善計画を設定し，これに見あう途上国の保護政策を承認する。
（3）人間と財貨の国際輸送運賃については重量あたり同額を原則にし，物流よりも，人の移動，文化・情報・運動の交流のほうを促進するようにする。

（4）IMF，世界銀行，世界貿易機構（WTO）の廃止，国連のもとでの民主的な新制度の創設。
（5）脱税マネーの温床となっているタックスヘイブンの閉鎖に踏み切る。

7．軍事力・経済要素の国際移動にたいするグローバル・ガバナンスの強化。
（1）①国際交通機関の燃料にたいして炭素税ないし環境税をかける，②為替取引に0.5％を課税するトービン税の国際的創設，③武器貿易の禁止をめざし，当面は武器貿易には重税を課する，④宇宙への兵器と核物質配備を禁止し，軍事偵察と諜報目的の宇宙利用，宇宙空間の商業利用に課税する。
（2）以上の財源を国連強化に役立てるとともに，国連のグローバル・ガバナンス機能を強化し，地球規模での格差是正，所得の再配分に役立てる。
（3）米国などの特許権重視の知的財産権戦略の発動に制限をくわえ，地球公共財としての科学技術情報の流通を促進する措置をとる。
（4）世界人口の安定化に努めるとともに，難民・外国人労働者の秩序ある受け入れを促進する。永住外国人については市民的権利を認める。

8．国家の民主化とアジアとの和解——日本史上初の「国民国家」をつくる。
（1）「宇宙―情報覇権国家」米国の覇権主義に反対し，安保体制から離脱し，非同盟中立の「良心的兵役拒否国家」の道に踏みだす。
（2）かつての天皇制国家の犯した侵略戦争責任を認め，戦争犠牲者の個人補償を行う。
（3）欧州連合の先例に学び，APT諸国（アセアン プラス 日本・中国・韓国）のあいだで共通の通貨・金融同盟を結び，紛争・戦争の起こりにくい「内臓のつながったような東アジア経済圏」をつくる。

3　おわりに

見られるように，この改革案は，反市場主義・反企業主義の立場には立っていないし，公共部門の存在意義と責任を不問にする反国家主義の立場もとっていない。市場，国家，市民社会に委ねるべき三つの領域を見すえつつ，

第7章　ディープ・ピース　225

個人が，自らを生みだしてくれたいのちの根源（大自然と社会のなかのいのちの流れ）と向きあい，「エコロジカルな自覚をもつ一世代シングル」[44]に成長していくための経済基盤を整えようとした。

昔，世界の諸民族は，収穫の秋には，自らの勤労の成果を，母なる大地・大自然に捧げ，献上する感謝祭を行った。そしてそのお供え物は，まつりごとの後には共同体成員にできるだけ公正に分かちあってきた。このしきたりを，21世紀に創造的に復活させる試みだといってもよい。

どうかご論評いただきたい。今後も経済民主主義とナチュラリストの立場に立って，平和のための経済システムづくりの道を探究していきたいと思う。

注
1) 内山節『市場経済を組み替える』農山漁村文化協会，1999年，211ページより。
2) 詳細は，藤岡惇『グローバリゼーションと戦争』大月書店，2004年。
3) 松尾雅嗣「安全保障と平和」，『人間の安全保障論の再検討』広島大学平和科学研究センター研究報告第31号，2003年，3ページ。ガルトゥングの平和学の今日的な到達点については，トランセンド研究会『トランセンド研究——平和的手段による紛争の転換』第2巻，2004年5月，1-41ページ参照。
4) 国連の『人間開発報告書』1994年版，マブーブル・ハク，植村和子ほか訳『人間開発戦略——共生への挑戦』日本評論社，1997年を参照。
5) この転換の智恵袋となったのが，インド出身の経済学者のアマルティア・センである。武者小路公秀「グローバル下の開発と安全政策」，『軍縮問題資料』第210号，1998年4月，2-9ページ。
6) その背景には，20世紀の前半に2度の世界戦争と大恐慌の惨事の体験をとおして，市場の暴走（恐慌）や国家の暴走（戦争）を規制しようという運動が，未曾有の盛り上がりを示したことがある。その結果，国際連合が形成され，「古典的な帝国主義」時代を律してきた国際関係のルールに一定の修正が施されるとともに，植民地主義の崩壊と符節をあわせて「修正帝国主義」のシステムが形成された。内政面でも一定の変化が生まれ，市場の失敗（大恐慌）を繰り返さないために，労働組合が公認され，完全雇用法が制定され，福祉政策が拡充された。このように19世紀型のむきだしの資本主義システムは，いくつかの点で修正され，福祉国家的要素をかかえる「修正資本主義」の体制が構築され，「資本主義の黄金期」を支えたわけである。藤岡，前掲『グローバリゼーションと戦争』17-22ページを参照。
7) これまでの到達点への私の批判的コメントは，藤岡惇「近代個人主義の人間観をどう超えるか」，『経済科学通信』第78号，1995年4月，60-64ページ，藤岡惇「エゴからエコへ——「自己」の拡張と人間の発達」，『経済科学通信』第93号，2000年4月，58-66ページ。
8) ガンジー，蝋山芳郎訳『ガンジー自伝』中公文庫，201ページ。五島茂責任編集

『ラスキン・モリス』（中公バックス世界の名著第52巻）中央公論社，1979年，63，78ページ。
9) 佐治晴夫『宇宙の風に聴く——君たちは，星のかけらだよ』かたつむり社，1994年，44ページ。青木和光『物質の宇宙史』新日本出版社，2004年。
10) 小貫雅男・伊藤恵子『森と海を結ぶ菜園家族』人文書院，2004年，193ページ。
11) ウイリアム・クラーク，岡田益吉訳『死はなぜ進化したか』三田出版会，1997年。田沼靖一『死の起源——遺伝子からの問いかけ』朝日新聞社，2001年，26-27ページ。
12) 「36億年の歴史を持つDNAの発する強い力と，たかだか数万年の歴史しか持たない自我との間の葛藤に苦しんでいるのが人間です」（柳澤桂子『意識の進化とDNA』地涌社，1991年，6ページ）。
13) ハーヴィー・ダイアモンドほか，松田麻美子訳『ライフスタイル革命——私たちの健康と幸福と地球のために』キングベアー出版，1999年，63，66ページ。村上和雄『サムシング・グレート——大自然の見えざる力』サンマーク出版，1999年，136ページ。
14) 諸富祥彦『生きていくことの意味』PHP新書，2001年，53-65ページ。諸富祥彦『どんな時も人生にYESを言う』大和出版，1999年，124-131ページ。
15) フリードリッヒ・エンゲルス『自然弁証法』，邦訳『マルクス・エンゲルス全集』第20巻，大月書店，352，358，492ページ。ただし，訳文の一部を改めた。
16) スチュアート・カウフマン，米沢富美子監訳『自己組織化と進化の論理』日本経済新聞社，1999年，16-17，24，35ページ。
17) 今日，進んでいる宇宙観・自然観の革命的な変化は，弁証法的な唯物論哲学を発展させる好機であるが，それに失敗すれば新たな観念論と神秘主義，迷信やオカルトの類を生み出す危険がある。100年前に同様の危機に直面してレーニンは，こう書いていた。「新しい物理学が観念論にまよいこんだのは，……物理学者が弁証法を知らなかったからであった。……今日の『物理学的』観念論は……自然科学者の一学派が，形而上学的唯物論から弁証法的唯物論へまっすぐにすぐさまのぼることができなかったので，反動哲学へ転落したことを意味するにすぎない。……現代物理学は産褥にある。それは弁証法的唯物論を産もうとしている。」レーニン『唯物論と経験批判論』，邦訳『レーニン全集』第14巻，大月書店，315，378ページ。シェリングの研究者の西川富雄さんも，私と類似した視点で，「自然を主体にした哲学」を考えておられる。西川富雄『環境哲学への招待——生きている自然を哲学する』こぶし書房，2002年，59，86-89ページ，参照。
18) 高木善之『地球大予測』サンマーク出版，1998年，140-141ページ。
19) ミミズがいるような肥沃で健康な土を一握りすれば，そのなかには60億匹の微生物が棲み，有機的な生物世界を育んでいる。デンマークの植林事業が示したように，まず木を植え，雨を呼びこみ，土を肥やすことは，その上に棲む動植物を健康にし，健康な人体，健康な社会関係をつくっていくうえでの根本条件なのだ。アルバート・ハワード，横井利直ほか訳『ハワードの有機農業（上）』農山漁村文化協会，2002年，33-34ページ。
20) レスター・ブラウン，福岡克也監訳／北濃秋子訳『エコ・エコノミー』家の光協

会，2002年，27ページ。ポール・ホーケンほか，佐和隆光監訳／小幡すぎ子訳『自然資本の経済——「成長の限界」を突破する新産業革命』日本経済新聞社，2001年。
21) 鎌田東二・喜納昌吉『霊性のネットワーク』青弓社，2000年。
22) 小貫・伊藤，前掲『森と海を結ぶ菜園家族』30ページ。
23) たとえば斎藤道雄『悩む力——べてるの家の人びと』みすず書房，2002年。
24) 坂本龍一編『非戦——戦争が答えではない』幻冬社，2002年。
25) デイビッド・ポトーティ／ピースフル・トゥモロウズ，梶原寿訳『われらの悲しみを平和への一歩に——9.11犠牲者家族の記録』岩波書店，2004年。
26) 英国の優れた数学者にして哲学者であるバートランド・ラッセルも，『幸福論』の末尾で「宇宙市民」への成長にふれている。「私たちが外部の人々や事物に本物の関心を寄せるようになると，自己とその他の世界との対立は，ことごとく消散する。そういう本物の関心を通して，人は，自己が生命の流れの一部であって，ビリヤードの球のような硬い孤立した実体ではない，ということを実感するようになる。……そのような人は，自分を宇宙の市民だと感じ，宇宙が差し出すスペクタクルや宇宙が与える喜びを存分にエンジョイする。また自分のあとにくる子孫と自分は本当に別個な存在だと感じないので，死を思って悩むこともない。このように，生命の流れと深く本能的に結合しているところに，最も大きな歓喜が見出される」と。バートランド・ラッセル，安藤貞雄訳『ラッセル幸福論』岩波文庫，1991年，273ページ。
27) 自意識過剰の神経症患者にたいして，「ありのまま・自然体の自己の受容」を説く「森田療法」を提唱した森田正馬さんも，つぎのように書いている。「ある婦人が神経質性のヒポコンドリーで病床につき，今にも自分に死がやってくるものと思い，苦しんでいた。ところがある日，4歳になる自分の子が百日咳にかかり，呼吸も絶えるかと思われるばかりに咳き入るのを見て，とつぜん自分のことを忘れて子供を介抱し，そのときからはじめて自分の病気を忘れるようになった。小我へのとらわれが，わが子にたいする愛情のために消滅したのである。小我が拡大されていくありさまは，子をもつことによってはっきりと認めることができる。わが子の病気やよろこびは，わが身のことのように苦しく，またうれしいものである。子にたいするのと同じ気持ちが，さらに進んで，兄弟，親友，教え子，隣人，同郷の人などにまで拡大され，それらの人々の苦楽を自分の苦楽とするようになるとき，自我はいよいよ大きく成長，発展していくのである。仏の慈悲は，われわれが子どもを愛するように衆生を愛するといわれるものであって，これがすなわち大我の極致である。それにたいして神経質患者は，自分の苦痛から逃れることばかりに心を労しているために，わが子も家族も犠牲にしてかえりみないことがある。これが小我の執着である」と。森田正馬『生の欲望——あなたの生き方が見えてくる』白揚社，1999年。
28) 田口ランディ『できればムカつかずに生きたい』新潮社，2000年，162ページ。
29) 加島祥造『伊那谷の老子』朝日文庫，2004年，102, 22ページ。
30) 宮迫千鶴「土の力」，『読売新聞』1996年6月の記事より。
31) 山本浩『真実と和解——ネルソン・マンデラ最後の闘い』日本放送出版協会，1999年。
32) 清水博『場の思想』東京大学出版会，2003年，21-23, 40, 50ページ。

33) 清水満『共感する心，表現する身体――美的経験を大切に』新評論，1998年，129-137ページ。
34) デイヴィッド・スズキ，柴田譲治訳『生命の聖なるバランス――地球と人間の新しい絆のために』日本教文社，2003年。
35) 戸崎純・横山正樹『環境を平和学する――持続可能な開発からサブシステンス志向へ』法律文化社，2003年。
36) 司馬遼太郎『人間というもの』PHP研究所，1998年，50ページ。
37) 宋恩栄『晏陽初――その平民教育と郷村建設』農山漁村文化協会，2000年。色平哲郎さんに教えていただいた。
38) 本橋成一『サーカスの詩――ベンポスタの子どもたち』影書房，1993年。
39) デビッド・コーテン，西川潤監訳／桜井文訳『グローバル経済という怪物――人間不在の世界から市民社会の復権へ』シュプリンガー・フェアラーク東京，1997年，94-99ページ。
40) 同上，387ページ。
41) 藤岡惇「持続可能な日本づくりのアジェンダの提案」，森岡孝二ほか編『21世紀の経済社会を構想する』桜井書店，2001年。関連して，ジェームズ・ロバートソン，石見尚訳『21世紀の経済システム展望』日本経済評論社，1999年，も参照されたい。
42) 小沢修司『福祉社会と社会保障改革――ベーシック・インカム構想の新地平』高菅出版，2002年。
43) 長坂寿久『オランダモデル』日本経済新聞社，2000年。
44) 伊田広行『スピリチュアル・シングル宣言――生き方と社会運動の新しい原理を求めて』明石書店，2003年。

終章　現代国家の公共性と人間発達

二 宮 厚 美

はじめに

　本書は，キーワードでいうと，二つの概念を中心に，現代社会の重要問題を検討してきた。二つのキーワードとは，言うまでもないことだが，第一は公共性，第二は人間発達，この二つのことである。本書は，比喩的にいうと，公共性と人間発達という二つの円心軸の周りに描かれる楕円を明らかにしようとしたものである。楕円の円周上は公共性の軸に近い点もあれば，逆に人間発達の軸に近い点もある。だが，いずれの円周点をとっても，二つの軸から合計すると同量の磁力を受けていることに変わりはない。これまでの各章で取り扱われたテーマは，いずれも，ある円周上の地点から「公共性と人間発達」の楕円的問題構造を明らかにしようとするものであった。
　この最終章に与えられた課題は，この楕円の構造全体を大づかみに描きだすことである。すなわち，公共性と人間発達の二つの概念がどのように結びついているのか，そして現代の世界においてこの楕円がいかなる意味をもつのかを明らかにすることである。これは，容易ならざる課題である。まずなによりも，課題領域が茫洋として，つかみどころがないほどに広がりをもっている。そのうえに，「公共性と人間発達」のテーマにかかわる理論研究は，多くの専門領域において，それなりの理論的蓄積を積み上げられており，これら先学の成果一つひとつを十分に消化・吸収し，こなしきることが求められる。
　したがって，この最終章の課題は，失敗を恐れる気持ちが先に出ると，とうてい手がける気分にはならないほどに重いテーマであるが，ここで失敗を臆することはもはや許されないだろう。そこで，以下，テーマの重さと広さ

ゆえ、荒削りにならざるをえないことを覚悟し、また一言読者に断っておいて、現代国家の公共性と人間発達をどのようにつかめばよいか、という点について考えていくことにしたいと思う。

I 二重の意味での公共性概念

1 公共性とは何を意味するのか

　公共性という言葉は、日常の生活では、それほど頻繁に使われる用語ではない。これに類似的な言葉に、社会性とか共同性、共通性、地域性、市民性といった言葉かあるが、これらと比較してみても、公共性という概念は日常生活においてそう多く使われるものではない。そのうえに、公共性という言葉は、社会性や共同性という言葉に比べて、その意味内容がはっきりしたものであるとは言い難い。その意味内容が明確でないような言葉が、日常生活においてあまり使用されず、どちらかといえば敬遠されがちになるのは当然の成り行きだろう。

　そこで公共性を議論していくためには、まず公共性とはいったい何を意味するのか、これをある程度確定しておく必要がある。これまでの日本では、公共性という言葉は、およそ二つの意味で使用されてきた。実は、この二つの意味があいまいにされたり、混同されたりしたために、公共性概念が一般市民になじみにくいものになった、と考えられる。この点を確かめておくことにしよう。

　第一は、公共性を公共的性格の意味で使ってきたケースがあげられる。たとえば、新聞や放送の公共性とは何か、教育の公共性はどこに求められるか、地域文化財の公共性とは何によっているのか、といった問いかけに出てくる公共性とは、報道や教育や文化財の公共的性格をいったものにほかならない。これらのケースでは、公共性を公共的性格（または性質）と言いかえたほうが、はるかにわかりやすい。

　別の例をだすと、地震・火事等の震災対策は公共的性格をもつ、地域社会の子育ては公共的性格をもっている、水道事業は公共性をもった業務である

という場合に，わたしたちは公共性と公共的性格とをほぼ同義のものとして取り扱ってきたのである。公共的性格を持った仕事は，現代社会では，公共機関の業務とされる。つまり，保育・教育・福祉・公衆衛生・防災・治安・環境保全，これらが公共的性格をもつ課題であると認められれば，それらの業務は公共機関によって担われなければならない，ということになる。これを言いかえると，公共機関は公共的性格をもった仕事を果たすために存在する，ということになるわけである。

この場合，公共性とは公的性格を認められたテーマのことにほかならず，その保障は公共機関の業務になる，ということを示している。子どもや老人の福祉に公的性格が認められれば，児童・高齢者福祉には公共性があるから公共機関がそれを担わなければならない，また，地域の伝染病予防や自然環境保全には公共性があるから公的責任がともなう，といった場合の公共性とは，課題の公共的性格のことをいったものにほかならないわけである。

したがって，一般の日常生活では，公共性とは公共的性格とか公的目的，また公的課題とほぼ同義の意味をもつものとして扱われてきた，といってよい。公教育を例にとると，子どもの教育は公共的性格をもち，公的目的として実現されなければならない公的課題であり，したがって子どもの教育には公共性があるから，公共機関がその責務を負わなければならない，という場合の公共の使われ方がこれにあたる。要するに，この場合の公共性とは公的目的の言いかえであり，公共機関・業務のレーゾン・デートル（存在理由）のことである[1]。

第二は，公共性を公共空間（public sphere）の意味で使うケースである[2]。これは主に哲学や社会学の領域で使用されてきた公共性の意味となる。この場合の公共空間とは，より具体的にいうと，言論空間のことをさす。つまり，公論（public opinion）が形成される一つの社会文化的空間のことである。

戦後日本で，公共性の概念が一般市民にはとっつきにくく，取り扱いの難しい言葉になったのは，主に，この公共的言論空間のことを公共性と表現してきたことによると考えられる。公共性とは公共空間のことである，といわれてすっきりと理解・納得することは，そう容易なことではあるまい。これ

は，公共性という概念が，一般市民の生活言葉と学術世界の専門用語が分離されたところで使われてきた悪しき風習の一典型例であったことを物語っている。公共性は哲学等の「業界用語」の一例だったのである。

　この「業界用語」としての公共性概念は，戦後日本の公共性論に大きな影響を与えたJ・ハーバーマス『公共性の構造転換』の翻訳が，ドイツ語のÖffentlichkeit をそのまま公共性と訳したことに依拠して広まったものである。ドイツ語のÖffentlichkeit は，その意味内容からすれば，同書の英訳本がpublic sphere としているように，公共空間ないし公共圏と翻訳すべきものであった。誤訳とまではいえないにしても，少なくとも悪訳というべきこの公共性概念の普及の結果，上述の「公共的性格としての公共性概念」と「公共圏としての公共性概念」がごっちゃにされ，公共性とはいかにも多義的で，扱いにくく，それゆえ一般に馴染みにくいものとなったのである。

　ただし，「公共圏としての公共性概念」が無意味であるとか，誤りであるというのではない。そうではなく，「公共圏としての公共性概念」には重要な意味内容が含まれている。問題なのは，「公共的性格としての公共性概念」と「公共圏としての公共性概念」が自覚的に区別されつつ，同時に双方の関連が十分に議論されてこなかった点にある[3]。この点に以下，少し立ち入っておこう。

2　公的行政の存在根拠としての公共性概念

　話をわかりやすくするために，まず「公共的性格としての公共性概念」から見ていくことにしよう。事例を公衆衛生と公教育にとってみよう。

　現代社会は伝染病の予防とか公害の防止，また子どもの教育を公共的性格をもった課題だととらえる。こうした公共的性格を有する課題は公的行政によって担われなければならない。これにたいして，ペットの病にどう対処するか，また子どものおむつを誰が洗濯するのか，というのは私的な性格のことと見なされるために，保健所や教育委員会がタッチするところではない。公的行政機関は公共的性格をもった課題にかかわるのであって，私事の世界には立ち入らない。保健所や学校は公共的性格をもつ課題を果たすためにこ

そ，存在しているのである。

　このように考えてみれば明らかなように，「公共的性格をもった公共性概念」のもつ意味は，公的行政の存在理由ないし根拠を指し示すものとして，実際の社会では大きな意義をもってきた。事態の公共性が認められれば，それは公的行政の守備範囲に組み入れられるのである。そうすると，「公共的性格としての公共性概念」とは，まず何よりも，公的行政の存在理由や守備範囲を決める規準としての意味をもってくる。つまり，公共性が認められれば行政が責任を負うが，公共性から排除されれば行政から見放されてしまう，という分かれ目を決める規準の意味をもってくるわけである。

　なぜいまこのようなことに立ち入るのかについて，ここで一言はさんでおくと，それは，公共性の問題は哲学的思弁の世界にかかわるのみならず，現代国家の守備範囲をどう考えるのかというきわめて現実的な問題に直接結びついている，ということに注意を促すがためにほかならない。現代の公共性をどのように把握するかは，たとえば子どもの保育・教育，高齢者や障害者の福祉，地域の環境，ジェンダー・エクィティの達成，郵政・通信・交通の維持，地域文化財や地場産業の保護等に公共性を認めて，これを行政の守備範囲にしていくのかどうか，というすぐれて現実的な争点にかかわることなのである。

　公共性が公的行政の守備範囲を決める規準としての意味をもつとすれば，問題なのは，その規準とは何か，ということになるだろう。何をもって公的行政の守備範囲とするか，というこの問題には，実は長い論争の歴史がある。しかし，ここはその経緯に立ち入る場ではないので，公共性の規準とは何かについての要点を指摘しておくことにしよう[4]。

　公共性の第一の規準は，地域住民の共同利益である。わかりやすくいえば，地域の環境保全は住民みんなの利益，地域の子育ては住民全体の願い，暮らしの安全・安心の確保は市民共同の利益，地域固有の歴史と文化は共通の財産等，という場合がこれを指す。このような地域社会の共同業務，市民の共同利益，住民の共通課題等を，一言にまとめて「共同性」といっておくと，この共同性が公共性の第一規準となる。常識的にいって，住民全体の共同性

を担う課題が行政の守備範囲となるのは、およそ自明だろう。

　第二の規準は、全国民の権利である。権利には自由・平等の市民権から生存権や労働権といった社会権、さらにアメニティ権やジェンダー・エクィティ、情報プライバシー権まで、現代では大きな広がりがあるが、これらの人権を一括して保障する課題は、いうまでもなく公共的性格をもっている。ここでこれらを憲法的人権保障と呼んでおけば、公的行政の守備範囲を決める第二の規準はこの権利性に求められることになる。

　以上をまとめると、公共性の規準とは「共同性プラス権利性」に求められる、というのがこれまでの議論の結論である。ここまでの議論に異論を唱える人は、おそらくはほとんどいないだろう。なぜなら、公的行政が社会全体の共同利益を担い、その構成員の人権を保障することを目的とする、ということに反対する人は、仮にいたとしても、ごく少数にとどまるはずだからである。問題はここから先にある。

3　二重の意味での公共性の相互関係

　問題になるのは、「共同性プラス権利性」の具体的内容にかかわってくると、社会構成員の間では意見の一致がはかられない、という点である。意見の不一致は、まず手始めに「共同性」に関連して生まれる。共同性とは社会成員の共同利益を意味するものであったが、実は、現代社会では、そのような共同利益は存在しないのである。より正確にいうと、仮に社会成員の共同利益があるにしても、現代社会では、それは共同利益としては現れないということである。なぜなら、現代社会では、構成員そのものが互いの利害をめぐって分裂し、競争し、争いあっているからである。社会が私的利害によって引き裂かれ、分断状況にあるとすれば、そこには共同・共通の利益が存在するとはいえない。

　たとえば環境保全は、一見すると、地域の共同利益に見えるが、環境を犠牲にし、破壊せざるをえない開発業者からみれば、それは金科玉条の課題にはなりえない。公衆衛生の維持も同様である。杉の子花粉症の対策のために、杉を伐採してしまうなどということは、材木業者からみれば許されるもので

はない。公教育を徹底して充実することは，塾や予備校の経営者をお手上げ状態に追い込む。

このような利害の不一致が起こるのは，上の例で察しがつくように，環境保全や公衆衛生や公教育そのものに原因があるのではなく，社会の構成員の利害が分断され，対立する関係のもとにおかれているためである。この利害の分断は，私的所有にもとづく商品生産と流通，つまり市場社会に根ざして生まれるものである。そのうえに，近代社会では資本主義的な階級対立，また階層間の競争や分断が加わる。一言でいえば，資本主義的市場社会は社会内部に利害対立をはらんでいるために，社会構成員の共同利益は存在しない，ということになる。

とすると，公共性の規準を共同利益に求めた先の見解は誤りである，ということになる。そればかりではない，公共性の第二の規準であった権利性についても，その根拠があやしくなってくる。なぜなら，自由・平等権や生存・教育権をとりだしてみればすぐわかるように，それらの人権は，社会の構成員が自由・平等や生存・教育を社会全体の共同利益と認めたことによって確立したものにほかならないからである。人権とは社会構成員の共同利益を権利として承認したからこそ成立したのである。

そうすると，公共性の議論はここでデッドロックに乗り上げてしまったかのようにみえる。ここを乗り切るには，どう考えればよいか。私的利害に引き裂かれた社会では，そもそも共同性が存在しないとすれば，どのように共同性を捉えていけばよいのか，これが問題である。

結論は，公論（public opinion）の形成をつうじた決着という点に求められる。つまり，社会の構成員が公衆衛生や教育等を共同の利益として了解・合意する場を形成し，それを公論に高めることである。私的利害に引き裂かれた社会のなかで共同性を創出するには，構成員が公論の力によって，これを社会全体に押しつけるしかない。公衆衛生や教育を例にとれば，それらの課題は社会の共同利益に合致するものであり，公共的性格をもったものだ，と評価する公論が公共性の規準としての共同性をつくりだすのである。

ここで，公論を形成する場とは，いうまでもなく，先にふれた公共的言論

空間のことである。すなわち,「公共圏としての公共性概念」である。したがって,「公共的性格としての公共性概念」と「公共圏としての公共性概念」の両者の関連は,後者が前者をつくりだすという関係にあることがわかる。問題なのは,それがどのようなプロセスをたどるのかという点にある。

4　公共性概念のキーワードとしてのコミュニケーション

　公共的言論空間とは,一方での社会成員の私的な分裂状況,他方での社会成員による共同性の実現,この両極を媒介する公論形成の場としてとらえられる。公論の形成が重要になるのは,近代市民社会が独立・分裂した市民から成り立っているために,それ自体の内部からはただちに公共的なものとか,全市民が共通して守らなければならないルールや約束を導きだすことはできない,ということによっていた。

　たとえば,仮に一人ひとりの市民が独立して自由に生きる権利を認めたとしても,それだけでは,すべての子どもは教育を受ける権利があるとか,水や緑の自然環境を守らなければならない,といったルールや社会的責任が導きだされるわけではない。子どもの教育や自然環境の保全を公共的性格をもつものとして社会全体が承認し,保障していくためには,個々バラバラな市民間で共同・共通の合意を形成していくことが必要になる。この合意形成には,独立した市民相互間で意見が戦わされる言論空間が必要になるはずである。互いが異なった意見をもっていたとしても,お互いが了解・合意しあうことがなければ公共的性格をもったルールや約束事を決められるはずはない。

　先にふれたハーバーマスが,近代市民国家の形成過程で問題にした公共性とは,実は,この公共的言論空間のことであった。彼は,近代市民国家をつくりだす市民的公共空間を「さしあたり,公衆として集合した私人たちの生活圏」として捉える[5]。近代市民社会が夜明けを迎える時代に,この生活圏は市民相互のコミュニケーション関係を生み,カフェやサロン,劇場,新聞・出版等を通じた了解・合意の場をつくりだす。ハーバーマスはこうした公共圏を文芸的公共空間と名づけ,これがまず公論を生みだす母胎になったことを発見する。そのうえで次に,この公論が市民国家のなかの政治的公共

空間を創造する関係を分析してみせたのである。

　ハーバーマスのこの推論のポイントは，市場社会と近代国家の媒介に「市民的公共空間による公論の形成」をおいた点にある，といってよい。いま本稿で重要なことは，公論を創造する母胎として市民相互のコミュニケーション関係が想定されていることである。

　このことは，市民相互のコミュニケーション関係が，市場社会からは登場しえない「公共的性格としての公共性概念」を創造し，先述の「共同性プラス権利性」の二規準を導きだしたということを意味する。この「共同性プラス権利性」を発見し，承認し，構成する力のことを仮にここで「コミュニケーションにもとづく社会的評価能力」と名づけておくとすれば，公共性とは，貨幣換算を基本にした市場的評価能力をこの社会的評価能力が凌駕したところで生まれたもの，と言いかえることができる。

　市場には市場の評価能力が宿っている。市場は私的所有を単位にした自由な交換の場であり，貨幣の前においてすべての商品所有者を平等に取り扱うために，自由・平等の公共的空間をつくりだす可能性をもっている。そのかぎりで，市場は市民的公共空間を生む磁場として機能する。ただし，この磁場は私的に分裂した私人間に作用するために，自動的に自由・平等の公共的空間をつくりだすものではない。自由・平等の市民的公共空間をつくりあげたのは，市場社会のなかの私人ではなく，コミュニケーション的関係で結ばれた市民（citizen, citoyen）だったのである。

　だが，一般の市民は，市場社会に包摂され，市場原理にそった日常生活を強いられているかぎり，市場の評価能力を超えることは容易なことではない。近代社会の夜明けの市民的コミュニケーション関係は市場社会の母斑を引きずっていたために，そこから生まれた市民的公共圏にも，現代からみれば，見逃せない限界をともなうことになった。自由・平等の公共空間といっても，それは女性を排除するか舞台裏に追い込んだ世界にすぎなかったこと，また私的所有から見放された無産大衆には出番の与えられない世界にすぎなかったことが，その例を示している[6]。市場社会の磁場は，女性を排除した男性中心の舞台，財産所有者しか登場しえない舞台しか用意しなかったのである。

これは，近代市民国家形成期の「市民的コミュニケーションにもとづく社会的評価能力」が，いまなお市場社会の母斑を身につけていたがための限界を物語るものにほかならない。今日，私たちがこの市民的公共圏の限界を見ることは，いうまでもなく重要である。だが，それ以上に重要なことは，とにもかくにも市民的コミュニケーション関係が市場の評価能力を超える公共性を評価する力を発揮した，という点にある。イメージをはっきりさせるために大胆に端折っていうと，「市場社会 vs. 市民社会」「市場的評価能力 vs. 社会的評価能力」「市場原理 vs. 公共原理」，こうした対置の構図で，どちらに軍配をあげるのかの決め手はコミュニケーション関係にあるということである。市民相互間のコミュニケーションが，市場社会にはない，また市場の評価能力を超える公共空間と公共原理とを導きだす力を発揮するのである。

　本章全体の結論を先取りすることになるが，これは「公共性と人間発達」を問うときの媒介概念はコミュニケーションにある，ということである。なぜなら，コミュニケーションは人間を発達させ，市場社会にはない公共空間を評価し，導きだす力となるからである。この点をこれまでの公共経済学の議論に照らして見ておくことにしましょう。

II　市場に呪縛された伝統的公共経済学

1　伝統的な公共経済学の公共財概念

　書店に並ぶ教科書「公共経済学」の大半は，近代経済学のメインストリームから生まれた桃太郎である，といってよい。近代経済学のメインストリームとは，市場流通という大河であり，その流域には市場社会が広がる。だが，この市場社会には鬼子というべき厄介者が絶えず生まれる。この鬼子の住む鬼ヶ島は始末されなければならないが，これには桃太郎が必要になる。この桃太郎は，市場の流れから登場しなければならない。

　ここで桃太郎とは公共経済学である。桃太郎が生まれ育つのは市場社会であり，その桃太郎が退治しなければならない鬼たちの住む鬼ヶ島とは，「市場の失敗」である。この市場の失敗を退治して初めて，桃太郎たちの住む市

場社会の無事安寧が保たれる。桃太郎＝公共経済学の使命は，自らがが生まれ育った市場の流れとその流域の市場社会の安定存続をはかることである。

　市場の失敗とは，自由な市場取引にまかせただけでは片のつかない問題群を指している。たとえば，その代表は公害の発生，環境破壊である。市場の自由な取引は，地球環境であれ，自然資源であれ，歴史的文化財であれ，人格的尊厳であれ，すべてを商品売買の世界に包摂して処理する傾向をもっている。つまり，人間の生存・発達に必要な保育・教育・医療・介護・文化・芸術・環境等のいっさいがっさいを市場の場に引きだし，それを売買関係のもとに包摂する。よく売れるとなれば，たとえオゾン層を破壊して地球の存続を脅かそうとも，また温暖化を招いて地球を人間の住めない世界に変化させようとも，フロンガスであれ化石燃料であれ，売れるものはひたすら売るという原理，これが赤裸々な市場原理の世界である。ここでは，人間とその生存環境そのものが危険にさらされる。これが市場の失敗と呼ばれるものにほかならない。

　市場の失敗は，市場以外の原理によってコントロールされなければならない。たとえば，石油資源の売買は地球温暖化防止という原理によって規制されなければならないし，人間の臓器の売買や麻薬取引は人権原理によって制限されなければならない。歴史的文化財も同様に，市場取引とは違った原理原則にそって保護されなければならない。市場原理とは異質のこうした規制が公共原理である。ここで公共原理とは，市場の失敗を補償するものとなる。

　その意味でいうと，市場の失敗を退治するのは公共原理であるということになる。市場の失敗を退治する桃太郎役の公共経済学は，このとき，まず市場に委ねることのできない財貨や領域を導きだし，これを公共原理の手に引き渡さなければならない。公共経済学が問題にしたのは，市場にまかせたのではフリーライダー（ただ乗り）が生まれて，収拾がつかなくなるような財貨やサービスである。これを公共財と呼ぶ。

　フリーライダーが発生する財貨・サービスとは，消費の際に「非排除性」と「非競合性」という二つの属性をもったものである。「非排除性」とは，それを誰かが利用・消費したからといって，他人の利用・消費を妨げたり，

排除したりしないという属性のことであり,「非競合性」とは,他人の利用・消費と競合しない,つまり他人の消費量を減らしたりしないという属性のことである。

一般の教科書はしばしば,これを灯台の例で説明してきた。まず灯台の放つ光は,その近くを航行するすべての船の利用を妨げない。また,灯台を利用する船が一隻や二隻増えたところで,他の船が見る光の量を減らすといったものでもない。これはNHKの電波でもいえることである。その地域に流れる電波は誰の利用も妨げないし,ある家庭のTVにスイッチが入った瞬間に隣の家のTVの映りが悪くなる,というわけでもない。要するに,非排除性や非競合性とは,その利用を排他的に独占できないこと,したがって私的所有の世界に囲い込むことができない属性をいったものにほかならない。

公共経済学がこのような消費における「非排除性」「非競合性」を問題視するのは,これら二つの属性の働く財貨・サービスはただ乗りを可能にするために,誰一人として自ら進んで供給しようとしなくなるからである。灯台の例でいえば,誰もが他の誰かによる灯台の設置を待って,自らその建設に乗りだそうとはしない。そこで,非排除的で非競合的な財・サービスは,市場取引に委ねておくと,供給不足に陥る。したがって,この二つの属性をもった財・サービスは公共財として,公共機関の手に委ねられなければならない。市場原理にまかせると失敗する公共財は,市場とは異なる公共原理で処理されなければならない,ということになるわけである。

2　公共財理論から公共選択論への転換

財貨の属性に着眼して公共機関の役割や守備範囲を導きだそうとする公共経済学の問題点はどこにあるか。ここは,公共経済学そのものを検討する場ではないから,第一のボタンの掛け違えだけを取りあげておこう。公共経済学が掛け違えた第一のボタンとは,公共財の導出根拠を「非排除性」や「非競合性」といった物の属性に求めた点にある,と考えられる[7]。

非排除性や非競合性というのは,上であげた光や電波,音の例に見るように,自然環境のなかの属性そのものなのである。自然環境の属性とは,自然

界を貫く法則でもある。たとえば重力の法則，化学反応の法則，摩擦の法則などは，その利用に非排除性・非競合性が貫かれる。物理学の法則を誰が利用しようと，他の誰の利用も妨げないし，他人の利用と競合するものでもない。逆にいうと，これらの自然の属性・法則は，非排除的であり非競合的であるから，市場社会ではむしろ濫用される。その結果，自然環境や生態系の破壊が進む。この点を重視することが肝心なのである。

　そのうえで，いまここで重要なことは，光そのものと灯台とは区別しなければならない，電波そのものと放送局とは区別しなければならない，また化学反応の法則と石油化学製品とは区別しなければならない，ということである。自然の法則や光・音・電波等は非排除的・非競合的であるが，それらを利用する施設・装置・製品等は，技術水準が高まると，私的所有の対象に組み入れられ得る。たとえば，有料放送，有料ナビゲーター，科学的知見の特許化や情報の暗号化，コンバーターなど考えてみればよい。現代の情報・通信技術の発展は，これまでなら非排除的・非競合的にみえた財貨・サービスを排他的・独占的に利用し，それを市場ベースに乗せることを可能にする。

　私的所有の対象が広がり，市場原理に組み入れられる財貨・サービスが多くなるということは，それだけ公共財として取り扱われる領域が狭まるということである。これを呼び起こすのは自然の法則・属性を利用する技術と生産力の発展である。財貨の非排除性・非競合性から出発した公共経済学は，ここにおいて，いったんは公共財として取り扱った財・サービスを，逆に公共的世界から追いだす方向に転換してしまうことになる。後に立ち返るが，かつての公共経済学論者が雪崩を打つように新自由主義に合流し，伝統的な公共圏域の切り崩しに殺到していくのは，ここに根拠があるといってよい。

　これは，伝統的な公共経済学が公共財を基準して公共的守備範囲を導きだそうとしたことの必然的帰結であった。その消費が非排除的で非競合的な財貨・サービスなどは，そもそも市場社会を前提にすれば，ほとんど存在しないのである。公共経済学は，自然の属性・法則そのものと，人間によるその利用技術・形態をごちゃまぜにし，私的に利用できるものはすべて市場に委ねることを前提にする。そこでは，公共財はいわば市場からの消去法によっ

て導きだされるにすぎず,たとえば教育・福祉・医療・交通・通信等のもつ社会共同的,したがって公共的利益などは,ほとんど評価されない。そのうえに,公共経済学はそもそも人権を導きだす論理をその内部にもちあわせていない。

だが,実際には,教育・福祉・医療にせよ,交通・通信にせよ,環境保全・公衆衛生にせよ,公的行政は,その利用に排除性や競合性が働く分野を包括している。つまり,現代の公共機関は公共財しての属性をもちあわせていない分野を広く包括している。これをどう説明するか。公共経済学はこれを説明して,この行政の守備範囲の広がりを価値財とか社会財の視点から説明しようとしてきた。価値財ないし社会財とは,公共財の属性を有してはいないが,人権保障に典型をみるように,社会がその公共的価値を認めた財・サービスのことである。この価値＝社会財をもちだすことは,さしあたり二つのことを意味する。

第一は,物的属性に着眼した公共財理論そのものの破産を示していることである。社会がその公共的価値を認めて公共機関の役割やルールの設定に乗りだす過程を,公共経済学では公共選択と呼ぶが,この公共選択論によって公共財を導きだすことは,物的属性にもとづいて公共財を導きだすのとは,まったく質の違ったことである。したがって,公共選択論を採用することは,伝統的な公共財理論の自己破綻を物語るものにほかならない。

第二に,価値＝社会財を公共選択過程を通じて導出することは,先に使った言葉でいうと,市場的評価能力とは別の,それを超えた社会的評価能力を問題にすることにほかならない。市場の評価能力が働かない,または働いても失敗してしまうことが「市場の失敗」であったが,社会的評価能力とは,市場が失敗するときにだけ問われるというものではなく,市場的評価が稼働中であっても,その真価が問われる能力,したがって市場的評価能力を超える力である。たとえば,労働市場や土地市場の規制,学校給食や職業訓練,保育や介護,上下水道,公園や公立体育館等の事例を考えてみればよい。これらは市場ではなく,社会の評価能力の産物である。

ここで問題なのは,市場を超える社会的評価能力とはどのようにして生ま

れ，また発達し，発揮されていくのか，ということである。その答は，先に使った言葉でいうと，公共的言論空間に求められる，ということになるだろう。

公共的言論空間とは，一方での市場社会における諸個人の分裂状況，他方での社会成員による共同性の実現，この両極を媒介する公論形成の場であった。価値＝社会財とは，この公共的言論空間のなかの公論によって，その公共的性格が認められた財・サービスのことにほかならない。

では，公論をつくりだし，その担い手の社会的評価能力を発達させるものは，なにか。これはコミュニケーションということになるだろう。ここでは紙数の関係上，これ以上立ち入ることはできないが，公共経済学の系譜を引く公共選択論は，価値＝社会財を市民がどのようにして選択していくのかというプロセスを問題にすることはあっても，そこでは市民相互のコミュニケーションの果たす役割はまず問題にされない。なぜなら，公共選択はあたかも市場での取引やゲームのように描かれるからである[8]。これは公共経済学が市場の呪縛から逃れることができないことによる。だから，私たちは，以下，市場の呪縛から解き放たれたコミュニケーションを問題にしなければならない。

Ⅲ 物質代謝における人間の発達と公共性

1 人間の暮らしを担う物質代謝と精神代謝

人間の暮らしは，共通の祖先としてのホモサピエンスの誕生以来，二つの力と世界のなかで，その歴史を築きあげてきた。一つの力は「道具をつくる労働」であり，いま一つの力は「言葉によるコミュニケーション」である。

道具をつくる労働とは，人間と自然との物質代謝を媒介する営みであり，人類は，これによって他の動物にはない生産力，物質的富の世界を築きあげてきた。言葉によるコミュニケーションは，人間と人間の間のいわば精神代謝を媒介する行為であり，人類は，これによって他の動物とはまったく異なる社会と個人を発達させてきた[9]。

「道具の製造」と「言葉の獲得」は，論理的には不可分の関係にある。なぜなら，道具は目的意識性をもった労働の手段であるから，労働目的があら

かじめ表象されていることを前提にして製造される。ところが，いまここの眼前に存在しない将来のことや労働を頭のなかで表象するには，言葉が必要になる。何につけ人間は，言葉ぬきには表象することはできない。言葉はモノや出来事，情景や感覚等を記号化，象徴化し，それによって逆に具体的表象を可能にするものである。

　「道具の製造」と「言葉の獲得」はこのような相互前提・促進的関係にたって，その他の動物世界にはない「人間と自然の物質代謝」と「人間と人間の精神代謝」とを発展させてきた。物質代謝と精神代謝の双方は同時に，「人間的労働と言語的コミュニケーション」のなかで発展してきたのである。したがって，公共性や公共空間を考える場合にも，この「人間的労働と言語的コミュニケーション」に結びつけて検討しなければならない。以下，これを順にみていくことにしよう。

2　物質代謝の世界と財貨——人間関係

　まず，人間と自然の物質代謝とは，人間が自然に働きかけてその生存に必要なものを獲得し，不要になったものを再び自然に返す，という質料転換のことである。この物資代謝の過程で最も重要なことは，人間が自然に働きかけ，自然素材を変え，必要なものを摂取する過程で，同時に，人間自身の自然を変革すること，すなわち発達させることである。これは，いわば「自然の富」を「人間の富」に変換する過程であったといってよい。

　道具の製造を起点にした人間的労働は，自然界に働きかけて各種の財貨（goods）を獲得し，これを人間の富に転換する歴史を歩んできたのである。生産力の発展とは，この自然的富の人間的富への転換を物語るものにほかならなかった。財貨が豊かになれば，人間的富である諸能力が豊かになるという自然・人間間の平和共存関係は，たとえば豊富な食物のなかで人間の生命力や健康，味覚，食文化等が豊かになる例を考えてみればすぐわかるだろう。

　食物の例でわかるように，自然と人間との物質代謝でまず問題になることは，「財貨と人間の関係」である。なぜなら，道具製造を起点とする人間的労働が最初に自然の恵みから獲得するのは労働生産物，すなわち財貨

（goods）だからである。公共性を問題にする本稿の視点でみると，この「財貨＝労働生産物と人間との関係」では，ただちに二つのことが問題になる。

まず第一は，労働生産物である財貨は自然素材の属性，すなわち自然の法則性を活用した産物だということである。

その際，人間は相対的に区別される二つの法則を活用する。一つは，自然世界を貫く客観的法則，言いかえると自然科学的法則である。いま一つは，その自然法則を人間のために生かすときの技術学的法則である。たとえば，原子核には核分裂のエネルギー法則それ自体と，それを核兵器に利用するときや発電に利用するときの技術学的法則との二つが宿されている。これは劇薬のなかにある化学方程式と，殺人または医療技術に利用するときの法則に違いがあるのと同じである。ただし，これらの自然法則には，公共経済学の言葉でいうと，非排除性・非競合性がある。つまり，これらの自然法則は，あたかも太陽の光と同様に，人間が共同で利用・活用し，共有のものとしてなんの問題も起こらない。

したがって，この面からみれば，人間と自然の物質代謝はそもそも公共的なもの，人間共同の課題にされなければならないものなのである。地球環境の保全が人類共通の公共的性格をもたざるをえない根拠はここにある。

だがしかし，第二に，人類は他の生物と同様に，個体として生き，また世代を継承していくものである。「個体発生は系統発生を繰り返す」といわれるものがこれである。そこで人間はそれぞれ個体として，自然から獲得した財貨を個別的に占有・利用する。つまり，自然的富を人間的富に転換するときに，さしあたり人間はこれを個別的に行うのである。

いまここで，自然的富を人間的富に転換するときの人間の能力を享受能力と呼んでおくことにしよう[10]。そうすると，人間はそれぞれ個体として自然から獲得した財貨を享受し，その過程を通じて自分自身を変革する，すなわち発達させるということになるだろう。財貨を諸個人が私的に所有し，これを私的に享受するというのは，この過程の単なる一つの形態，人類の長い歴史からみれば歴史のほんの一コマを物語るものにすぎない。

以上のように，「財貨と人間の関係」に目を向けてみると，人間が享受す

る財貨の属性＝法則は非排除的・非競合的性格をもち，万人にひらかれたものであるが，財貨の享受そのものは個別的に進行するために，人間的富は多様な形態で発展する。人間の多様性とは，一方での自然を貫く法則の普遍性，無限性，客観性と，他方での享受主体としての人間の個別性，有限性，主観性との交錯から生まれるものにほかならない。人間のもつ諸能力の多様性の根拠はここに求められる。

　公共性の経済学で問題になるのは，このような「財貨と人間の関係」において，何を公共的なものとするのか，この規準の設定である。規準は，すでにみたように抽象的には「共同性プラス権利性」に求められる。したがって，問題なのは「財貨と人間の関係」において，何を共同的なものとし，何を権利として認めるのか，この規準の設定にある。

3　A・センの潜在能力アプローチ

　この問題にたいして，きわめて明快な解答を示したのは，本書でもすでに何度もふれられたA・センであった[11]。センの議論は，まず二つの対照的な見方を退けることから始まる。その一つは，「財貨と人間の関係」のうち，人間の主観に基準をおく功利主義的アプローチ，第二は，財貨の側に基準をおく基本財アプローチである。前者は，ベンサムに始まり現代の厚生経済学に至る系譜であり，後者はロールズに一頂点を見いだす正義論の系譜である。

　第一の功利主義とは，諸個人の主観的満足をあらわす功利（utility）に基準を求め，諸個人の限界効用の平等化，または社会の総効用の最大化を——センの言葉でいうと——焦点変数（focal variable）にして，公共政策のあり方を考えようとする。この場合，諸個人の効用が互いに比較可能なものと想定される場合には，公共政策は諸個人の限界効用の平等化に向けて財貨・所得の再分配を進める方向に向かう。

　だが，個人の主観的満足というものは，各人の内部に宿るものであり，それぞれバラバラであって，そもそも比較や通約が不可能なものとされる場合には，仮に社会の総効用の最大化が問題になるにしても，社会内の財貨・所得分配の不平等は問題にされない。なぜなら，互いに比較できないものを平

等に取り扱うことはできないからである。ここでは，社会の総効用は，各自が自由に自らの限界効用の最大化を意図して振る舞ったときに最大化するものと考えられるために，自由な市場取引と競争が貫徹したときの結果にあらわれる，と見なされる。完全な自由競争市場が結果として生みだす資源配分の状態をパレート最適と呼ぶが，このパレート最適状態こそが公共性に合致すると見なされるのである。これが新厚生経済学の行き着いた結論であった。

　センはこの功利主義アローチを退ける。その理由は，ここで詳しく立ち入っても紙数の無駄遣いに終わるから，簡単に指摘するにとどめるが，まず功利主義からは人権概念は導出されない。市場の自由競争が万事を解決するとみなされる。功利主義の世界では，総効用を高めるとなれば，たとえ戦争であっても是認される。皮肉をこめたセンの指摘する一例をあげておくと，快楽名人が功利の追求にたけているという理由で，功利追求の効率に劣る障害者から所得を奪いとることすら許容される。これが功利主義の帰結になるのである。

　第二のロールズ的アプローチとは，公正な機会均等の保障と最も不遇な状態におかれた人びとの利益の最大化をはかることに公共性を求める見解のことである。ここでは，仮に社会内の不平等が認められるにしても，最も不遇・不利な状態におかれた人びとの利益が改善される場合に限って承認されるものとなる。ここからロールズは，結論として，社会的基本財の平等な分配を導きだした。

　ロールズの見解は，しばしばニューディール型社会改革に理論的裏づけを与えるものと評価されてきたように，戦後福祉国家に理論的ベースを提供するものであった。平等な分配が求められる社会的基本財とは，自由と機会，所得と富，その他生きがいの物質的基盤などを指すが，市場社会にあっては，この基本財の中核は所得に求められる。したがって，ロールズの見解は，「財貨と人間の関係」という視点からみると，所得＝財貨の側に焦点変数を求めて，その平等化をはかろうとしたものと評価される。先の功利主義が人間の主観を基準にしたのにたいして，ロールズ的見解は財貨の側に基準をおいたものになるわけである。

センは，このロールズ的アプローチを高く評価する。その理由は，先の功利主義が公共圏の課題を市場原理の世界に埋め込む帰結に陥ったのにたいして，ロールズ的見解は，市場原理とは異なる次元おいて，独自に公共圏の課題を提起しているからである。本稿の言葉でいうと，ロールズは，自然的富を人間的富に転換するさいの自然的富の分配のあり方を，市場原理とは異なる視点から提起したのである。これは，自然の力，その属性や法則は，もともと万人にたいして無差別平等，非排除的で非競合的な性格をもっているという点に根ざす見解であった，といってよい。

だが，センは，基本財の平等な分配を主張するだけでは，自然的富を人間的富に転換するときに問われる公共性，つまり人間と自然の物質代謝過程で問われる公共性の規準にはなりえない，とロールズを批判する。ここでセンが注目するのは，自然的富を人間的富に転換するときに，それが個別的に行われるということである。先に私たちは，一方での自然を貫く法則の普遍性，無限性，客観性と，他方での享受主体としての人間の個別性，有限性，主観性とが交錯すると，前者の自然的富の世界が後者の人間的富の世界に転換されるときに，無限というべき多様性が生まれることを確かめた。センはこの多様性に注目したのである。

話をわかりやすくするために，ここでは自然的富を財貨とし，人間的富を享受能力としておこう。一定の財貨を人間が享受するという場合，享受そのものは個別的に行われるから，その結果は多様なものにならざるをえない。なぜなら，人間の享受能力は多様な形で発揮されるからである。たとえば，同じパンを食べるときでも，健康な人と病弱な人では享受能力に違いがあるために，その結果として生まれる福祉（well-being）は異なったものになる。同じ自転車を与えられても，成人，子ども，老人，障害者などによって，享受の仕方に違いが生まれる。つまり，「財貨と人間の関係」に焦点をあわせると，かりに基本財が平等に分配されたとしても，それを利用・享受する側の能力に違いがあるために，そこから生まれる暮らし向き（well-being）は多様なものにならざるをえないのである。

センは，この自然的富を人間的富に転換するときの多様性に注目し，この

転換能力のことを潜在能力（capability）と名づけた。そして，潜在能力の平等な発達保障に公共性の規準を求めたのである。功利主義が依拠した主観的満足でもなく，ロールズ的正義論が主張する基本財の平等分配でもなく，「財貨と人間の関係」における潜在能力を規準にして公共圏を導きだそうとしたのである。これがセンの「潜在能力アプローチ」といわれるものである。

4 潜在能力アプローチの限界とコミュニケーション

「潜在能力アプローチ」は，本章冒頭で述べた「公共性と人間発達」のテーマに接近する，現代では最有力ともいうべき方法的視角を物語っている。だがしかし，この「潜在能力アプローチ」には，一歩立ち入ってみると，まだ発展させられるべき余地が残されている。この点を次に見ておかなければならない。

センのいう潜在能力（capability）とは，人間に宿る諸機能（functions）を選択的に組み合わせて発揮する能力のことである。人間の福祉（well-being）は，この潜在能力の発達・発揮に求められる。ここで諸機能とは，健康に生きる，おいしく食べる，ぐっすり眠る，楽しく語らう，芸術を楽しむ等といった人間的属性であるといってよい。この人間的属性＝諸機能は，「個体発生は系統発生を繰り返す」の歴史を通じて，人類史がこれまでの遺産として万人にプレゼントした機能のことであると考えられる。センが注目するのは，それらの諸機能を各個人が自由な選択的組み合わせのもとで発揮する力である。簡単にいうと，潜在能力とは人間的諸機能の選択的組み合わせを実現する力のことである。これを平等に保障しようというのが，センの主張にほかならない。

潜在能力の平等化を公共性の規準に設定する見解は，すでに見てきたように，まさに卓見というべき視点を示しているが，その含意を発展させるためには，これをさらに分析的に立ち入って見ておくことが必要である。

まず第一は，センのいう潜在能力は，哲学や教育学等のこれまでの議論にそくしていうと，人格概念と能力概念の二つ意味を内包したカテゴリーである，ということである[12]。センの議論には能力とは区別された人格概念はほ

とんどでてこないが，それは，潜在能力概念のうちに能力と人格の二つを組み込んでしまっているためである。逆にいうと，セン的潜在能力は人格概念と能力概念を混合しているところがあるために，両者を分けてとらえたほうが，一般的には理解しやすい，ということになる。

大胆に端折っていえば，センのいう人間の基本的諸機能とは，文字通り人間の能力のことである。なぜなら，健康に生きる，味わう，熟睡する，友と語らう，歌を楽しむ，子どもを育てる，自由に歩き走るなどいう諸機能は，まさに人間の能力（ability, potentiality）そのものを示しているからである。これに対するセン的潜在能力（capability）とは，その意味内容からすれば，教育学等では人格概念とされてきたものに近似的である。なぜなら，セン的潜在能力は，さまざまな可能性を選択的に組み合わて実現する自由意思，諸能力を束ねて発揮するときの主体性を含んでいるからである。自由・独立の主体性とは，能力ではなく人格概念で理解されてきたものにほかならない。

そうすると，センの主張する潜在能力の平等化というテーゼは，二重の意味をもつことが理解される。第一は，人格的自由・独立性を徹底して平等に保障することである。第二は，各人の能力的多様性をあるがままに承認することである。これは「人格的独立性プラス能力的多様性の平等保障」と言いかえられる。

ただしこの場合，人格概念は，K・マルクスの有名な「人間の本質は社会的諸関係の総体である」（「フォイエルバッハに関する11のテーゼ」）の規定に示されているように，「社会関係の総体」という性格をもつことを忘れてはならない。人格の定義には，いま一つ，人間に内在する諸能力を束ね，一定の方向に向けて発揮する際の志向性，集中力，価値観，イニシアティブ，制御力等を人格的機能とするものがある。この二つの定義は，個々人をとりだしてみると，前者は個人のおかれた社会関係のなかで人格をつかむ視点，後者は個人の内部から諸能力とは区別される人格の機能を見ようという視点を示している。あえて二つをまとめると，人格とは社会的独立性（＝自律性）を意味するということになるだろう。

センの潜在能力の規定は，「彼／彼女が達成しうる機能のさまざまな組合

せ(「ありかた」)を反映するものである」とか,「潜在能力はその人の目的を遂行する機会を文字通り意味している」とか,「機能は福祉の構成要素であり,潜在能力はこれらの構成要素を追求する自由を反映している」といった説明にあらわれているように[13],社会関係のなかの自由な主体性や機会,諸個人の内的志向性,可能性の選択的実現などを包括しており,上で指摘した人格論の二系譜を包含した内容になっている。そうすると,人格概念を内包したセン的潜在能力は,「財貨—人間関係」の側面からとらえるだけでは不十分だということになるだろう。

これに関連するが,第二の論点は,セン的潜在能力は主に「財貨—人間関係」のなかで把握されており,「人間—人間関係」のなかの発達課題はさほど問題にされていないということである。それは,たとえば潜在能力を,「資源や基本財を自由へと変換する能力」と説明している点にあらわれている[14]。

換言すると,セン的潜在能力は,人間と自然の物質代謝の世界で問われる人間的富であり,人間と人間の精神代謝の世界で創造される人間的富については,正面からとりあげられていない,ということである。人間と人間の精神代謝を担うのは,言語を基本にしたコミュニケーションである。先にふれた「社会的諸関係の総体としての人格」を問題にするときには,この人間的コミュニケーションのなかの人格形成や発達をとりあげなければならない。だが,センの場合には,潜在能力とは,何より,資源・財貨(自然的富)を活用して諸機能の選択的組合せを実現する能力(人間的富)としてとらえられているために,人と人とがコミュニケーションを通じて築き上げる人間的富は正面からとりあげられてはいない。

ただし,いま「正面からとりあげられていない」という留保をつけたのは,センがコミュニケーションのなかで問われる課題について,まるで問題にしていないわけではないからである。それは,彼が,潜在能力の発達・発揮から福祉をとらえると同時に,人間の能力や行動を説明するにあたって,同感(sympathy)と社会的コミットメントの重要性を強調している点にあらわれている。

同感とは，他者への共感にもとづく力や行動のことである。効用という言葉を使っていえば，同感にもとづく諸活動は当人の効用を高める。これにたいして，社会的コミットメントとは，たとえ自分自身の効用や福祉を減じることがあっても，他者や社会のために関与すること，力を尽くすことである。ひらたくいうと，「義を見てせざるは勇なきなり」という場合の義侠的活動のことである。不遇の友人に援助の手をさしのべるのは同感・共感であるが，アメリカのイラク侵略に反対して時間やエネルギーを使う日本人の行為は社会的コミットメントである。

　このような同感やコミットメントは，「財貨─人間関係」ではなく，「人間─人間関係」で問題になること，すなわち人間相互のコミュニケーション的関係で発揮される潜在能力のことである。したがって，センの潜在能力アプローチを発展させるためには，「人間─人間関係」のなかのコミュニケーションによる潜在能力の発達・発揮を独自にとりあげていかなければならない。

Ⅳ　コミュニケーションと現代の公共空間

1　コミュニケーションとコミュニケーション的理性

　前節で紹介したA・センの見解は，「潜在能力の発達保障の平等化」を公共性の規準に求める点で，従来の公共経済学にはみられない新境地を切り開くものであった。この視点をさらに推し進めて，潜在能力を「人間─人間関係」のコミュニケーションの舞台で検討することが本節の課題である。その際に，まず問題になるのは，コミュニケーションとは何か，ということである。

　紙数の関係上，以下では話のテンポをあげて進めることにするが，コミュニケーションとは，最も抽象的に定義づけるとすれば，人と人が相互に了解・合意すること，と規定できる。それは単なる情報交換のことでもなければ意思疎通のことでもない。一人の人間の思いや感情，主張や意見等を他の誰かが了解・合意することである。ただし，これは必ずしも意見の一致をみるということではない。意見や感情の食い違いやズレを含めて，相互が了解・合意を獲得することにほかならない。

だが，相互の了解・合意は，たとえば対話コミュニケーションの場面を想定すればすぐわかるように，相手の意見や思いを理解する能力を必要とする。話し手の言っている内容を理解しないで，聞き手がそれとはまるで別のことを返答しても，話はかみあわず，相互了解・合意としてのコミュニケーションは不全状態に陥ってしまう。

　相互了解・合意に必要な人間の理解能力や判断・評価能力を，先にふれたJ・ハーバーマスはコミュニケーション的理性と名づけた[15]。この理性の領域は三つに分かれる。これは，そもそも対話コミュニケーションが成立するための能力が三つの舞台に分かれ，それぞれが区別されて理解されなければならない，ということである。

　まず第一は，「何が真理か」というときに問われる「真理性を規準にしたコミュニケーション的理性」である。たとえば，明日の天気は晴か雨か，10年以内に東京で直下型地震が起こるかどうか，改憲は平和目的か戦争目的か，郵政民営化のねらいは何かといった話題は，すべて「何が真理か」をめぐるものである。真理性を規準にしたこのような話題において，相互了解・合意に到達するためには，何が真理かを判断し，見抜く能力が問われる。これは一つのコミュニケーション的理性である。

　第二は，「何が妥当・正当か」が問題になるときの「規範性を規準にしたコミュニケーション的理性」である。たとえば，消費税増税は妥当か，混合診療は認めてよいか，電車内のケータイ利用は許されるか，吉本文化のイジメ笑いは認められるかといった問題は，すべて「何が真理か」ではなく，社会的にみて妥当かどうか，正当かどうか，適切かどうかの判断を問うものである。このときには，真理を規準にした理性ではなく，民主主義的価値観やルール，社会規範にそった判断能力，すなわち「規範性を規準にしたコミュニケーション的理性」が必要になる。

　第三は，「何が人間的誠実か」が問題になるときの「誠実性を規準にしたコミュニケーション的理性」である。誠実性という（ハーバーマスの）語法がわかりにくければ，真実性・真意性と読み替えてもかまわない。これは，相手の主観をそのままそっくり誠実に受けとめる能力のことであり，また，

話し手としては，自らの真意・心情をわかりやすく適切に相手に伝える能力のことである。たとえば，肉親の死に悲しむ友人の心情をそのまま理解すること，大学入試の合格を喜ぶ受験生を共に喜ぶこと，ブッシュの横暴に怒るイラク人に共感を寄せること，これらがここで問われる理性である。

　これらの三つの理性は，これまで，客観・社会・主観の三つの世界において問われるコミュニケーション的理性として理解されてきたものである。客観的世界で問題になるのは科学的真理観であり，社会的世界で問題になるのは価値観や世界観であり，主観的世界で問題になるのは同感・共感・応答といった相互主観である。ハーバーマスは，相互了解・合意獲得としてのコミュニケーションは，これら三つの理性を要件として成立すると捉えたのである。

　このハーバーマスのコミュニケーション的理性は，センの潜在能力と一部重なりはするものの，両者は同じものではない。なぜなら，コミュニケーション的理性とは，「財貨―人間関係」ではなく，何よりも「人間―人間関係」で問われる潜在能力として抽出されたものだからである。

2　潜在能力概念とコミュニケーションの結合

　センの潜在能力アプローチにもとづく公共性の規準設定と，ハーバーマスのコミュニケーション的理性概念を結びつけるとすれば，どのような公共圏が浮かびあがってくるであろうか。私たちがすぐに理解できることは，センの潜在能力概念にハーバーマスのコミュニケーション的理性を組み入れて，それをいわば膨らませてみれば，新しい公共空間が生まれるだろう，ということである。てっとり早くいうと，潜在能力とコミュニケーションとを接合すれば，新たな公共性の規準が導きだされるはずである。紙数の関係上，ここでも議論を端折って進める。

　まず第一は，真理性を規準にしたコミュニケーション的理性にもとづく公共性を築きあげることである。その代表は，万人に開かれた自然法則を洞察し，それに逆らわないこと，つまり環境保全である。これは人間と自然の物質代謝のサスティナビリティ（持続可能性）を保障することにほかならない。

　第二は，規範性を規準にしたコミュニケーション的理性の世界を築くこと

である。これは端的にいって，民主主義的権利・ルール・制度を豊かにするということである。この課題は，現代の世界では，主に平和福祉国家の構築ということになるだろう。

　第三は，共感・応答関係で発揮されるコミュニケーション的理性を公共圏として認めることである。誠実性を規準にしたコミュニケーション的理性は，多かれ少なかれ，文化性，歴史性，地域性，民族性等をまとって発揮される。これを潜在能力の一部として，その発達・発揮を公共的性格をもったものとして保障することが，ここでの課題となる。

　ただし，これは本稿の一仮説にすぎない。なぜなら，公共性の規準を決めるのは，一人の見解ではなく，あくまでも公共的言論空間で育まれる公論だからである。最後は，社会構成員のコミュニケーション的理性にもとづく社会的評価能力が公共性の規準を決めるのである。

　このようにみてくると，人間の暮らしを担う「人間と自然の物質代謝」と「人間と人間の精神代謝」の二面において，その公共的課題や空間を最後に決めるのは公共的言論空間におけるコミュニケーションであり，すべては住民相互の了解・合意によるしかない，といういささか単純な結論に終わることになる。話はふりだしに戻った感が否めないだろう。

　それはそうなのであるが，しかし，話はここで終わらない。上で述べてきたことは，センの潜在能力概念にハーバーマスのコミュニケーション的理性を組み入れて公共性を膨らませる，というものであった。だが，これは事態の一面であって，いま一つ，センの潜在能力概念をコミュニケーション的理性に組み入れて，後者のコミュニケーションそのものを膨らませる，という道がある。これは，センの潜在能力アプローチがもつ人間発達視点をコミュニケーションにもちこむことを意味する。実は，この点こそが公共性を考えるにあたってより重要なのである。

3　発達保障視点からみたコミュニケーション

　相互了解・合意のコミュニケーションを発展させるには，先に紹介したコミュニケーション的理性が必要である。これを発達視点から眺めると，コ

ミュニケーション的人間関係の発展は，その過程において，コミュニケーション的理性を発達させる，ということになるだろう。この場合のコミュニケーション的理性は，センの潜在能力概念を包括する。なぜなら，コミュニケーション的理性は，科学的真理観や民主主義的規範・価値観を含み，「財貨―人間関係」で問題になる潜在能力と重なりあう世界をもっており，またセンの同感やコミットメントを，世界観や相互主観の領域に包摂しているからである。したがって，コミュニケーション的社会関係の発展が，コミュニケーション的理性やセン的潜在能力を発達させるという関係に私たちは注目しなければならない。

だが実は，コミュニケーション関係がコミュニケーション的理性を発達させるという側面は，ハーバーマスにはそれほど見受けられない観点である。なぜなら，ハーバーマスが問題にしたのは，すでにある程度のコミュニケーション的理性を身につけた市民が互いにコミュニケーション的関係を取り結び，市民的公共圏また福祉国家的公共圏をつくりだす過程だったからである。これは，公共的言論空間や公論を社会のコミュニケーション関係から導出するという点で，市場社会のなかでアトム化し，個々バラバラにされた孤立的市民に遡って公共圏を導きだす「方法的個人主義」の問題を克服する大きな意義をもつものであったが，そこにはコミュニケーション関係が人間を発達させる，という視点はさほどみられない[16]。

これは，ハーバーマスがセンとは違った意味で，「人間と自然の物質代謝を担う労働」と「人間と人間の精神代謝を担うコミュニケーション」とを切り離し，むしろ対立的に取り扱ったことに関連している[17]。人間と自然の物質代謝のポイントは，人間が自然に働きかけつつ，同時にその過程で人間自身を変革する，発達させるという点にあった。そして，センの潜在能力アプローチの究極の根拠はここに求められるものであった。だが，人間相互の精神代謝を担うコミュニケーションでも，人は人に働きかけながら，同時に自らも発達を遂げるという関係が問題になるはずである。ハーバーマスの視野にはこの発達視点がおさめられていない。

では，発達視点をコミュニケーションに取り入れて公共空間を膨らますと

いうことは，いったいいかなる意味をもつのか。言論・結社の自由，集会や討論・談話の機会，情報の公開，住民参加等が重要になることは，ここであえて指摘するまでもない。こうした民主主義的言論空間を重視することに加えて，ここで強調しておきたいことは，コミュニケーションによって住民の発達を保障する労働を公的に保障することの重要性である。一言でいえば，発達保障のコミュニケーション労働を公共的なものとして位置づけることである。

コミュニケーションには，コミュニケーション的理性の三つの世界に要約されるように，人間を発達させる力が内在している。この力を最も発揮するのは，コミュニケーションを媒介・方法にして人間に働きかける労働である。このコミュニケーション労働を公的に保障すること，これが現代国家，とくに平和福祉国家の公共性を発展させる際のポイントになる。この点を最後に駆け足でみておくことにしたい。

4 コミュニケーション労働の公的保障

人間の労働過程は，よく知られているように，労働，労働手段，労働対象の三要素から構成される。すべての労働過程は，労働そのものと，何らかの労働手段の使用を包摂する。問題なのは，労働対象が大きく二つに分かれる，ということである。まず自然や資源，財貨といったモノが対象になる場合がある。これは，自然と人間の物質代謝で問題になる労働である。ところが，いま一つ，人間を対象にして働きかける労働がある。その典型は，医療・教育・福祉などの労働である。

もちろん，人間に働きかけるといっても，人間には様々な側面があるから一様ではない。細かいことを別にすれば，身体そのものに働きかける労働と人間の人格・能力に働きかける労働との二種類が浮かびあがってくるだろう。ただし，実際には，たとえば医者は身体に働きかけると同時に患者の人格にも働きかけるから，両者は同時並行的に進む。

では，なんらかの労働手段を用いて人間に働きかける労働とは，何か。結論をいえば，これは通常サービス労働と呼ばれているものである。何をもっ

てサービス労働というかについては，わずらわしいばかりの論争史があり，そこに深入りするのを避けるためにいえば，少なくとも医療・教育・福祉等の対人サービス労働は，人間を相手にしたコミュニケーション労働である，ということができよう[18]。コミュニケーション労働と呼ぶゆえんは，人間が人間に働きかけるときには必ずコミュニケーションをともない，またそれを主要な方法とするからである[19]。

ここでコミュニケーションとは，相互了解・合意の獲得ということであった。

したがって，コミュニケーション労働では，働きかける側がまず相手のニーズを理解・了解しなければならない。教育労働を例にとって話を進めると，教師はまず子どもの発達ニーズを了解し，それに合意しなければならない。発達ニーズを発信する主体は生徒である。だから，教育労働の主体は教師であるが，これをコミュニケーション視点で眺めると，まず生徒が主体になる。発達主体は生徒なのである。教師は発達主体としての生徒が発する発達ニーズに了解・合意して，教育的働きかけを行う。このときの主体は教師である。生徒のほうは，教師の働きかけを享受する側にまわる。つまり，教師の教育労働を享受する能力を発揮する。この享受能力の発揮は，実は生徒の発達過程となる。

物質代謝労働をみれば明らかなように，労働はなんらかの形で「主体―客体関係」で進行するものであるが，教育労働では，この「主体―客体関係」にコミュニケーション関係が入り込むために，「主体―主体関係」のなかで進むことになるわけである。発達主体としての生徒が発達過程で発揮する能力は，教育労働を享受する能力である。これは，センの潜在能力が，「財貨―人間関係」のなかで発揮する力，すなわち，財貨の固有価値を享受して自らの諸機能の選択的組み合わせを実現する能力であったのとアナロジカルな関係に立つ。つまり，生徒たちは，各種の財貨だけではなく，教育という対人サービス労働を享受してその潜在能力を発達・発揮していくのである。

教育でみたことは，いうまでもなく，その他の対人サービス労働，医療・看護・福祉・保育・介護，また弁護士や会計士，文化人等の労働にもあてはまるだろう。なぜなら，これらの労働はコミュニケーション概念を核心にし

た発達保障労働の性格をもっているからである。

　現代国家の公共性を考えるためには，発達保障のコミュニケーション労働を公共空間に組み入れ，その保障を公共的性格のものに高めていくことにある，これがここでの一つの結論となる。

おわりに——残された課題

　本章では，前節までの議論を延長して，現代福祉国家の課題を検討する予定であった。それは，現代が福祉国家的公共性の動揺する時代だからである。福祉国家に揺らぎをもたらしているものは，経済のグローバル化の新局面と新自由主義の台頭である。

　新自由主義との対抗線で新たな福祉国家を構想しようと思えば，福祉国家の三つの支柱を再検討しなければならない。三つの支柱とは，第一は現金給付型の所得保障，第二は現物給付型の社会サービス，第三は公正な規制・ルール，この三つであるが，第一の領域は本稿の議論にそくしていえばロールズからセンにいたる議論の系譜に属し，第二の社会サービス保障はコミュニケーション労働のあり方にかかわることであり，第三の課題は，物質代謝・精神代謝両面にかかわる規制・ルールのあり方にかかわる問題である[20]。

　また，最近の福祉国家論で注目されるエスピン-アンデルセンの福祉レジーム論は，これらの三支柱にそくして検討されなければならないものである。ジェンダー・エクィティ論が問題にする家事労働は，いうまでもなく，対人社会サービス論にもとづいて議論されるべきものである。したがって，これらの問題を前節までの議論を延長して検討しなければ，現代国家の公共性を論じきったことにはならない。ただ，すでに与えられた紙数をはるかにオーバーしているために，残された課題は後日のこととして，小論はここでいったん区切りをつけることにしたいと思う。

注
1)　このような公共性のとらえ方は，時代をやや遡ると，宮本憲一編著『公共性の政治経済学』自治体研究社，1989年，宮本憲一『公共政策のすすめ』有斐閣，1998年，

室井力ほか編『現代国家の公共性分析』日本評論社, 1990年, にみることができる。
2) その一典型は, 斉藤純一『公共性』岩波書店, 2000年。ただし, 最近の社会学では公共空間の意味で公共性を問題にするときは, たとえば花田達郎『公共圏という名の社会空間』木鐸社, 1996年, 阿部潔『公共圏とコミュニケーション』ミネルヴァ書房, 1998年などにみられるように, 公共圏用語が使用されている。
3) 公共性概念の二つの意味に注目した労作に山口定『市民社会論』有斐閣, 2004年, があるが, ただし山口氏の場合には, 独特の市民社会観が先に立っているために, 両者を体系的に関連づけているとは言い難い。
4) 公的行政の存在根拠としての公共性論のこれまでの議論については, 二宮厚美『自治体の公共性と民間委託』自治体研究社, 2000年, 樋口陽一『近代国民国家の憲法構造』東京大学出版会, 1994年, 原野翹『行政の公共性と行政法』法律文化社, 1997年, 西尾勝『行政の活動』有斐閣, 2000年, 晴山一穂『行政法の変容と行政の公共性』法律文化社, 2004年などを参照。
5) ユルゲン・ハーバーマス, 細谷貞雄訳『公共性の構造転換』未来社, 1973年, 46ページ。ただし, 本書は, その後, 第2版が翻訳されて同社から出版されている。
6) ハーバーマスの公共空間論をめぐる最近の論争については, 阿部潔, 前掲書を参照。
7) 公共財概念に対する批判的検討は, 二宮厚美「公共財の経済学的検討」, 室井力ほか編, 前掲『現代国家の公共性分析』所収を参照。
8) やや古くなるが, この点は, 二宮厚美「行政改革と公共経済学」, 島田修一編『行政改革と社会教育』東洋館出版社, 1988年所収を参照。
9) 精神代謝概念は尾関周二氏が使用したものである。この点を含めて, 言語コミュニケーション論については, 本稿は, 尾関周二『増補改訂版 言語的コミュニケーションと労働の弁証法』大月書店, 2002年, 同『環境と情報の人間学』青木書店, 2000年など, 同氏の研究に多く学んでいることを注記しておきたい。
10) 享受能力概念については, 池上惇『文化と固有価値の経済学』岩波書店, 2003年を参照。
11) ここでのセンの議論は, とくにアマルティア・セン, 川本隆史訳『合理的な愚か者』勁草書房, 1989年, 同, 徳永澄憲ほか訳『経済学の再生』麗澤大学出版会, 2000年を参照。
12) 最近の教育学における人格概念の取り扱いについては, 筆者とは必ずしも同じ見解ではないが, 鈴木敏正氏の労作, たとえば『エンパワーメントの教育学』北樹出版, 1999年,『主体形成の教育学』御茶の水書房, 2000年,『教育学をひらく』青木書店, 2003年を参照。
13) 以上の引用は, アマルティア・セン, 鈴村興太郎訳『福祉の経済学』岩波書店, 1988年, 26ページ, 同, 池本幸生ほか訳『不平等の再検討』岩波書店, 1999年, 10, 62ページ。
14) セン, 前掲『福祉の経済学』49ページ。なお, センの潜在能力概念については, 鈴村興太郎・後藤玲子『アマルティア・セン』実教出版, 2001年もあわせて参照。
15) 以下は, 主として, ユルゲン・ハーバーマス, 河上倫逸ほか訳『コミュニケイ

ション的行為の理論（上）』未来社，1985年による。
16) 現代倫理学の問題がこの「方法的個人主義のドグマ」問題を抱えていることは，川本氏自身も含めて，川本隆史『現代倫理学の冒険』創文社，1995年によくあらわれている。
17) ハーバーマスの一つの問題点がこの労働とコミュニケーションの対置にある点については，尾関，前掲書のほか，吉田傑俊・尾関周二・渡辺憲正『ハーバマスを読む』大月書店，1995年，またその原因になったアーレントの同様の問題については，佐藤春吉「H・アーレントと公共空間の思想」，山口定ほか編『新しい公共性』有斐閣，2003年所収を参照。
18) サービス労働の学説史については，さしあたり，J-C・ドゥロネ＆J・ギャドレ，渡辺雅男訳『サービス経済学説史』桜井書店，2000年を参照。本稿のサービス概念に近似的なサービス経済論については，斎藤重雄編『現代サービス経済論』創風社，2001年を参照。
19) コミュニケーション労働については，二宮厚美『生きがいの構造と人間発達』旬報社，1994年，同「発達保障と教育福祉労働 (1)〜(12)」，『みんなのねがい』2004年4月号〜2005年3月号，を参照。
20) 小論を補う意味で，平和福祉国家構想については，二宮厚美「新福祉国家建設と平和構想」，渡辺治・和田進編『戦争と現代5 平和秩序形成の課題』大月書店，2004年所収を参照。

あとがき

　本書の執筆者は，大半，基礎経済科学研究所編『人間発達の経済学』（青木書店，1982年），同『人間発達の政治経済学』（青木書店，1994年）の執筆者である。顔ぶれが示しているように，本書は，前2書の問題関心を継承したものである。ここで同じ問題関心とは，人間発達の視点から経済学の新境地を開拓すること，それと同時に，経済学の視点から人間発達の法則性やそのための社会的条件，環境等を明らかにすること，この2点に要約される。この課題意識を受け継いで，本書は企画が持ち上がった当初，「発達の経済学」の第三バージョンという名前で呼ばれた。

　本書の企画が浮かび上がったのは，いま手帳で確かめると，2003年の年の瀬，12月27日のことである。その日は，久しぶりに，本書の編著者でもある池上惇先生（ここは先生というべき場所ではないが，こう呼ばないと座り心地が悪いので，あえてそう呼ぶ）を囲む会が，京都・岡崎のさるレストランで催された日であった。本書の執筆者はすべて，なんらかの形で池上先生のまわりに集まった者たちである。企画が持ち上がったのは，その囲む会が終わったあとの二次会，鴨川を前にした先斗町の居酒屋でのことであった。そこには，前2書の編集者でもあった桜井香氏も加わり，酒の勢いもあって，「発達の経済学」第三バージョンの出版という結論だけが早々と決まった。

　企画をたきつけたのは，執筆者の一人森岡孝二氏である。これに重森暁氏が早々と乗ったから，出版企画そのものは，すんなりと決まることになったのである。というのには，それなりのわけがあって，そもそも前2書および「池上先生を囲む会」は，池上先生を中心として，その両翼を重森・森岡両氏が固めるかたちで出来上がった集団の産物だからである。重森・森岡の両氏は，池上先生を別格とすれば，本書の執筆者を含む研究集団のいわば長老格的役割を，30年以上の長きにわたって，研究・人格の両面において果たし

てきたのである。

　出版企画が決まってから，翌2004年に，執筆者は2回の共同研究会をもった。一昔前なら，少なくとも4～5回の研究会を重ねるところだが，いまでは，執筆者全員多忙をきわめ，一堂に会する時間を確保することすら容易ではない。それは，上記「囲む会」が年の瀬もおしつまった12月27日に催されたことに示されている。それに互いに気心がしれているということもあって，研究会自体は2回で終わることになったが，議論は深夜におよんだ。二次会・三次会に持ち越した議論を通じて，執筆者それぞれの意見や思いの共通項と相違点がある程度明らかになった。これは，回数は少なかったとはいえ，研究会とその二次会の成果であった。私たちは，執筆者それぞれの思想や主張の共通面と差異については，それをそのまま本書に反映させることにした。

　いまここで，本書の成り立ちを述べてきたのは，本書各章に流れる共通の視点と，それぞれの持ち味の差異をあわせて読者に理解してもらうためである。前2書に引き継いで編集の労をとっていただいた桜井香氏は，編者への私信において，原稿段階の読後感をいみじくも「ソロ奏者の競演の趣」と「交響曲の趣」とのあざないと表現したが，おそらくは当を得た評価というべきだろう。読者には，ソロと交響楽との双方を味わっていただきたい，と思う。

　そのうえで，この「あとがき」の使命は，本書の交響曲的側面を記して，読者の理解に一助をさしむけることにある。そこで，以下に，本書全体の構成とねらいを示して，この使命を果たしておきたいと思う。本書全体は，大づかみにいって，次のような四つのパートにわかれる。

　まず第一は，人間発達の経済理論をこれまでの研究を踏まえて総括し，「発達の経済学」がいかなる地点に到達しているかを確かめることである。これは，スミスからマルクス，またミルやラスキンやケインズ，そして現代のセンにいたるまで経済学史を振り返ることになるから，容易なことではない。本書では，発達概念で問われる重要なキーワード，享受能力を媒介概念として「発達の経済学」の現代的到達点を明らかにしようとした。これが序章および第1章の守備範囲である。

第二は，現代に問われる人間発達と民主主義の課題を主要な社会領域から検討することである。これは，第2章の労働・福祉，第3章の企業経営，第4章の自治体・公務労働によって構成されている。もちろん，一口に人間発達と民主主義が争点となる社会領域といっても，その内部に立ち入ってみると，それはそれで，実に多くのさまざまな問題がある。そこで，本書の各章では，それぞれの領域において特に鋭く問われている現代的争点に焦点をあわせて議論される形となっている。第5章のナショナル・ミニマム論は，それらを国家論次元で締めくくる意味で設定されたものである。

　第三は，現代に生きる人びとがすべてかかわる地球規模的な問題，すなわち環境問題と戦争・平和問題をとりあげたものである。これは前2書では直接に取り扱われなかった問題であるが，現代世界では，環境と平和の問題はすべての社会科学が避けて通れないテーマである。環境・平和の二つの問題は，狭義の経済学の守備範囲を大きくこえる。第6・7章が狭い経済学の枠組みを突破する議論になっているのは，このためである。

　第四は，人間発達を現代的公共性に高める課題を理論化することである。これは，人間の能力・人格，労働・生活・福祉，環境・平和といった公的保障の課題をいかに理論化するか，というテーマにかかわる。最終章は，その成否は別にして，この課題意識のもとで執筆されたものである。

　以上が，本書の概観ないしネライである。この意図が見事成就されているかどうか，それはあげて読者の判断に委ねられる。このことを述べたうえで，編者としては，いささか主観的なことになるが，最後に一言だけ蛇足をつけ加えておきたいと思う。それは，本書の執筆者が全員，各章で主張していることを，文字通り本気で思っているということである。現代の出版界では，実にまがいものが多い。世間受けをねらって，本気でないこと，決してホンモノではないことを，平然とうそぶく輩のなんと多いことか。書店に並ぶベストセラーの類は，権力にへつらったり，マスコミに媚びたり，時流に乗ったりという具合で，その大半（決してすべてではない）が，本気になって書かれたものとはいえない。まことに残念至極というほかはない。だが，本書各章の主張は，私は百パーセントの確信をもっていうが，そうしたまがいも

のではない。つまり，本気・本物の議論である。読者には，このことを理解して本書を読み進んでいただければ，編者として，これにまさる幸せはない。

　　2005年初夏

執筆者を代表して

二 宮 厚 美

執筆者から読者へ (執筆順。写真はすべて2004年5月30日に京都市内の研究会会場で撮影)

池上 惇 (いけがみ じゅん) （編者 はじめに・序章執筆）

知的所有権から見ますと，人生は能力貧困や所得貧困を克服するために，調査と学習を通じて自分を高め，社会に創造の成果を還元する営みではないでしょうか。この営みをともに拓く喜びを市民すべてのものに。

京都大学名誉教授・福井県立大学名誉教授　1933年生まれ
著書：『文化と固有価値の経済学』岩波書店，2003年；『財政学——現代財政システムの総合的展開』岩波書店，1990年ほか

柳ヶ瀬孝三 (やながせこうぞう) （第1章執筆）

経済学における「享受能力」の概念を再発見して，クリエイティブ社会で私たちも個性的な才能を発揮して能動的な役割を担うような社会基盤について考えました。

立命館大学経営学部教授　1944年生まれ
論文・著書：「潜在能力アプローチからみたソフト・インフラストラクチュア」，『立命館経営学』第38巻第1号，1999年5月；『大学評価と大学創造——大学自治論の再構築に向けて』（共著）東信堂，1998年ほか

青木圭介 (あおきけいすけ) （第2章執筆）

発達の経済学について考えるとき，人びとの生存，発達，自己実現の希望を，どのような制度や活動（企業やNPOなど）によって支えるか，という問題につねに注目してください。

京都橘大学文化政策学部教授　1944年生まれ
著書：『現代の労働と福祉文化』桜井書店，2002年ほか

森岡孝二 (もりおかこうじ) （第3章執筆）

株主を資本家としてしかみない発想に囚われず，企業の社会的責任を問う株主運動を新しい社会運動と捉え，労働者が株主でもある時代の企業のあり方について考えてみたい。

関西大学経済学部教授　1944年生まれ
著書：『企業中心社会の時間構造』青木書店，1995年；『日本経済の選択』桜井書店，2000年ほか

しげもり あきら
重森 曉（第4章執筆）

新自由主義的構造改革のなかで公務労働が大きく変質させられようとしている。新しい市民的公共性の形成をめざして，人間発達保障を担う労働としての公務労働のあり方について，原点にたちかえって考えてみたい。

大阪経済大学学長　1942年生まれ
著書：『分権社会の政策と財政』桜井書店，2001年；『入門 現代地方自治と地方財政』自治体研究社，2003年ほか

なるせたつお
成瀬龍夫（第5章執筆）

現代社会は「リスク社会」。さまざまな社会経済的なリスクが生活を脅かしています。本書『人間発達と公共性の経済学』がみなさんの科学的なリスク・マネジメントの一助になることを願っています。

滋賀大学学長　1944年生まれ
著書：『総説 現代社会政策』桜井書店，2002年；『生活様式の経済理論』御茶の水書房，1988年ほか

うえた かずひろ
植田和弘（第6章執筆）

環境問題は環境をつくりかえながら生きていく人間社会の自己制御システムの問題を問いかけています。その基盤たる環境認識と環境評価を行う主体の発達について考えてみました。

京都大学大学院経済学研究科および同大学院地球環境学堂教授　1952年生まれ
編著：『都市のアメニティとエコロジー』岩波書店，2005年；『持続可能な地域社会のデザイン』有斐閣，2004年ほか

ふじおか あつし
藤岡 惇（第7章執筆）

M・ガンジー，マルクス，そして世界社会フォーラムの運動に学びながら，「エコ・エコノミー」を担う主体づくりの道を探っています。

立命館大学経済学部教授　1947年生まれ
著書：『アメリカ南部の変貌』青木書店，1985年；『グローバリゼーションと戦争』大月書店，2004年ほか

にのみやあつみ
二宮厚美（編者 第5章・終章・あとがき執筆）

経済学は数値の世界を扱うものと理解している人がいるが，もともとは人と人の社会関係を考察するものであり，しかも，人を発達する主体としてとらえるものである。

神戸大学発達科学部教授　1947年生まれ
著書：『日本経済の危機と新福祉国家への道』新日本出版社，2002年；『構造改革とデフレ不況』萌文社，2003年ほか

人間発達と公共性の経済学

2005年7月25日 初 版

編　者	池上　惇・二宮厚美
装幀者	林　佳恵
発行者	桜井　香
発行所	株式会社 桜井書店

　　　　　東京都文京区本郷1丁目5-17　三洋ビル16
　　　　　〒113-0033
　　　　　電話 (03)5803-7353
　　　　　Fax (03)5803-7356
　　　　　http://www.sakurai-shoten.com/

| 印刷所 | 株式会社 ミツワ |
| 製本所 | 誠製本 株式会社 |

Ⓒ 2005 Jun Ikegami, *et al.*

定価はカバー等に表示してあります。
本書の無断複写(コピー)は著作権法上
での例外を除き，禁じられています。
落丁本・乱丁本はお取り替えします。

ISBN4-921190-31-3　Printed in Japan

重森　曉
分権社会の政策と財政
地域の世紀へ

集権の20世紀から分権の21世紀へ
Ａ５判・定価2800円＋税

槌田　洋
分権型福祉社会と地方自治

自治体の再生に向けた改革課題と方向を提示
Ａ５判・定価3200円＋税

青木圭介
現代の労働と福祉文化

日本的経営と労働のゆくえを福祉文化の視点で展望する
Ａ５判・定価2600円＋税

エスピン-アンデルセン著／渡辺雅男・渡辺景子訳
福祉国家の可能性
改革の戦略と理論的基礎

新たな，そして深刻な社会的亀裂・不平等をどう回避するか
Ａ５判・定価2500円＋税

エスピン-アンデルセン著／渡辺雅男・渡辺景子訳
ポスト工業経済の社会的基礎
市場・福祉国家・家族の政治経済学

福祉資本主義の３類型論を新展開する1999年作品
Ａ５判・定価4000円＋税

成瀬龍夫
総説 現代社会政策

社会政策の過去と現状，そしてこれから
Ａ５判・定価2600円＋税

桜井書店
http://www.sakurai-shoten.com/

森岡孝二
日本経済の選択
企業のあり方を問う
市民の目で日本型企業システムと企業改革を考える
四六判・定価2400円＋税

森岡孝二・杉浦克己・八木紀一郎編
21世紀の経済社会を構想する
政治経済学の視点から
目指すべきビジョン・改革の可能性——23氏が発言する
四六判・定価2200円＋税

佐藤真人・中谷　武・菊本義治・北野正一
日本経済の構造改革
日本経済のどこが問題か？　改革は何をめざすべきか？
Ａ５判・定価2500円＋税

長島誠一
戦後の日本資本主義
いま，どのような「構造改革」が必要か
Ａ５判・定価3000円＋税

二文字理明・伊藤正純編著
スウェーデンにみる個性重視社会
生活のセーフティネット
福祉社会の最新事情を7氏が多彩に報告する
四六判・定価2500円＋税

伊原亮司
トヨタの労働現場
ダイナミズムとコンテクスト
若い社会学研究者が体当たりでつぶさに観察・分析
四六判・定価2800円＋税

桜井書店
http://www.sakurai-shoten.com/

岡田章宏
近代イギリス地方自治制度の形成

その生命力はどこからくるか。どのようにしてできあがってきたのか。
Ａ５判・定価5800円＋税

重田澄男
資本主義を見つけたのは誰か

資本主義認識の深化の過程をたどるユニークな経済理論史
Ａ５判・定価3500円＋税

大谷禎之介
図解 社会経済学
資本主義とはどのような社会システムか

現代社会の偽りの外観を次々と剥ぎ取っていく経済学入門
Ａ５判・定価3000円＋税

ドゥロネ＆ギャドレ著／渡辺雅男訳
サービス経済学説史
300年にわたる論争

経済の「サービス化」、「サービス社会」をどう見るか
四六判・定価2800円＋税

板垣文夫・岩田勝雄・瀬戸岡紘編
グローバル時代の貿易と投資

多国籍企業・WTO・アメリカの世界戦略をキーワードに分析
Ａ５判・定価2600円＋税

野村秀和編
高齢社会の医療・福祉経営
非営利事業の可能性

「安心と信頼」「いのちの平等」の実現をめざして
四六判・定価2400円＋税

桜 井 書 店
http://www.sakurai-shoten.com/